AMRA

Marlies Pante

NO LIMITS!

WILLKOMMEN IN DER SCHÖPFERKRAFT

Botschaften der Arcturianer ~
mit 24 Übungen zur Manifestation

AMRA

Eine Originalausgabe im AMRA Verlag
Auf der Reitbahn 8, D-63452 Hanau
Hotline: +49 (0) 61 81 – 18 93 92
Service: Info@AmraVerlag.de

Herausgeber & Lektor	Michael Nagula
Einbandgestaltung	Guter Punkt
Umschlagmotiv	Paffy69; Thinkstock
Layout & Satz	Birgit Letsch
Druck	CPI Books GmbH

ISBN Printausgabe 978-3-95447-218-5
ISBN eBook 978-3-95447-219-2

Ebenfalls von Marlies Pante bei uns erhältlich:
Das Große Erwachen. Heilungsbuch der Arcturianer
Reine Liebe erwartet Dich! Botschaften vom Arcturus
Der Himmel auf Erden. Die Hathoren über die Lage der Welt

Die hier vorgestellten Informationen, Ratschläge und Übungen sind natürlich subjektiv. Sie wurden zwar nach bestem Wissen und Gewissen geprüft, dennoch übernehmen Verfasser und Verlag keinerlei Haftung für Schäden gleich welcher Art, die sich direkt oder indirekt aus dem Gebrauch der Informationen, Tipps, Ratschläge oder Übungen ergeben. Im Zweifelsfall sollte ärztlicher Rat eingeholt werden.

Für meine Cousinen und Cousins väterlicherseits,
die bislang jedes meiner Bücher
gekauft haben, obwohl sie sich allesamt
nicht für deren Inhalt interessieren.

Die jedoch auch nicht versäumt haben,
mich darauf hinzuweisen,
dass sie bislang noch in keiner Widmung
erwähnt worden sind,
was ich als gute Cousine hiermit natürlich
umgehend nachhole.

Liebe Elke Pante und Christian Klein,
liebe Axel Pante und Judith Pante, lieber Ralf Pante,
liebe Heike und Jörg Purfürst, liebe Edith Rautland Pante,
liebe Marlies Everink, Egbert und Gunda Veeltmann Everink:

Ich finde, ich habe eine
super Familie, und ich genieße jedes Jahr unser
gemeinsames großes Abenteuer. Mögen es noch
sehr viel mehr davon werden.

Und für meinen Freund Tobias:
Danke, dass du deine wundervolle Liebe mit mir teilst.
Du bist ein Geschenk!

Inhalt

Dies ist kein Vorwort

Weil kein Mensch Vorworte liest. Also ich nicht. Das Einzige, was Sie vielleicht wissen sollten, bevor Sie dieses Buch lesen, ist, dass es in einem Zeitraum von vier Jahren und nicht chronologisch entstanden ist. So erklärt es sich auch, warum ich in manchen Kapiteln gleichzeitig glücklich und unzufrieden erscheine.

Dieses Werk enthält einen großen Teil meiner persönlichen Entwicklung. Deshalb werde ich Sie ab jetzt auch duzen. So fällt es mir leichter, Persönliches mitzuteilen. Wenn du das Buch zuschlägst und wir uns auf der Straße begegnen, können wir uns ja wieder siezen.

Ich freue mich, dass es dir Freude bereitet, wenn ich meine Entwicklung bekannt mache. Vielleicht ist etwas dabei, was du für dein Leben gebrauchen kannst.

Die Übungen im Anschluss kannst du dann machen, wenn du Lust dazu hast. Es ist nicht notwendig, sie erst nach Beendigung des gesamten Buches oder chronologisch zu machen. Was zählt, ist deine Freude daran. Du kannst jede Übung so oft machen, wie du willst. Oder gar nicht. Fühle dich frei.

Ich wünsche dir viel Freude mit diesem Buch.

Marlies Pante
Dortmund, Februar 2016

Nachtrag der Autorin

Die ersten zwei Auflagen von *NO LIMITS!* waren zu meiner Überraschung und Freude schnell vergriffen.

In dieser Zeit haben mich viele Nachrichten von Lesern erreicht. Die meisten haben darüber berichtet, wie schön ihr Leben durch *NO LIMITS!* geworden ist.

Ein Leser hat es geschafft, aus dem Minus auf seinem Konto ein Plus zu machen. Eine Leserin hat eine wundervolle Arbeitsstelle bekommen, eine andere hat sich wieder mit ihrer Mutter und ihrem Bruder versöhnt.

Es gibt Berichte über Gewichtsabnahmen, über finanzielle Erfolge und glückliche Liebesgeschichten. Viele haben das Buch mehrmals gelesen, weil sie dadurch in eine aufbauende Stimmung kamen.

Mit so viel positiver Resonanz hatte ich nicht gerechnet.

Umso mehr freue ich mich.

Mögen auch die Leser der vorliegenden 3. Auflage von dem Zauber ergriffen werden und sich ein schöneres und leichteres Leben gestalten können.

Ich freue mich auf Ihre Berichte!

Herzlichst,
Ihre *Marlies Pante*
Dortmund, Januar 2021

Der Sinn des Lebens

Hallo?

Du Liebe, wir sind hier. Wir haben dich erwartet.

Jetzt schon? Das Manuskript für das erste Buch habe ich doch gestern erst an den Verlag geschickt. Also, gefühlt gestern. Ich dachte, ich mache mal eine Pause mit unseren Gesprächen. Allerdings habe ich schon eine Frage, die ich gar nicht aufschieben möchte.

Wir kennen diese Frage. Stelle sie.

Ihr kennt diese Frage? Ihr wisst wohl immer schon alles vorher? Meine Frage lautet: Was ist der Sinn dieser ganzen Entwicklung? Ihr habt mir im ersten Buch über die Schöpferkraft erklärt,[1] was uns in den verschiedenen Dimensionen erwartet. Aber welcher Sinn steckt dahinter? Ich meine, okay, dann sind wir irgendwann mal alle in der höchstmöglichen Dimension angelangt und vielleicht auch alle Eins und leben in Glück und Frieden und Harmonie. Und dann? Ist das das Ziel? Ich kapiere den Sinn nicht so ganz.

Zu glauben, dass wir in 100.000 Jahren eine tolle Entwicklung gemacht haben, motiviert mich nicht. Da muss es doch noch mehr geben.

---

1 Gemeint ist hier *Reine Liebe erwartet Dich! Botschaften vom Arcturus*, ein AMRA Paperback von Marlies Pante, 160 Seiten, Neuausgabe, Hanau 2020.

Du Liebe, die Erde ist ein reiner Lernplanet, das weißt du ja inzwischen.

Aber was sollen wir lernen? Was ist der große Sinn dahinter?

Ihr seid hier auf der Erde inkarniert, um die geistigen Gesetze körperlich kennen und beherrschen zu lernen. Wenn ihr diese Fähigkeiten vollständig erworben habt, braucht ihr nicht mehr körperlich zu inkarnieren. Ihr könnt euch dann für andere Aufgaben entscheiden.

Eure Seele weiß zu jeder Zeit, wer ihr seid. Eure Seele ist vollkommen. Eure Seele kennt den Sinn eurer Inkarnation.

Doch ist selbst die Seele nichts ohne die körperliche Erfahrung. Die Seele will ihre Göttlichkeit auch körperlich erfahren.

Und genau genommen seid ihr nicht einmal zum Lernen hier. Ihr seid hier, um auszudrücken, wer ihr seid.

Wer sind wir denn?

Ihr seid Schöpfer! Die Absicht der Seele ist es, zu erschaffen. Das Ziel der Seele ist es, sich zu verwirklichen, in Erscheinung zu bringen, was sie auf körperloser Ebene bereits ist: göttliche Herrlichkeit.

Und wie kann ich meine göttliche Herrlichkeit in Erscheinung bringen? Und was ist, wenn ich damit fertig bin?

Es gibt kein »fertig«. Der Schöpfungsprozess ist unendlich. Wenn ihr eure Göttlichkeit erfahrt, strebt ihr danach, noch mehr Göttlichkeit zu erfahren.

Ihr habt in diesem Leben keine andere Aufgabe, als diejenigen zu sein, die ihr sein wollt.

Ich wäre ja gerne die, die ich sein will. Aber wie mache ich das?

Darüber werden wir uns nun mit dir unterhalten.

Okay, ich ahnte schon, dass das nicht in einem Satz zu beantworten ist.

Möglicherweise sollten wir den alten Menschen zuhören. Sie wissen vielleicht etwas mehr über den Sinn des Lebens. In ihrem Buch *Fünf Dinge, die Sterbende am meisten bereuen*[2] listet Bronnie Ware ja Folgendes auf:

1. zu wenig das eigene Leben gelebt
2. zu viel gearbeitet
3. zu wenig Zeit für Freunde und Familie gehabt
4. zu wenig Gefühle gezeigt
5. sich nicht erlaubt, glücklich zu sein

Ich möchte diese Dinge auf meinem Sterbebett nicht aufzählen müssen. Können wir uns auch darüber unterhalten?

Wenn ihr in eurer Schöpferkraft angekommen seid, werdet ihr ein erfülltes, sinnvolles Leben leben. Wir freuen uns schon auf unsere Gespräche.

Und ich erst!

---

2 Bronnie Ware: *Fünf Dinge, die Sterbende am meisten bereuen. Einsichten, die Ihr Leben verändern werden.* Goldmann Verlag, München 2015 ff.

Der Sinn des Lebens – konkret

- Du bist auf der Erde inkarniert, um die geistigen Gesetze körperlich kennen und beherrschen zu lernen.
- Deine Seele kennt den Sinn deiner Inkarnation.
- Du bist Schöpfer.
- Auf körperloser Ebene ist deine Seele göttliche Herrlichkeit. Du bist hier, um deine göttliche Herrlichkeit körperlich zu demonstrieren.
- Deine Aufgabe in dieser Inkarnation ist es, der zu sein, der du sein willst.

Das Glück

Wenn du nach dem Sinn des Lebens fragst, bist du heute wohl nicht sehr glücklich?

Ihr tut gerade so, als ob ich sonst an jedem Tag meines Lebens super glücklich wäre. Aber ihr habt Recht. Heute bin ich nicht besonders glücklich.

Du Liebe, wann warst du denn das letzte Mal so richtig glücklich?

So richtig glücklich? So ausgelassen super duper glücklich war ich schon längere Zeit nicht mehr. Ganz normal glücklich war ich vor zwei Tagen. Ich hatte mit ein paar Freundinnen eine mehrstündige Wanderung gemacht. Da war ich glücklich.

Wenn dich während dieser Wanderung jemand gefragt hätte, was der Sinn des Lebens ist, was hättest du ihm geantwortet?

Wahrscheinlich, dass er sich nicht solche Gedanken machen, sondern einfach an dem erfreuen soll, was er gerade erlebt. Und dass er dafür sorgen soll, dass er möglichst viel von dem erlebt, was ihm Freude bereitet.[3]

Und wenn er nach dem Sinn der Entwicklung gefragt hätte?

---

[3] Siehe Übung 1: Was macht mich glücklich?

Dann hätte ich ihm gesagt, dass er das schon rechtzeitig erfahren wird und es jetzt noch nicht wissen muss, dass er einfach vertrauen soll, dass alles gut und richtig läuft und er einfach im Hier und Jetzt glücklich sein kann.

Wollt ihr mir damit zu verstehen geben, dass ich einfach im Hier und Jetzt glücklich sein soll, damit ich mir die Frage nach dem Sinn nicht stelle?

Was bedeutet Glück denn für dich?

Uff. Ich bin ja lizensierte Glückstrainerin.[4] Ich weiß in der Theorie so gut wie alles darüber. In der Praxis eigentlich auch. Nur denke ich nicht immer daran.

Buddha sagte einmal: »Das Glück kommt zu denen, die lachen.« Und das stimmt. Wenn man unglücklich ist und dann lächelt, muss sich entweder die Mimik oder das Gefühl ändern. Unser System funktioniert so, dass unser Gesichtsausdruck und unser Gefühl stets übereinstimmen. Wenn ich also konsequent lächele, dann muss mein Gefühl sich anpassen. Ich habe dann innerhalb von Sekunden ein gutes Gefühl und fühle mich glücklich. Das ist wohl der kürzeste Weg.[5]

»Es gibt keinen Weg zum Glück.
Glück ist der Weg.«

– Buddha –

Das bedeutet, dass man für sein Glück weder Umstände noch Bedingungen schaffen muss. Man kann im Hier und Jetzt sofort glücklich sein. Aber ich möchte noch mehr. Ich

4 »Glückstrainerin nach Ella Kensington«, siehe www.ella.org

5 Siehe Übung 4: Lächeln.

möchte nach den Sternen greifen. Ich möchte glücklich sein, und ich möchte zusätzlich meine materiellen Wünsche erfüllen. Ich will nicht nur im Hier und Jetzt glücklich sein. Ich will meine Ziele erreichen. Ich möchte die beste Version meiner selbst sein.

All dies ist möglich. Wir werden in diesem Buch mit dir gemeinsam herausfinden, wie du das erreichst.

Das ist die beste Nachricht des Tages. Jetzt bin ich voller Vorfreude.

Da fällt mir ein: Ich traf einmal einen Freund, den ich ein paar Jahre lang nicht mehr gesehen hatte. Inzwischen war er in der privilegierten Lage, dass er nicht nur über ein Maximum an Zeit und Geld verfügte, sondern auch noch eine erfüllte Partnerschaft lebte. Weil er jedoch nicht so euphorisch war, wie er es den Umständen entsprechend nach hätte sein können, war er unglücklich.

Eine Woche später traf ich eine Bekannte, die ich ebenso lange nicht gesehen hatte. Derweil war sie verschuldet und ihre Partnerschaft beendet. Sie arbeitete hart, um wieder auf einen grünen Zweig zu kommen. Da es ihr aber nicht so schlecht ging, wie sie den Umständen nach erwartet hatte, war sie glücklich.

Ein Mensch hat Zeit, Liebe und Geld und ist damit unglücklich. Ein anderer Mensch hat weder Zeit noch Liebe noch Geld und ist damit glücklich.

»Das Glück muss entlang der Straße
gefunden werden.
Nicht am Ende des Weges.«

– David Dunn –

Ein Jahr später traf ich den Freund erneut. Zeit und Geld hatte er noch immer. Die Liebe hatte er verloren. Aber jetzt war er glücklich. Ich fragte ihn, warum er nun glücklich sei, schließlich hätte er doch weniger als vor einem Jahr. Er sagte: »Glück bedeutet Ohne. Wenn ich ohne diesen Partner, wenn ich ohne dieses Geld, wenn ich ohne diese Zeit glücklich sein kann, dann bin ich unabhängig von den Umständen. Dann bin ich wirklich glücklich.«

Ernest Hemingway, der erfolgreiche Schriftsteller, und Roy Black, der gefeierte Schlagerstar, haben sich beide das Leben genommen. Sie hatten Erfolg und Geld, waren jedoch unglücklich.

Errol Marklein sitzt im Rollstuhl und hat es sich zur Aufgabe gemacht, anderen Behinderten zu helfen, und deshalb eine Rollstuhlfabrik gegründet. Damit hat er seinem Leben einen Sinn gegeben und ist glücklich.

Erik Weihenmayer ist blind, erklimmt aber die höchsten Berge der Welt. Und das macht ihn glücklich.

Nicht die Umstände bestimmen über unser Glück. Es kommt darauf an, wie wir mit den Umständen umgehen.

In eurer göttlichen Herrlichkeit tut ihr nichts mehr, um glücklich zu werden. Ihr seid glücklich und tut deshalb etwas. Glück ist euer Normalzustand.

Wartet nicht auf etwas Besseres. Hofft nicht auf etwas Besseres. Seid im Hier und Jetzt glücklich mit dem, was ist.

Meistens sind wir ja damit beschäftigt, Voraussetzungen für das Glück zu schaffen. Wir gehen arbeiten, um Geld zu verdienen. Wir treiben Sport, um schön auszusehen. Von Geld und Schönheit erhoffen wir uns Glück und Liebe.

Wenn ihr in eurer Göttlichkeit angekommen seid, werdet ihr etwas tun, weil ihr glücklich seid. Ihr werdet nie mehr etwas tun, um glücklich zu werden. Ihr werdet das tun, was euch Freude bereitet.

Wie sieht die Arbeit einer Glückstrainerin eigentlich aus?

Glückstraining ist halt, wie der Name schon sagt, ein Training. Wenn ich nur einmal im Jahr Sport treibe, bekomme ich keine Muskeln. Genauso verhält es sich mit dem Glück. Ich muss es trainieren, damit ich Glücksmuckies aufbaue.

Die synaptischen Verbindungen im Gehirn werden aufgrund wiederholter Gedanken angelegt. Wenn ich stets denke, dass ich unglücklich bin, ist die Datenautobahn für Unglück in meinem Gehirn ziemlich breit. Sobald ich die unglücklichen Gedanken durch glückliche ersetze, wird die Datenbahn für Glück größer und so automatisch häufiger benutzt. Man hat dann wie von selbst glückliche Gedanken. Es ist wie beim Sport. Wenn man Muskeln aufbaut, nutzt man sie automatisch öfter. Wenn man erst absichtlich glückliche Gedanken hat, hat man danach automatisch glückliche Gedanken. Es ist dann wie ein Selbstläufer. Glück erzeugt Glück.

Als ich noch als Glückstrainerin tätig war, habe ich ein paar Gesprächsverläufe notiert …

Klient: Mein Vater war auch immer unglücklich. Ich komme mir komisch vor, wenn ich jetzt glücklich bin. Ich kann doch nicht glücklicher sein als mein Vater. Ich glaube, dann hat er mich nicht mehr lieb.

Ich: Was glaubst du, womit wäre dein Vater glücklicher: Wenn du A) so leidest wie er, oder wenn du B) glücklich bist?

Klient: B.

Ich: Stell dir mal vor, dein Vater kommt jetzt hier rein. Ich frage ihn: »Herr M., Ihr Sohn glaubt, dass sie ihn nicht mehr lieb haben, wenn er glücklich ist. Stimmt das?«

Klient lacht. Nein. Mein Vater hat mich auch lieb, wenn ich glücklich bin. Ich glaube, er ist glücklicher, wenn ich glücklich bin. *Pause.* Das war mir nie klar. Danke.

Klientin: Ich habe Schulden, und ich weiß nicht, wie ich die bezahlen soll. Das macht mich total fertig.

Ich: Was tust du, wenn das Geld wieder fließt?

Klientin: Das Gleiche wie jetzt auch. Nur fröhlicher.

Ich: Du tust genau das Gleiche?

Klientin: Ja. Ich will nur diese Schulden weg haben.

Ich: Und wenn die weg sind, machst du genau das Gleiche, bist aber fröhlich?

Klientin: Ja.

Ich: Dann kannst du doch einfach jetzt schon glücklich sein.

Klientin lacht. Lacht immer mehr. Bedankt sich.

Klientin: Ich habe ein schlechtes Gewissen, weil ich meine Kinder vernachlässigt habe.

Ich: Wie kannst du dich besser um deine Kinder kümmern? Wenn du ein schlechtes Gewissen hast, oder wenn es dir gut geht und du glücklich bist?

Klientin: Oh. Natürlich, wenn ich glücklich bin. Das überträgt sich ja auf meine Kinder.

Eine Klientin erzählte mir, dass sie lieber unglücklich bleiben wolle, um ihrem Partner zu zeigen, wie schlimm es wäre, wenn er ihr fremd ginge.

Ich: Wann wird dein Partner eher bei dir bleiben? Wenn du glücklich oder wenn du unglücklich bist?

Klientin: Wohl eher, wenn ich glücklich bin.

Ich: Wen findest du denn attraktiver? Jemanden, der glücklich ist, oder jemanden, der unglücklich ist?

Klientin: Jemanden, der glücklich ist, natürlich.

Ich: Wie sieht dein Leben in zehn Jahren aus, wenn du mit deinem Unglück so weitermachst?

Klientin: Wahrscheinlich ziemlich scheiße.

Ich: Bist du sicher, dass das Sinn macht?

Klientin lacht. Nein, gar nicht. Wie bescheuert ist das denn? *Klientin lacht erneut.*

Ich: Kennst du jemanden, der mit dieser Methode schon etwas Schönes erreicht hat?

Klientin: Nein. Niemanden. Aber wenn ich mich von ihm abhängig mache, dann muss er ja bei mir bleiben.

Ich: Guck mal die anderen Leute an, bleibt da jemand eher bei einem, wenn der andere sich abhängig macht?

Klientin: Manchmal, wenn jemand sehr krank ist, schon.

Ich: Möchtest du sehr krank sein?

Klientin: Nein.

Klientin lacht. Schon gut, ich hab's kapiert. Unglücklich sein und sich abhängig machen ergibt keinen Sinn.

Die meisten Menschen sind bereit, Unglück in Kauf zu nehmen, wenn sie auf ein Glück in der Zukunft hoffen können. Fast so wie in der katholischen Kirche. Man erträgt ein leidvolles Leben, um sich damit einen Platz im Himmel zu sichern.

Hinter all euren Maßnahmen steckt der Wunsch, glücklich zu sein. Wir sagen euch: Seid erst glücklich. Wenn ihr glücklich seid, trefft ihr bessere Entscheidungen. Seid erst glücklich und entscheidet dann, was zu tun ist. So werden eure Aktivitäten von Freude erfüllt sein. Aus Qual und Disziplin werden Freude und Schaffenskraft.

Neulich hatte ich richtig gute Laune. In der Stadt traf ich eine Freundin, die weniger gute Laune hatte. Wir schlenderten an den Geschäften vorbei und sahen ein paar Obdachlose, die um Kleingeld baten. Da sagte meine Freundin: »Hast du eigentlich kein schlechtes Gewissen, wenn du einen Penner siehst und selbst so glücklich bist?«

Ich glaube, dass Glück auch ein bisschen egoistisch ist. Man muss es sich einfach nehmen. Durch mein Leid oder schlechtes Gewissen mache ich ja niemanden glücklich. Vielleicht sieht der Obdachlose auch lieber glückliche Menschen als unglückliche. Und selbst, wenn er es mir übel nehmen würde, dass ich glücklich bin, wäre ich nicht bereit, auf mein Glück zu verzichten. Man kann ja mit dem eigenen Glück nicht warten, bis auch der letzte Mensch auf der Welt glücklich ist. Eher sollte man andere mit seinem eigenen Glück anstecken. Glück *ist* nämlich ansteckend.

Ich habe aber auch erfahren, dass Glück kein dauerhafter Zustand ist. Jedenfalls für mich noch nicht. Glück wird in Momenten erlebt. Eine Aneinanderreihung von Glücksmomenten macht glücklich.

Und Glück hat nichts mit Intelligenz zu tun. Glück hat nur etwas mit dem Fokus auf das Glück zu tun. Glück ist eine Entscheidung.

Laut einschlägiger Studien ist der Schlüssel zum Glück, wenn man sein Geld für Erlebnisse und nicht für Gegenstände ausgibt. Ein Staubsauger hat mich nie wirklich glücklich gemacht. Erlebnisse aber schon. Erlebnisse machen sogar noch in der Zukunft glücklich. Immer dann, wenn man sich mit Freude daran erinnert. Unser System schüttet bei der Erinnerung die gleichen Glückshormone aus wie in dem Moment, in dem wir das Ereignis tatsächlich erleben.[6]

In den USA gab es mal eine Studie zum Glück. Teilgenommen haben Reiche, Arme, Kranke und Gesunde. Jeder Proband bekam einen Piepser, der ihn in regelmäßigen Zeitabständen dazu aufforderte, sein empfundenes Glückslevel zu notieren. Das Ergebnis war nahezu unglaublich. Es gab keinen Unterschied

---

6 Siehe Übung 2: Ausgabencheck; sowie Übung 5: Erinnerungen nutzen.

zwischen den Teilnehmern. Arme waren genauso glücklich wie Reiche, Gesunde nicht glücklicher als Kranke. Wenn jemand großes Glück erfuhr (wie einen Lottogewinn oder eine neue Liebe), dann sprang das Glücksempfinden kurzfristig nach oben, war jedoch nach kurzer Zeit wieder auf dem gleichen Niveau wie zuvor. Ebenso war es, wenn jemand ein unschönes Erlebnis hatte (wie zum Beispiel Verlust der Arbeitsstelle). Das erlebte Glücksniveau sank kurzfristig. Nach kurzer Zeit hatte es sich wieder an das normale Level angeglichen.

Das bedeutet, wenn ich mehr Glück erleben möchte, dann muss ich nicht die Umstände ändern. Ich muss lediglich meine innere Einstellung ändern.

Ich möchte gern grundlos glücklich sein. Jeden Tag. Ich möchte meine göttliche Herrlichkeit erleben. Immer. Und ich möchte, dass alle Menschen das erleben können. Ich möchte in einer Welt voller glücklicher Menschen leben, die ihre Herzenswünsche leben und morgens mit einem Lächeln auf den Lippen aufwachen. Mein bisheriges Glücksniveau reicht mir nicht. Ich will mehr.

Deshalb führen wir dieses Gespräch. Ihr werdet euer Glück fühlen, ihr kommt in eure Schöpferkraft und ihr werdet eure Göttlichkeit erfahren.

Das ist genau das, was ich will. Ich bin voller Vorfreude.

Wir auch.

Das Glück – konkret

- In deiner göttlichen Herrlichkeit tust du nichts mehr, um glücklich zu sein. Du bist glücklich und tust deshalb etwas.
- Glück ist dein Normalzustand.
- Das Glück kommt zu dir, wenn du glücklich bist.
- Warte nicht auf etwas Besseres.
- Hoffe nicht auf etwas Besseres.
- Sei glücklich mit dem, was ist.
- Tue, was dir Freude bereitet.
- Gehe den Weg, der dich glücklich macht.
- Sei glücklich, bevor du eine Entscheidung triffst.
- Du erlebst Glück in Momenten.
- Eine Aneinanderreihung von Glücksmomenten macht glücklich.
- Investiere deine Zeit und dein Geld in Erlebnisse.
- Lächle.

Gefühle

Auch wir können dir auf die Frage nach dem allumfassenden Sinn der Entwicklung keine vollständige Antwort geben. Wie du weißt, befinden wir uns in der neunten Dimension. Die neunte Dimension ist noch lange nicht das Ende der Entwicklung. Tatsächlich ist es sogar so, dass diese Entwicklung niemals enden wird.

Auch wir haben die gleiche Neugierde wie ihr. Auch wir wollen wissen, warum und wohin uns diese Entwicklungsreise führt. In einem Punkt unterscheiden wir uns allerdings von euch. Wir stellen uns diese Fragen ausschließlich aus unserem Forscherdrang heraus. Wir stellen diese Fragen niemals aus Trauer, Frust oder Unglück. Weil wir diese Gefühle vor langer Zeit abgelegt haben.

Habt ihr alle Gefühle abgelegt oder nur die unschönen?

Gefühle, wir ihr sie noch erlebt, durchleben wir nicht mehr. Weder die, die ihr negativ bewertet, noch die, die ihr positiv bewertet.

Habt ihr denn gar keine Gefühle mehr?

Unser Gefühlsleben ist stabil. Wir benötigen keine großen Schwankungen der Gefühle mehr.

Benötigen wir Gefühlsschwankungen?

Ihr habt ein breites Spektrum an Gefühlen, die stark voneinander abweichen. Ihr bewertet eure Lebensumstände, und je nachdem, wie eure Bewertung ausfällt, macht ihr euch ein positives oder negatives Gefühl dazu. Ihr benötigt diese Gefühle als Navigator.

Das verstehe ich nicht.

Welche negativen Gefühle kennst du?

Alle! Frust, Verzweiflung, Machtlosigkeit, Trauer, Enttäuschung, Resignation, Gleichgültigkeit, Schuld, schlechtes Gewissen, Unsicherheit, Angst, Sorgen ...

Weißt du, was all diese Gefühle gemeinsam haben?

Sie fühlen sich alle scheiße an.

Das auch. Das meinen wir aber nicht. Kennst du die Funktion der einzelnen Gefühle?

Wir haben das ja im ersten Band gemeinsam herausgefunden. Frust soll mir zeigen, dass ich einen anderen Weg brauche, um mein Ziel zu erreichen. Trauer soll mich dazu bringen, mein Ziel loszulassen und mir ein neues Ziel zu suchen. Schuld soll mich daran hindern, das Gleiche noch einmal zu machen.

Nun ja, und machtlos fühle ich mich, wenn ich nicht handlungsfähig bin. Machtlosigkeit kann mich dazu bringen, neue Möglichkeiten zu finden oder meinen Fokus zu ändern. Enttäuscht bin ich, wenn meine Erwartung nicht erfüllt wird. Das könnte mich dazu bringen, meine Erwartung loszulassen. Ich bin resigniert, wenn ich mein Ziel nicht erreichen kann.

Ein schlechtes Gewissen ist die Vorstufe des Schuldgefühls. Diesem Gefühl wohnt der Wunsch nach Vergebung inne, und auch dieses Gefühl mahnt mich, eine bestimmte Handlung nicht zu wiederholen. Sorgen sind Angst vor der Zukunft. Wir wollen eine Gefahr in der Zukunft vermeiden. Wenn ich Angst habe, kann ich eine Gefahr schnell erkennen.

Eure Angst macht euch wachsam gegenüber Gefahren. Ihr sucht nach Gefahren, um euch möglichst sicher zu fühlen. Wenn ihr aber in der Angst seid, könnt ihr nicht gleichzeitig ein gutes Gefühl haben. Angst ist nur sinnvoll, wenn tatsächlich eine Gefahr besteht. In den meisten Fällen ist das nicht der Fall.

Ehrlich gesagt verstehe ich immer noch nicht, worauf ihr hinaus wollt. Warum machen wir das hier mit den Gefühlen?

Wir machen das, damit ihr erkennen könnt, warum ihr noch so viele intensive Gefühle habt und wie ihr euch daraus befreien könnt. Schau dir mal all die Funktionen der negativen Gefühle an.

Ich liste sie einfach mal auf: Einen neuen Weg finden, mein altes Ziel loslassen und ein neues Ziel finden, mich daran hindern, etwas, was ich als schlecht bewerte, erneut zu tun, neue Möglichkeiten finden, meine Erwartung loslassen, Sicherheit finden.

Das sind alles gute Funktionen. Ach, ich glaube, ich weiß, was ihr sagen wollt. Wenn wir es schaffen, diese Funktionen auch so zu erfüllen, dann können wir uns die negativen Gefühle sparen, ja?

Prima. Je klarer ihr in euren Zielen und Wünschen seid, desto weniger negative Gefühle benötigt ihr. Mit eurer wachsenden Klarheit werden die intensiven Gefühle aus eurem Leben verschwinden.

Was ist mit den positiven Gefühlen? Die sind doch schön, die wollen wir behalten.

Dann schauen wir uns diese Gefühle einmal an. Welche positiven Gefühle kennst du?

Spaß, Freude, Euphorie, Zufriedenheit, Sicherheit, Lust, Genuss ...

Erkennst du auch den Zweck dieser Gefühle?

Mal überlegen. Spaß ist das Gegenteil von Frust. Spaß könnte ein Hinweis darauf sein, dass ich den richtigen Weg gehe. Freude: Ich freue mich, wenn meine Erwartung oder mein Ziel erreicht ist. Freude könnte ein Hinweis darauf sein, dass ich das richtige Ziel hatte. Euphorie habe ich, wenn ich ein noch höheres Ziel erreicht habe, als ich eigentlich angestrebt hatte.

Zufriedenheit: Wenn ich zufrieden bin, darf alles so bleiben, wie es ist. Das könnte ein Hinweis darauf sein, dass alles richtig läuft. Sicherheit ist das Gegenteil von Angst. Wenn ich mich sicher fühle, brauche ich mich nicht mehr um Gefahren zu sorgen. Lust: Lust etwas zu tun habe ich, wenn ich motiviert bin, wenn ich ein gutes Ziel habe. Genuss: Genuss löst in mir etwas aus, was bittet: »Mehr davon.« Genuss zeigt mir, dass ich etwas Gutes mache.

Alle negativen Gefühle sind dazu da, mir zu zeigen, dass ich einen falschen Weg gehe oder ein falsches Ziel habe. Die positiven Gefühle sind dazu da, mir zu signalisieren, dass alles gut läuft, dass ich im Einklang mit meinem Seelenplan handele.

Das hast du gut erkannt. Alle negativen Gefühle sind Vermeidungsgefühle. Sie rufen dir zu: »Aufhören!« Die schönen Gefühle sind Belohnungsgefühle. Sie vermitteln dir: »Weitermachen!«

Ihr kennt eure Ziele, und deshalb braucht ihr keine Gefühle mehr, die euch mitteilen, dass ihr aufhören oder weitermachen sollt.

Wir können die Folgen unserer Entscheidungen klar einschätzen. Unsere Gefühle sind beständig. Wir sind dauerhaft in der Liebe, Freude und Dankbarkeit.

Das klingt auf jeden Fall ausgeglichener als unsere Gefühlsschwankungen. Und weil ihr niemals Frust empfindet, zweifelt ihr auch nie den Sinn der Entwicklung an, sondern seid ständig im Vertrauen, ja?

So ist es.

Ehrlich gesagt finde ich Euphorie richtig klasse. Wenn ich hingegen dauerhaft in schönen stabilen Gefühlen sein kann, bin ich bereit, auf überschwängliche Gefühle zu verzichten.

Eure Gefühle dienen nicht nur als Navigator zum Aufhören oder Weitermachen. Eure Gefühle erschaffen auch eure Realität.

Davon habe ich bereits gehört. Unsere Schöpfung beruht auf Gefühlen. Mit unseren Gefühlen kreieren wir das, was wir erleben. Unser Gefühl ist nicht die Reaktion, sondern die Ursache unserer Erlebnisse.

Wenn ich eine Rechnung bekomme, die ich vermeintlich nicht bezahlen kann, macht mir das kein gutes Gefühl. Da ich weiß, dass ein schlechtes Gefühl unschöne Ereignisse anzieht, habe ich nun nicht nur ein schlechtes Gefühl hinsichtlich der Rechnung, sondern zusätzliches auch noch ein schlechtes Gefühl, weil ich weiß, dass ich mit diesem Gefühl auch noch unangenehme Ereignisse anziehe.

Wir verstehen, dass ihr damit hadert. Dennoch ist es wahr. Eure Gefühle gestalten eure Wirklichkeit. Versucht nicht, gegen eure negativen Gefühle anzukämpfen, denn damit würdet ihr sie nur weiterhin manifestieren. Schlechte Gefühle verschwinden automatisch, sobald ihr euch auf ein schönes Gefühl konzentriert.

Ihr hattet Gefühlsschwankungen, um alle Gefühle intensiv zu erleben und kennen zu lernen. Nun ist es an der Zeit, dass ihr die intensiven Gefühle loslasst und in die dauerhafte Schwingung der Liebe kommt. Wenn ihr dauerhaft in der Liebe seid, wird euer Leben zum Paradies.

Der einzige Unterschied zwischen Reichen und Armen ist, dass Reiche positive Gefühle mit Geld verbinden. Nähme man sämtliches Geld der ganzen Erde und verteilte es gleichmäßig auf alle Menschen, so würden nach kurzer Zeit wieder die gleichen Personen reich und die gleichen Personen arm sein, wie jetzt auch. Euer Gefühl ist euer Magnet für Ereignisse.

Würden wie durch ein Wunder alle Menschen plötzlich gesund sein, so wären nach kurzer Zeit wieder die gleichen Menschen krank wie jetzt. Ihr erschafft Krankheit oder Gesundheit durch eure Gefühle.

Wären alle Menschen unmittelbar in einer glücklichen Partnerschaft, so wären einige Zeit später wieder die gleichen Personen unglücklich, die es jetzt sind.

Wenn ihr etwas erleben wollt, dann entscheidet euch nicht für ein bestimmtes Verhalten. Entscheidet euch für ein bestimmtes Gefühl.

Ich verstehe. Wir müssen uns bewusst für ein schönes Gefühl entscheiden. Das möchte ich gern lernen. Das muss ich mir unbedingt aneignen. Ich möchte, dass meine Welt so aussieht, wie ich sie mir wünsche. Ist das zu viel verlangt?

Keine Sorge, ihr kommt nun immer stärker in eure Schöpferkraft. Eure Welt wird so aussehen, wie ihr es euch wünscht. Genau das ist der Plan. Genau das ist das Ziel. Genau das ist eure Lernaufgabe. Genau darum geht es.

»Ich mach mir die Welt, wie sie mir gefällt.«

– Pippi Langstrumpf –

Kann man mit Gefühlen auch Gegenstände erschaffen oder zum Verschwinden bringen?

Seid in schönen Gefühlen und fokussiert euch auf das, was ihr haben wollt, dann wird euch das Gewünschte mühelos zufliegen.

Ich muss also in guter Stimmung sein, um das zu erschaffen, was mir gefällt.

Ein gutes Gefühl ist die Basis, um das zu erschaffen, was ihr euch wünscht. Wenn ihr ein ärgerliches Gefühl habt, erschafft ihr etwas, worüber ihr euch ärgert. Wenn ihr ein freudiges Gefühl habt, erschafft ihr etwas, worüber ihr euch freut.

Wenn ihr euch auf das fokussiert, was ihr euch wünscht, und dabei in einem guten Gefühl seid, so bringt ihr euren Wunsch in Erfüllung. Habt ihr keinen konkreten Wunsch, aber ein gutes Gefühl, so erschafft ihr irgendetwas, worüber ihr euch freut. Ärgert ihr euch über etwas Bestimmtes, so manifestiert ihr noch mehr davon. Seid ihr dauerhaft in einem schlechten Gefühl, erschafft ihr unbestimmte Ereignisse, die euch nicht gefallen.

Vermutlich stellt ihr keinen Zusammenhang her, wenn ihr euch morgens über einen lieben Brief im Postkasten freut und abends ein Kompliment bekommt. Womöglich seht ihr keinen Zusammenhang, wenn ihr euch am Montag über euren Chef ärgert und am Dienstag über einen Stein stolpert.

Ihr erschafft immer auf der Ebene eurer Gefühle. Ihr erschafft Gegenstände und Ereignisse mit euren Gefühlen.

Als Studentin habe ich eine Zeit lang an allen möglichen Preisausschreiben teilgenommen. Es hat nicht lange gedauert, bis ich ein kleines Radio gewann. Darüber habe ich mich sehr gefreut. Eine Woche später gewann ich einen Rucksack. Meine Freude darüber war noch größer. Ich hielt mich für den größten Glückspilz unter der Sonne. In der nächsten Woche hatte ich einen Bademantel gewonnen. In der Folgenden ein Handtuch-Set.

In jenem Jahr hatte ich vierundfünfzig Preisausschreiben gewonnen. Es gab Reisen, Hubschrauberflüge, Restaurant-Gutscheine, Taschen, Werkzeugkoffer und vieles mehr. Vermutlich habe ich durch meine Freude über die Gewinne noch mehr Gewinne angezogen.

Calvin und Zatera Spencer aus Porthmouth im US-Staat Virginia haben im März 2014 drei Mal im Lotto gewonnen. Am

12. März gewann das Paar bei einer Powerball-Lotterie mit fünf Richtigen eine Million Dollar. Vierzehn Tage später gewann Calvin beim Pick 4 der Virginia Lottery 50.000 Dollar. Einen Tag später erstand er ein Rubbellos der $100 Million Cash Extravaganza und gewann eine weitere Million Dollar.

Ein Freund sagte mal: »Marlies, es ist doch komisch. Es fällt mir immer schwer, eine Frau für mich zu begeistern. Keine will mich. Aber sobald ich eine Freundin habe, wollen so viele andere Frauen auch meine Freundin sein.« Er hat gefühlt, wie es ist, eine Freundin zu haben, und damit hat er noch mehr Frauen angezogen, die ihm dieses Erlebnis bieten wollten.

Du hast ein sehr gutes Gespür für eure menschlichen Gefühle.

Wahrscheinlich, weil ich sie leider alle sehr gut kenne.

Deshalb führen wir dieses Gespräch. Ihr werdet eure Gefühle immer besser verstehen und so auch fortwährend besser kontrollieren und steuern können.

Darauf freue ich mich.

Gefühle – konkret

- Mit wachsender Klarheit benötigst du weniger intensive Gefühle.
- Unschöne Gefühle bedeuten: Aufhören.
- Schöne Gefühle bedeuten: Weitermachen.
- Deine Gefühle erschaffen deine Realität.
- Versuche nicht, ein negatives Gefühl loszuwerden. Es verschwindet automatisch, wenn du dir ein schönes Gefühl machst.
- Ein gutes Gefühl ist die Basis, um das zu erschaffen, was du dir wünschst.
- Entscheide dich nicht für ein bestimmtes Verhalten. Entscheide dich für ein bestimmtes Gefühl.
- Dein Gefühl ist dein Magnet für Gegenstände und Ereignisse.

Ziele und Wünsche

Ich habe verstanden, dass ein schlechtes Gefühl darauf hinweisen kann, ein falsches Ziel zu haben oder sein Ziel mit einer falschen Methode erreichen zu wollen. Doch manchmal weiß ich gar nicht, welches Ziel ich überhaupt habe. Es gibt natürlich Einiges, was ich gerne erleben oder haben möchte. Aber nichts davon kann ich mir selbst erfüllen oder ist so unwiderstehlich, dass ich dafür etwas tun möchte.

Was möchtest du denn gerne erleben und haben?

Manchmal hätte ich gerne den perfekten Körper. Gelegentlich würde ich gerne in einer tollen Partnerschaft leben. Ab und an hätte ich gerne viel Zeit zum Reisen. Bisweilen hätte ich gerne viel Geld, um meinen Schrank mit wunderschöner Kleidung zu füllen. Zeitweise hätte ich gerne eine Putzfrau, und ich würde gerne Spanisch sprechen und mein Französisch verbessern.

Das ist wunderbar.

Was ist denn daran wunderbar? Das sind ja alles Sachen, die ich gerne hätte und nicht habe.

Es ist wunderbar, dass du Wünsche hast. Genau darum geht es. Ihr lernt nun, eure Schöpferkraft immer stärker einzusetzen. Und das geht am besten, wenn ihr wisst, was ihr euch wünscht.[7]

---

7 Siehe Übung 6: Was ich mir wünsche.

Ja, das kann sein, aber ich habe ja gerade gesagt, dass ich keine Lust habe, dafür etwas zu tun.

Wir schauen uns deine Auflistung einmal gemeinsam an. Was war das erste?

Als Erstes hatte ich geschrieben, dass ich gerne meinen Körper optimieren würde.

Was würdest du gerne optimieren?

Mehr Muskeln, weniger Fett, glattere Haut, immer eine super Frisur. Aber ich habe keine Lust, jeden Tag nach der Arbeit noch Sport zu treiben oder meine Nahrung so einzuschränken, dass sie nur noch Vitamine enthält. Außerdem will ich meine ersten Falten nicht einfach weg spritzen lassen. Die sollen von allein weggehen.

Du bist also nicht bereit, auf der Handlungsebene dein Ziel zu erreichen.

Genau. Geht das nicht auch einfacher?

Wie hast du deinen roten Mini erschaffen?

Das wisst ihr doch. Ich habe mir ein Foto von einem roten Mini an den Kühlschrank gehängt und auf das Handy geladen. Ich habe also ständig auf das Bild geschaut und meinen Freunden erzählt, dass ich bald einen roten Mini fahre. Dann kam er ganz leicht zu mir.

Warst du frustriert, als du noch keinen roten Mini hattest?

Nein. Natürlich nicht. Ich habe mich immer nur darauf gefreut.

Hast du es als Arbeit empfunden, dir die Bilder von dem Auto immer wieder anzuschauen?

Nein, das habe ich gerne und automatisch gemacht. Aber ein Körper ist ja kein Auto. Wenn ein Auto erst einmal da ist, hat man es für lange Zeit. Bei der Figur ist das anders. Wenn ich meine Muskeln nicht immer wieder aufs Neue trainiere, bauen sie sich wieder ab. Wenn ich Fett abbaue, danach aber wieder viel esse, baut es sich wieder auf. Ich muss permanent darauf achten. Das macht mir aber keinen Spaß.

Du möchtest also, dass der Weg zu deinem optimalen Körper Spaß macht.

Noch lieber wäre mir natürlich, wenn ich gar nichts dafür tun müsste. Aber wenn ich schon etwas tun muss, dann soll es wenigstens Spaß machen.

Du kannst deinen optimalen Körper ohne Handlung und du kannst ihn mit Spaß am Tun erschaffen.

Wie kann ich ihn ohne Handlung erschaffen? Das interessiert mich am meisten.

Überlege mal, ob du die Methode, mit der du den Mini erschaffen hast, auch auf die Optimierung deines Körpers übertragen kannst.

Beim Mini hatte ich eine konkrete Vorstellung. Er sollte rot sein und ein weißes Dach haben. Ich müsste also ganz genau wissen, wie mein Körper aussehen soll. Vielleicht könnte ich ein Bild von einem Traumkörper an meinen Kühlschrank hängen. Ehrlich gesagt, habe ich so etwas schon einmal gemacht. Aber immer, wenn Besuch kam, habe ich das Bild vorher abgehängt. Ist ja irgendwie auch peinlich. Außerdem hatten diese Bilder keine Köpfe. Sollte ich mein Gesicht darauf kleben?

Es ist nicht nötig, dein Gesicht auf das Bild zu kleben. Bei dem Bild von dem Mini war es auch nicht nötig, dein Gesicht auf die Fahrerseite zu kleben. Die Möglichkeit, mit Bildern zu arbeiten, ist sehr effektiv.

Ehrlich gesagt ist meine Figur ganz gut, aber das Optimum reizt mich halt doch manchmal. Selbst, wenn das vielleicht narzisstisch ist.

Es ist schön, dass ihr bestrebt seid, einen schönen gesunden Körper zu haben. Die Energie der Erde steigt immer weiter an, und es ist eine gewollte Entwicklung, dass ihr auch mit euren Körpern Leichtigkeit und Schönheit demonstriert.

Beim Mini war ich voller Vorfreude. Ich habe sogar eine Probefahrt gemacht und so getan, als wäre es meiner. Ich habe allen Freunden erzählt, dass ich bald einen roten Mini habe. Aber ich werde bestimmt niemandem erzählen, dass ich bald meine optimale Figur habe. Das wäre ja total peinlich, falls es doch nicht klappt.

Hier liegt die Ursache dafür, dass du deine optimale Figur noch nicht erreicht hast.

Wo? Ihr meint, der Grund ist der, dass ich sage, »falls es doch nicht klappt«? Ihr meint, dass ich an den Mini geglaubt habe, aber an eine Figur-Optimierung ohne Sport und Fasten glaube ich nicht. Wie kann ich denn meinen Glauben daran stärken?

Du hast uns im letzten Buch selbst eine effektive Methode verraten.

So tun, als ob? Ihr meint, ich soll einfach so tun, als hätte ich diese super Figur bereits? Heidi Klum hat in einem Interview erzählt, dass sie an Tagen, an denen sie sich hässlich fühlt, vor der Kamera so tut, als wäre sie die schönste Frau der Welt. Vielleicht ist das eine gute Idee. Ich tue einfach so, als hätte ich die absolute Traumfigur.

Ich habe mal Schauspielunterricht genommen. Mit der Zeit wurde mir klar, dass ich mit jeder Rolle auch die Gefühle der gespielten Figur übernehme. Wenn ich eine traurige Person spiele, werde ich selbst traurig. Ich tue ja so als ob.

Aber wenn Gefühle Realität erschaffen, dann ziehe ich bei jeder traurigen Rolle traurige Ereignisse in mein eigenes Leben. Der Preis erschien mir zu hoch. So viele lustige Rollen gibt es im Theater ja nicht.

Paul Walker, ein bekannter Schauspieler aus den USA, sagte kurz vor seinem Tod: »Ich habe so viele Filme gedreht, in denen Autounfälle passieren. Und plötzlich war ich in einem echten Unfall.« Paul Walker hat den Unfall nicht überlebt und starb im November 2013.

Katie Holmes, die bis 2012 mit dem preisgekrönten Schauspieler Tom Cruise verheiratet war, bekam das Angebot, in der Fernsehserie *Die Kennedys* die Rolle der Jacqueline Kennedy zu spielen. Sie war sich nicht sicher, ob sie diese Rolle spielen kann, und bat ihren Ehemann um Rat. Seine Antwort: »Sei Jackie Kennedy!«

Hollywood ist voll von Paaren, die sich beim Dreh kennengelernt und verliebt haben. Erst taten sie in ihrer Rolle so, als wären sie ineinander verliebt, und dann haben sie sich wirklich ineinander verliebt.

Die Schauspieler machen es euch vor. Es gibt für euch nichts anderes zu tun, als die zu sein, die ihr gerne sein wollt.[8]

Wenn ich so tue, als wäre jemand Bestimmtes in mich verliebt, ohne dass er es wirklich ist, finde ich das aber nicht so prickelnd.

Du musst nicht so tun, als wäre jemand Bestimmtes in dich verliebt. Du könntest einfach so tun, als befändest du dich in einer schönen Partnerschaft. Das war doch einer deiner Wünsche, für die du nichts tun wolltest.

Ja. Eben. Ich will dafür nichts tun.

---

8 Siehe Übung 3: So tun als ob; sowie Übung 12: So tun als ob – für Profis.

Du tust den ganzen Tag so als ob.

Als ob was?

Du tust immer so als ob. Mit jedem Verhalten tust du so, als wärst du von einer bestimmten Wahrheit überzeugt.

So wie »Man kann nicht nicht kommunizieren«? Man kann nicht nicht so tun als ob?

So meinen wir es. Welches »So tun als ob« lebst du denn in Bezug auf Partnerschaft?

Ich tue so, als hätte ich gar keine Partnerschaft. Ich tue noch nicht einmal so, als würde ich mir eine wünschen. Ich tue so, als wäre mir das ziemlich egal. Vielleicht tue ich sogar so, als würde mich ein Partner stören.

Und was wäre anders, wenn du so tun würdest, als lebtest du in einer Partnerschaft?

Ich weiß nicht. Immer zwei Kinokarten kaufen? Ein Weihnachtsgeschenk für »ihn« besorgen? Ihm jeden Abend eine Gute-Nacht-SMS senden?

Die Basis des »So tun als ob« ist, dass ihr vorbereitet seid.

Dann wird es mit dem Himmelreich sein wie mit zehn Jungfrauen, die ihre Lampen nahmen und dem Bräutigam entgegengingen. Fünf von ihnen waren töricht und fünf waren klug. Die törichten nahmen ihre Lampen mit, aber kein Öl, die klugen aber nahmen außer den Lampen noch Öl in Krügen mit. Als nun der Bräutigam lange nicht kam, wurden sie alle müde und schliefen ein. Mitten in der Nacht aber hörte man plötzlich laute Rufe: Der Bräutigam kommt! Geht ihm entgegen! Da standen die Jungfrauen alle auf und machten ihre Lampen zurecht. Die törichten aber sagten zu den klugen: Gebt uns von eurem Öl, sonst gehen unsere Lampen aus. Die klugen erwiderten ihnen: Dann reicht es weder für uns noch für euch; geht doch zu den Händlern und kauft, was ihr braucht. Während sie noch unterwegs waren, um das Öl zu kaufen, kam der Bräutigam; die Jungfrauen, die bereit waren, gingen mit ihm in den Hochzeitssaal, und die Tür wurde zugeschlossen. Später kamen auch die anderen Jungfrauen und riefen: Herr, Herr, mach uns auf! Er aber antwortete ihnen: Amen, ich sage euch: Ich kenne euch nicht. Seid also wachsam! Denn ihr wisst weder den Tag noch die Stunde.

– Matthäus 25, 1-13 –

Also immer Lampenöl dabei haben? Damit man bereit ist, wenn der Bräutigam kommt? Was ist mein Lampenöl?

Könnte der perfekte Partner denn jetzt einfach bei dir klingeln und in dein Leben treten?

Jetzt? Nein, ich brauche noch Zeit zum Haare waschen, Beine rasieren, Bett neu beziehen, Essen einkaufen, Blumen auf den Tisch stellen, Mehrfachstecker ans Bett legen, damit er auch sein Handy aufladen kann, Platz im Badschrank machen, falls er einen Rasierer, oder was er sonst so benötigt, unterbringen möchte. Ich sollte dann noch ein paar Fotos von anderen Männern auf meinem Handy löschen und überprüfen, was eigentlich alles im Nachttischchen liegt, was er nicht sehen sollte.

Vorbereitet zu sein ist sehr wirkungsvoll. Damit signalisierst du, dass du bereit bist zu empfangen.

Okay. Dann mach ich das mal bei Gelegenheit.

Du wolltest auch Zeit und Geld für Reisen und Kleidung.

Ja. Wie kann ich mir vorstellen, Geld und Zeit zu haben?

Es fällt euch leichter, einen konkreten Wunsch zu haben und dann so zu tun, als wäre dieser Wunsch bereits erfüllt, als euch so etwas Abstraktes wie Zeit oder Geld vorzustellen. Gibt es eine bestimmte Reise, die du gerne machen möchtest?

Ja, eine vierwöchige Reise in ein Ayurveda-Ressort. Man wird ständig massiert, sogar mit Kopfguss. Die Anlage ist direkt am Meer. Das Essen ist ayurvedisch und auf jeden Gast persönlich abgestimmt. Es kostet ein Vermögen. Wie viel weiß ich aber gar nicht genau.

Als meine Freundin damals von einer solchen Reise zurückkam, sah sie noch Monate später wunderschön aus. Sie war ausgeglichen und strahlte so etwas wie Glückseligkeit aus. Das will ich auch.

In letzter Zeit denke ich immer häufiger an diese Reise. Der zweite Gedanke dabei ist aber stets: »Ach, das ist viel zu teuer, und so lange kann ich den Laden nicht alleine lassen, außer die haben dort einen zuverlässigen Internetanschluss, aber dann muss ich da ja arbeiten und das macht die Erholung gleich wieder kaputt und dann kann ich ja gleich zu Hause bleiben.

Freibad ist doch auch ganz schön.«

Was, glaubst du, wirst du erleben, wenn du solche Gedanken hast?

Freibad? Ach herrje. Also gut, was ist der Plan? Wie kann ich so tun, als machte ich diese Reise?

Das klingt, als wärst du nicht vorbereitet. Wenn eine Fee kommen würde und wie durch ein Wunder hättest du nun Zeit und Geld, könntest du dann morgen diese Reise antreten?

Um Gottes willen. Nein, auf gar keinen Fall. Ich habe ja noch nicht mal einen gültigen Reisepass. Okay, ich verstehe. Reisepass verlängern, Freundin fragen, ob sie mitkommt und was das kostet. Fragen, ob sie Internet haben, checken, ob ich noch ein neues Strandtuch oder einen neuen Bikini benötige ... Gut, angenommen, ich bin vorbereitet, was dann?[9]

Jetzt geh ins Gefühl. Tu so als ob.

Als ob ich die Reise gebucht hätte?

Als ob du bereits dort wärst. Wenn du so tust, als hättest du die Reise gebucht, manifestierst du, dass du in irgendeiner fernen Zukunft verreist. Aber niemals im Hier und Jetzt. Vielleicht wird die Reise vom Veranstalter abgesagt oder der Flug annulliert. Gehe

---

9 Siehe Übung 11: Sei vorbereitet.

immer genau in das Gefühl, das du hättest, wenn du deinen Wunsch tatsächlich erlebtest.

Du bist dort. Du spürst das warme Öl, welches sanft über deinen Körper massiert und behutsam über deinen Kopf gegossen wird. Du springst ins Meer, schmeckst das Salzwasser auf deinen Lippen. Du spürst die Sonne auf deiner Haut, während du auf deinem Handtuch am Strand liegst. Dein Körper fühlt sich leicht und wundervoll an. Du schaust in den Spiegel und siehst eine strahlende Schönheit.

Wie bewegst du dich? Wie sprichst du? Langsamer? Melodischer? Bedachter? Wie gehst du? Wie stehst du? Wie begegnest du anderen Menschen? Wie fühlt sich die Sonne auf deiner Haut an? Wie fühlst du dich nach einer langen Massage?

Allein durch eure Fragen komme ich in das Gefühl. Okay, ich habe es verstanden. Erst muss ich vorbereitet sein, und dann muss ich auch wirklich das Körperempfinden haben, als ob ich das tatsächlich gerade erlebe.

Warum ist es so einfach? Ich bereite mich vor und ich tue so als ob. Das ist wenig Einsatz für eine tolle Reise.

Es ist so einfach, weil es nicht möglich ist, etwas anderes zu erschaffen als das, was du gerade fühlst.

Wenn ihr grundlos ein gutes Gefühl habt, erschafft ihr beliebige Ereignisse, die sich gut anfühlen. Habt ihr konkret ein gutes Gefühl, wie zum Beispiel den Genuss von Sonne auf der Haut oder Sand an den Füßen, dann erschafft ihr genau das.

Mehr müsst ihr nicht tun. Seid die, die ihr sein wollt. Fühlt das, was ihr fühlen wollt. Sein erschafft Sein. Gefühl erschafft Gefühl.[10]

Also gilt: »Wer erntet, der sät.«

Ich habe einmal von einem Mann gehört, der zum Flughafen gefahren ist, sich dort hingesetzt und zwei Tage meditiert hat. Dann hat ihm jemand einen Flug geschenkt. Und zwar

---

10 Siehe Übung 15: Wünsche präzisieren.

genau dorthin, wo er hin wollte. Er muss wohl vorbereitet gewesen sein. Seinen Reisepass hatte er bestimmt dabei.

Der Schuhmacher Friedrich Wilhelm Voigt überzeugte 1906 als Hauptmann verkleidet einen Trupp Soldaten davon, ihm zu folgen, das Rathaus zu besetzen, den Bürgermeister der Stadt Köpenick zu verhaften und die Stadtkasse auszurauben. Er hat so sehr getan, als wäre er ein Hauptmann, dass es ihm jeder geglaubt hat.

Ein Bekannter hat mal als Jugendlicher so getan, als wäre er obdachlos, einfach nur, um zu wissen, wie sich das anfühlt. Er fuhr mit seinem Kumpel, der das auch erleben wollte, in eine fremde Stadt und setzte sich in die Fußgängerzone. Seine Kleidung war beschmutzt, sein Gesicht unrasiert und seine Haare waren seit Tagen nicht gewaschen. Auf ein Pappschild schrieb er die Worte: »Habe Hunger.«

Er hatte so sehr getan, als wäre er obdachlos, dass die Passanten es ihm geglaubt haben. Zwanzig Jahre später war er wirklich für ein paar Wochen obdachlos, saß in einer Fußgängerzone und erbat Kleingeld, um sich etwas zu essen zu kaufen.

Wenn ihr euch nicht in Schwingung bringt, wenn ihr nicht so tut als ob, dann braucht ihr vom Leben, vom Universum, vom lieben Gott nichts zu erwarten. Das wäre gerade so, als würdet ihr im Internet etwas bestellen und gar keine oder eine falsche Adresse angeben.

Die richtige Zustelladresse für eure Bestellung ist das Gefühl. Mit dem Gefühl bestimmt ihr, welche Sendungen bei euch zugestellt werden.

Das Gefühl ist eine Zustelladresse. Verstanden. Ich habe ja gesagt, dass ich nichts dafür tun möchte. So tun als ob ist okay – und Sport, wenn ich Bock drauf habe, auch. Aber ich habe nicht immer Bock auf Sport oder will mich gesund ernähren. Dennoch hätte ich gerne einen Körper, der sich so anfühlt und so aussieht, als würde ich jeden Tag Sport treiben und mich bewusst ernähren. Wie tue ich am Einfachsten so, als wäre ich »The Body«?

Wie würdest du denn jetzt sitzen, wenn du The Body wärst?

Jedenfalls nicht so buckelig wie eben. Aufrechter, Brust raus, mehr Körperspannung, Beine entspannter, gerader Rücken, ein Lächeln auf dem Gesicht. Ich mache es gerade. Fühlt sich ganz anders an.

Wie würdest du gehen? Wie würdest du liegen? Wie würdest du dich beim Einkaufen bewegen, wenn du Freunde träfest ... wie beim Staubsaugen?

Mir ist total egal, wie ich beim Staubsaugen aussehe. Wirklich, total egal. Das sieht ja keiner. Ach so. Es geht nicht darum, Publikum zu haben. Es geht nur um das Gefühl. Also immer, wenn ich daran denke, soll ich mich so bewegen, als wäre ich The Body. Ob ich dann Sport mache oder nicht, ist ganz unerheblich. Das gefällt mir.

So tun, als wäre ich am Strand, so tun, als wäre der Partner hier, so tun, als wäre ich The Body ... Das ist ganz schön viel »so tun« auf einmal. Wenn ich The Body bin, habe ich den Partner schon wieder vergessen. Wenn ich so tue, als wäre ich in einer schönen Partnerschaft, denke ich nicht mehr an den Strand.

Deshalb ist es so leicht, von einem unschönen Gefühl wegzukommen. Ihr müsst es einfach nur durch ein anderes ersetzen. Später werdet ihr alle Gefühle zeitgleich fühlen können. Für die Manifestation ist es unerheblich, ob ihr die Gefühle nacheinander oder zeitgleich habt. Wer fühlt, manifestiert. Das ist ein kosmisches Gesetz.

Grübelt nicht darüber nach, wer ihr seid, warum ihr so seid, wer Schuld daran hat und was Schlimmes in euch verborgen sein könnte. Darum geht es in der Schöpferzeit nicht mehr. Eure Aufgabe ist es, das zu erschaffen, was ihr euch von Herzen wünscht. Das ist der Sinn eures Lebens.

Es geht nicht darum, euch zu entdecken. Es geht darum, euch zu erschaffen. Wenn ihr verstanden habt, dass ihr dafür nichts anderes tun müsst als zu sein, seid ihr in eurer Göttlichkeit angekommen.

Seid fröhlich und getrost; es wird euch im Himmel reichlich belohnt werden.

– Matthäus 5, 12 –

Als er aber von den Pharisäern gefragt wurde: Wann kommt das Reich Gottes?, antwortete er ihnen und sprach: »Das Reich Gottes kommt nicht so, dass man's beobachten kann; man wird auch nicht sagen: Siehe, hier ist es!, oder: Da ist es! Denn siehe, das Reich Gottes ist mitten unter euch.«

– Lukas 17, 20-21 –

Verwechselt Tagträume nicht mit den Gefühlen, die ihr habt, wenn ihr so tut als ob. Beim Tagträumen schwingt häufig Melancholie mit. Und das hält euch nur noch länger in der Situation, die ihr nicht erleben wollt. Gebt gut Acht, dass ihr nur die Gefühle zulasst, die ihr auch in Zukunft fühlen möchtet.

Wenn ihr das Gewünschte nicht vollständig fühlt, dann bleibt ihr stets auf einer Vorstufe der Erfüllung. Fühlt vollständig das, was ihr erleben wollt und erschafft euch das Paradies auf Erden.

Und was macht man, wenn man seine Arbeit nicht liebt, aber hingeht, weil man das Geld braucht? So tun, als ob man sie liebt? Oder nicht mehr hingehen?

Tut so, als liebtet ihr diese Arbeit. Geht morgens fröhlich hin, begrüßt eure Kollegen mit einem Lächeln, freut euch auf die Kunden.

Das ist entweder Selbstverarsche oder nicht zu schaffen. Wenn man einen schlimmen Job hat, kann man doch nicht so tun, als liebte man ihn. Das würde einen ja noch länger in dieser Situation festhalten. Wenn ich unglücklich hingehe, bin ich wenigstens motiviert, mir einen anderen Job zu suchen.

Ihr erlebt stets das, was ihr fühlt. Wenn ihr glücklich bei der Arbeit seid, seid ihr glücklich bei der Arbeit. Gut möglich, dass sich die Umstände deiner Arbeit dadurch verändern. Du könntest auch so tun, als trügst du mehr Verantwortung, du könntest so tun, als förderte dein Job deine Kreativität, du könntest so tun, als würdest du in einem ganz tollen Team arbeiten.

Je besser du dich bei der Arbeit fühlst, desto besser werden die Bedingungen. Vielleicht erschaffst du dir dadurch einen anderen Job, der auf dich zukommt. Möglicherweise wird auch dein jetziger Job zu deinem Traumjob. Du weißt ja, das Gefühl erschafft die Wirklichkeit.

Ich habe mal von einer alten Dame gehört, die als junge Frau von ihrer Großmutter folgenden Tipp bekam: »Wenn du einen reichen Mann heiraten willst, dann geh in das teuerste Hotel, trinke dort einen Kaffee und fühle dich reich.«

Die junge Frau tat genau das und wurde in dem Hotel von einem jungen Arzt aus vermögendem Hause angesprochen. Wenig später hat sie ihn geheiratet.

Wer sich reich fühlt, zieht Reichtum an. Wer sich gesund fühlt, zieht Gesundheit an, wer Liebe fühlt, zieht Liebe an. Alles wird euch zufliegen, wenn ihr es seid. Ihr werdet alles haben, was ihr im Innern bereits habt.

Bill Morgan aus Australien wurde für ein paar Minuten für tot erklärt. Wie durch ein Wunder hat er dennoch überlebt. Um sein Überleben zu feiern, kaufte er sich in einem Lottogeschäft ein Rubbellos. Er gewann ein Auto im Wert von 20.000 Dollar. Weil seine Geschichte so außergewöhnlich war, kam sogar ein Fernsehteam. Er sollte die Szene mit dem Rubbellos in genau dem gleichen Lottogeschäft nachspielen. Also kaufte er erneut ein Los und tat so, als würde er gewinnen. Als er genau hinguckte, sah er, dass er mit diesem Los den Jackpot geknackt hatte. Er gewann 250.000 Dollar.

Ich habe schon von mehreren Personen gehört, die so taten, als hätten sie einen bestimmten Job. Manche ließen sich sogar Visitenkarten mit dem Firmenlogo und ihrem Namen drucken. Eine Frau schrieb sich die Zusage für den gewünschten Job selbst und versendete sie sogar mit der Post. Ein Mann zog in eine andere Stadt, weil der neue Job so besser zu erreichen war. Ein anderer kaufte sich einen neuen Anzug mit einer passenden Krawatte. Eine Frau stand jeden Morgen so früh auf, als hätte sie diesen Job bereits, und kleidete sich so, als würde sie zur Arbeit gehen. Alle diese Menschen bekamen den ersehnten Job. Das ist doch verrückt.

Euer Unterbewusstsein kann nicht unterscheiden, ob euer »So tun als ob« echt ist. Es setzt alles daran, die Realität in Einklang mit dieser Schwingung zu bringen.

Im Feng Shui sagt man, dass fließendes Wasser gut für Reichtum ist. Als ich davon hörte, hängte ich ein Bild von einem Wasserfall in mein Geschäft. Am nächsten Morgen stand in meinem Geschäft zwanzig Zentimeter hoch das Wasser. Der Mieter über mir war betrunken bei laufendem Wasser in der Badewanne eingeschlafen. Das Wasser floss kaskadenartig von oben herab in mein Geschäft.

Das Unterbewusstsein nimmt die Bilder wohl sehr wörtlich.

Ihr müsst nichts weiter tun, als vorbereitet sein und so tun als ob. Ihr benötigt keine Gegenstände, die vermeintlich Zauberkraft haben. Fühlt, und ihr werdet bekommen. Seid, und ihr werdet sein.

Ziele und Wünsche – konkret

- Es gibt nichts anderes für dich zu tun, als der zu sein, der du sein willst.
- Sei vorbereitet.
- Tue so, als wäre dein Wunsch bereits erfüllt.
- Es geht nicht darum, dich zu entdecken. Es geht darum, dich zu erschaffen.
- Lass nur Gefühle zu, die du auch in Zukunft erleben möchtest.
- Je besser du dich fühlst, desto besser wird dein Leben.
- Du musst nichts weiter tun, als vorbereitet zu sein und so zu tun als ob.

Bewertungen

Warum können wir nicht dauerhaft optimal leben? Weshalb fallen wir immer wieder zurück in ein destruktives Verhalten? Wieso ist das so verdammt schwer durchzuhalten? Den einen fällt es schwer, nicht zu rauchen, den anderen, keinen Alkohol zu trinken, manche können sich beim Essen nicht beherrschen, und wenige können sich dauerhaft zum Sport motivieren. Dabei wollen wir doch alle einen schönen gesunden Körper haben.

Weißt du, was der große Unterschied zwischen einem Mini und einer optimalen Figur ist?

Der Mini ist einfach nur ein Mini. Bei der Figur gibt es zwei Gegenspieler. Gute Figur und schlechte Figur.

Wolltest du einfach nur den Mini haben, oder wolltest du unbedingt dein altes Auto loswerden?

Ich wollte einfach nur den Mini haben. An mein altes Auto habe ich dabei gar nicht gedacht.

Kannst du dich erinnern, was wir dir im ersten Buch über John Lennon und Gandhi gesagt haben?

Sie waren gegen Gewalt und haben damit erschaffen, dass man sie umgebracht hat.

Bedeutet das, dass der Jojo-Effekt deshalb eintritt, weil wir von dem Fett weg wollen, somit dem Fett Aufmerksamkeit schenken und es genau deshalb erschaffen?

Viele eurer Wünsche sind Wünsche, die euch von etwas wegbringen sollen. Ihr konzentriert euch auf das, was ihr loswerden möchtet und manifestiert es dadurch erneut.

Das ist ja ein Teufelskreis. Wie kommt man denn da raus? Durch Gleichgültigkeit?

Du kannst so tun, als wäre die für dich richtige Lösung bereits in Erscheinung getreten. Wenn du so tust, als hättest du bereits eine Traumfigur, wird dein Unterbewusstsein alles daran setzen, diese Figur zu verwirklichen.

Eine andere Möglichkeit ist Gleichgültigkeit. Es kommt darauf an, dass ihr nicht mehr polarisiert und wertet. Solange ihr etwas als schlecht bewertet oder verurteilt, werdet ihr niemals dauerhaft das erschaffen, was ihr möchtet.

Wie kann ich denn bei etwas Wichtigem gleichgültig sein?

Weißt du noch, was wir dir im ersten Band über Bewertungen erzählt haben?

Ihr habt gesagt, dass wir in der Liebe sind, wenn wir aufhören zu werten. Wollt ihr damit sagen, dass man seine Figur einfach nicht bewerten soll, wenn sie einem nicht gefällt? Dass man einfach so tun soll, als hätte man die super Figur, und der Rest käme von alleine?

Alles, was ihr nicht verurteilt, kann heilen. So, wie ihr über die Dinge urteilt, so bestimmt ihr, was ihr erlebt. Wenn ihr über euer Körperfett urteilt, manifestiert ihr es gleichzeitig.

Es geht darum, dass ihr die Dinge nicht verurteilt. Wenn euch etwas gut gefällt, hüllt ihr es in ein schönes Gefühl. Schöne Gefühle erschaffen schöne Ereignisse.

Immer, wenn ihr ein schlechtes Gefühl zu etwas habt, zieht ihr noch mehr von diesem Gefühl an. So kann es sein, dass ihr ein schlechtes Gefühl zu eurem Körper habt und zusätzlich vielleicht noch eine Rechnung anzieht, zu der ihr ebenfalls ein schlechtes Gefühl habt.

Jedes Mal, wenn ihr über einen anderen urteilt, erschafft ihr für euer eigenes Leben. Wenn ihr über das Körperfett eines anderen urteilt, erschafft ihr euer eigenes Körperfett.

Oft wertet ihr, um euch selbst besser zu fühlen. Wenn jemand dicker ist als ihr, fühlt ihr euch besser. Ihr urteilt, dass ihr besser seid, wenn ihr weniger Körperfett habt als der andere. Doch könnt ihr nicht über andere urteilen, ohne über euch selbst zu urteilen. Alles, was ihr über andere denkt und fühlt, erschafft ihr für euch selbst.

Viele von euch wünschen sich mehr Geld. Ihr verurteilt jedoch die Art, wie andere zu Geld gekommen sind. Damit erschafft ihr ein negatives Gefühl zu Geld, und eure eigenen Erfahrungen mit Geld werden negativ sein.

Ja Moment. Wenn jemand durch Drogenhandel oder Zuhälterei zu Geld gekommen ist, kann man doch wohl kaum ein positives Gefühl dazu haben.

Ihr wisst nicht, welchen Plan diese Seele für ihr Leben hat. Wenn ihr urteilen wollt, dann urteilt über das, was euch gefällt. Es geht darum, dass ihr nichts verurteilt. Denn damit erschafft ihr eine Wirklichkeit, die euch nicht gefällt.

Jede Seele ist vollkommen. Auch die Seele des Drogenhändlers. Ihr seid auf der Erde, um eure Vollkommenheit in Erfahrung zu bringen. Als Seele wisst ihr, dass ihr vollkommen seid. Ihr seid hier, um diese Vollkommenheit auch körperlich zu erfahren.

Damit ihr aber wisst, was kalt ist, müsst ihr auch erleben, was heiß ist. Um zu wissen, was oben ist, müsst ihr auch wissen, was unten ist. Ihr müsst wissen, was dick ist, um zu wissen, was dünn ist.

Eure Seele will alles erleben. Nur so kann sie entscheiden, was sie sein will. Sie muss alles kennen.

Mit euren Urteilen, die ihr oft gar nicht selbst gefällt habt, denn ihr habt sie von euren Eltern, eurer Religion oder euren Lehrern übernommen, verwehrt ihr euch die Erfahrung. Die Erfahrung der Seele auf der Erde ist damit eingeschränkt. Deshalb müsst ihr so viele Leben leben. Ihr wollt alle Erfahrungen machen. Ihr alle wart schon Täter und Opfer.

Deshalb urteilt nicht über das Leben anderer. Ihr seht nur eine Seele, die Erfahrungen macht. Sie macht Erfahrungen, um später oder in einem anderen Leben zu wählen, was sie sein möchte.

Man würde ein großes Chaos akzeptieren, wenn jeder auf einmal morden, dealen und zuhalten dürfte.

Es würden die gleichen Menschen dealen, morden und zuhalten. Der Schlüssel, um euer eigenes Leben in die göttliche Herrlichkeit zu bringen, liegt darin, nicht mehr zu verurteilen. Akzeptiert, was ist.

Möglicherweise liegen wir ja tatsächlich mit all unseren Bewertungen falsch und sind immer nur Opfer der Gedanken und Urteile unsere Epoche, unserer Gesellschaft, unserer Erziehung und unserer Religion.

Meine Cousine war beruflich in Indien. Als sie dort ankam, regnete es. In dieser Region regnet es nur ein paar Tage im Jahr. Die Leute dort freuten sich so sehr über den Regen, dass sie auf der Straße tanzten. Sie empfinden diese Regentage sogar als romantisch. Während meine Cousine es schade fand, aus dem verregneten Deutschland in ein regnerisches Indien zu fliegen, waren diese Tage für ihre einheimischen Kollegen die schönste Zeit des Jahres. Sie waren glücklich.

In Japan ist es angesehen, bei der Arbeit zu schlafen. Es zeigt, dass man hart arbeitet.

Die Ureinwohner Papua Neuguineas glauben, dass es der Gesundheit schadet, zwei Tage hintereinander zu arbeiten.

Einst galt es zu Hofe als guter Ton, nach dem Essen zu rülpsen und zu furzen. »Warum rülpset und furzet ihr nicht? Hat es euch nicht gemundet?«

Dicke Frauen galten in früheren Zeiten – und in einigen Kulturen sogar heute noch – als schön.

Wenn ihr ein Urteil über etwas oder jemanden fällt, kann sich euch diese Sache oder diese Person schwerlich anders zeigen. Wenn ihr über jemanden urteilt, dass er schlecht ist, dann muss diese Person einen enormen Kraftaufwand betreiben, um euch eine andere Version ihrer selbst zu zeigen. Mit eurem Urteil erschafft ihr euer Umfeld.

Wenn ihr über jemanden urteilt, dass er schlecht ist, weil er Kinder schlägt, dann wird er sehr wahrscheinlich weiterhin Kinder schlagen. Euer Urteil ist nämlich Aufmerksamkeit.

Es ist hart, da nicht urteilen zu dürfen.

Erst, wenn alles so sein darf, wie es ist, fängt Heilung an. Jedes Urteil manifestiert. Wenn ihr frei vom Werten seid, geschieht Heilung.

Ich kann das gedanklich nachvollziehen. Aber das ist eine hohe Anforderung in der Umsetzung.

Wenn ihr urteilt, dass Geld die Wurzel allen Übels ist, was meint ihr, wie eure Erfahrungen mit Geld sein werden?

Wenn ihr urteilt, dass eure Eltern euch nicht genug lieben, wenn ihr urteilt, dass eure Kollegen gemein sind, wenn ihr urteilt, dass ihr zu dick seid, so erschafft ihr genau das.

Also wenn ich sage, dieser Mensch ist schlecht, weil er sein Geld durch Drogenhandel verdient, dann erschaffe ich zum einen, dass er weiterhin Drogen verkauft, und zum anderen erschaffe ich für mein eigenes Leben finanziellen Mangel, weil ich ein negatives Gefühl mit Geld verbinde?

Ich verstehe, warum es dann besser ist, gar nicht mehr zu urteilen oder zumindest nichts mehr zu *ver*-urteilen.

Das ist echt ganz schön hart. Erst wird man in der Schule zu einem kritischen Denker erzogen, wird darauf trainiert, eine Meinung zu haben und diese zu vertreten, und jetzt kommt ihr und sagt, wir sollen gar nicht mehr urteilen oder zumindest nichts mehr negativ bewerten.

Wenn ihr aufhört zu verurteilen, verschwindet euer Leid. Euer Leid wird durch eure Gedanken und euer Urteil verursacht. Wenn ihr nicht mehr verurteilt, gibt es kein Leid mehr. Ihr könnt keine Situation erleben, die euch Leid fühlen lässt, weil ihr keine Gedanken und Gefühle mehr habt, die euch leiden lassen.

Die Situation ist genauso bescheiden wie vorher, aber ich merke es nicht mehr, weil ich nicht mehr urteile?

Du urteilst ja schon wieder. Verstehst du? Du sagst, dass die Situation bescheiden ist.

Oh, das habe ich gar nicht bemerkt. Ich vermute mal, dass es ein längerer Prozess ist, ganz mit dem Verurteilen aufzuhören. Man macht es ja doch ständig. Irgendwie. Und sei es nur, dass man denkt, jemand sei unvorteilhaft gekleidet oder sollte mal wieder zum Friseur gehen.

Über euch selbst urteilt ihr am Stärksten. Ständig habt ihr Gedanken, ob euer Verhalten auch gut und angemessen ist, ob ihr die passende Kleidung tragt, ob ihr gut genug ausseht, ob ihr genug Geld verdient, ob ihr genügend Zeit für eure Kinder habt, ob ihr den Ansprüchen eurer Eltern genügt, ob nicht jemand anderes besser ist, der euch beim nächsten Karrieresprung vorgezogen wird, ob ihr liebenswert genug seid, ob ihr von diesem mehr, von jenem weniger tun oder lassen solltet. Ihr habt das Urteilen über euch automatisiert. Ihr urteilt und wertet anhand von fremden Meinungen und trefft dann Entscheidungen für euer eigenes Verhalten.

Wenn ihr nicht mehr wertet, weder über euch selbst noch über andere, noch über Umstände und Geschehnisse, könnt ihr alles verschwinden und alles in Erscheinung treten lassen. Schmerz und Leid werdet ihr nicht mehr empfinden. Für Leid ist nämlich Urteil nötig. Wenn ihr nicht mehr verurteilt, verschwindet all euer Leid.

Ihr werdet niemals eine Situation erleben, die euch Kummer bereitet. Ihr werdet keine Sorgen mehr haben, keine Zweifel. Alle eure Ängste werden verschwunden sein. Seht, was ist, akzeptiert, was ist, und wählt dann das, was euch gefällt.

Euer Leid ist nur eure Entscheidung, auf eine bestimme Art auf etwas zu reagieren. Entscheidet euch, nicht zu reagieren. Entscheidet euch, frei zu sein. Wenn ihr frei vom Urteil seid, seid ihr gänzlich frei. Ihr könnt dann tun und erschaffen, was ihr wollt.

Wenn ihr urteilt, verwehrt ihr euch der Erfahrung. Eure Seele ist aber gerade wegen der Erfahrung hier auf der Erde.

Bewertungen sind Energie. Mit Energie lenkt ihr eure Aufmerksamkeit und mit eurer Aufmerksamkeit erschafft ihr. Energie hat keine Moral. Energie führt einfach nur aus, worauf ihr eure Aufmerksamkeit lenkt.

Ist wohl so wie bei einem Computer. Der sagt auch nicht: »Dieser Befehl gefällt mir nicht, der ist unmoralisch.« Ein Computer führt einfach nur aus.

Gut, ich verstehe. Die Schöpferkraft hat keine Moral. Wir erschaffen durch Aufmerksamkeit, und Bewertungen sind Aufmerksamkeit.

Richtet nicht,
damit ihr nicht gerichtet werdet.
Denn nach welchem Recht ihr richtet,
werdet ihr gerichtet werden; und mit
welchem Maß ihr messt, wird euch
zugemessen werden.

– Matthäus 7, 1-2 –

Mit deinen eigenen Worten
richte ich dich.

– Lukas 19, 22 –

Okay, also immer, wenn ich einen Wunsch ohne Gegenspieler habe, wie zum Beispiel einen roten Mini, kann ich den Wunsch relativ leicht manifestieren.

Und immer dann, wenn mein Wunsch nur einer von zwei Seiten ist, darf ich nicht eine davon verurteilen, sondern muss beide Seiten so akzeptieren, wie sie sind.

Wir haben in unseren Inkarnationen Gut und Böse kennengelernt. Erfahrungen sind wichtig. Wir lernen Dick und Dünn, Arm und Reich, Zu- und Abneigung kennen. Wir sind jetzt in der Schöpferzeit und haben alle notwendigen Erfahrungen in unseren Inkarnationen gesammelt. Wir dürfen nun wählen, was wir erleben möchten. Aber wir dürfen das, was wir nicht wählen, nicht verurteilen. Es darf genauso da sein wie das, was wir wählen.

Seid ihr denn schon durch damit? Habt ihr wirklich jegliches Urteil abgelegt?

In jeder Dimension gibt es Lernaufgaben. Wir leben nicht mehr in der Dualität. Wir leben in einer Polyalität. Es gibt für uns nicht zwei Seiten einer Sache. Wir erleben die Aspekte einer Angelegenheit vielschichtiger. Die Dualität jedoch haben wir überwunden. Wir haben unser Urteil abgelegt.

Würdet ihr auch mit mir reden, wenn ich eine Kindsmörderin wäre?

Was meinst du? Wir haben unser Urteil abgelegt.

Das fühlt sich schön an. So, als könnte ich machen, was ich wollte, und ihr wäret immer noch für mich da.

Du kannst machen, was du willst.

Ich habe verstanden, dass wir erst genießen können, was wir sind, wenn wir das Gegenteil erlebt haben. Wenn man nie zunehmen würde, könnte man es nicht wertschätzen, wieder einen trainierten Körper zu haben. Wenn man den Winter nicht kennt, weiß man die Wärme der Sonne nicht zu schätzen. Wenn man nicht mal pleite war, weiß man seinen Reichtum nicht so zu schätzen.

Und wenn ich gewinne, verliert manchmal ein anderer. Das gibt uns beiden die Erfahrung, die unsere Seele machen will.

Bisher habt ihr eure Inkarnationen genutzt, um Erfahrungen zu machen. Nun ist die Zeit, da ihr euer Leben nutzen könnt, um aktiv zu erschaffen. Das ist ein Unterschied. Ihr habt alle Voraussetzungen dafür gesammelt. Eure Seele hat sämtliche Erfahrungen gemacht, um alle Aspekte des Daseins zu erleben. Jetzt seid ihr aufgerufen, zu wählen, was ihr erleben wollt. Eure Aufgabe in diesem Leben ist, zu erschaffen, was euch gefällt.

Das klingt super. So, als ob alles erlaubt ist und man trotzdem das bekommt, was einem am besten gefällt.

Es ist alles erlaubt. Und ihr bekommt, was ihr erschafft. Wir fordern euch auf, das zu erschaffen, was euch gefällt.

Barbra Streisand hat mal einen Fotografen erfolglos auf 50 Millionen US-Dollar verklagt, weil eine Luftaufnahme ihres Hauses neben 12.000 anderen Fotos auf seiner Website zu finden war. Vorher war den meisten Leuten gar nicht bekannt gewesen, dass es ihr Haus war. Durch die Klage zog dieses Foto große öffentliche Aufmerksamkeit auf sich. Das Phänomen, bei dem durch den Versuch, etwas zu unterdrücken, das Gegenteil bewirkt wird, nennt man deshalb auch den Streisand-Effekt.

Ein Freund hat neulich gesagt: »Weil es nicht mehr verboten ist, ist es uninteressant geworden.« Wenn wir uns etwas verbieten, geben wir dem Verbotenen Aufmerksamkeit. Dadurch fällt es uns umso schwerer, davon zu lassen.

Möglicherweise erklären sich so auch die vielen Mißbrauchsfälle in der katholischen Kirche. Am Anfang stand vielleicht wirklich ein erhabener Gedanke hinter der Keuschheit: Jemand, der nicht durch Sex abgelenkt ist, kann sich besser seinem Glauben widmen. Wenn aber Sex verboten ist, fällt darauf so viel Aufmerksamkeit, dass der Sex unbedingt gelebt werden muss. Die Kirche ist jahrhundertelang den Weg gegangen, alles, was zum Sex verleitet, zu verbieten. Attraktive Frauen wurden als Hexen bezeichnet und umgebracht.

Verbote und Verdrängung erschaffen das, was verboten ist.

Wirtschaftsflüchtlinge sind im neuen Land meist auch die Ärmsten. Sie fliehen vor der Armut und landen in der Armut. Es gibt im Außen kein Goldenes Land. Das Goldene Land gibt es nur im Inneren. Wenn man ein Land verlässt, um Armut zu vermeiden, wird man genau das anziehen: Armut.

Bewertungen – konkret

- Höre auf zu verurteilen.
- Dein Urteil manifestiert.
- Akzeptiere, was ist.
- Du bist frei, wenn du frei von Urteil bist.
- Wähle das, was dir gefällt.
- Wenn du nichts mehr verurteilst, verschwindet dein Leid.

No Limits

Mit meinen ersten Fältchen mache ich es jetzt so. Ich tue einfach so, als hätte ich eine ganz glatte Haut. Aber ob tatsächlich Falten verschwinden, wenn ich einfach so tue, als hätte ich eine glatte Haut?

Ihr könnt euren Körper so erschaffen, wie ihr wollt.

Wahrscheinlich kommt es auch hierbei auf unseren Glauben an. Wie kann ich meinen Glauben an glatte Haut stärken? Immerhin sind die Falten bereits da. Ich habe noch nie gehört, dass sie sich von alleine wieder glätten.

Auch das könnt ihr!

Wirklich? WIE geht das? Stundenlanges Meditieren oder so tun als ob? Ich kann mir das gerade nicht vorstellen. Falten sind Falten. Die kriegt doch jeder, wenn er älter wird.

Bist du sicher?

Ob ich sicher bin, dass jeder Falten bekommt, wenn er älter wird? Und wie sicher ich da bin! Ich habe noch niemanden gesehen, der mit einer Haut wie ein Babypopo herumrennt, wenn er die Vierzig überschritten hat. Außer wenn kosmetisch nachgeholfen wurde.

Kennst du die Entwicklungsgeschichte der Faltenbehandlung?

Ich vermute mal, dass es, als es noch keine Spiegel gab, völlig egal war, wie viele Falten man im Gesicht hatte. Eventuell war es sogar ein Vorteil, denn Falten können ein Zeichen für Weisheit und Erfahrung sein. Falten so einfach zu entfernen ist ja erst seit relativ kurzer Zeit möglich.

Aber ich verstehe nicht so ganz. Was wollt ihr denn mit dieser Frage eigentlich bezwecken?

Kannst du uns die Entwicklung deiner Haut schildern?

Ich bin mit einer Juckhaut zur Welt gekommen. Schon im Krankenhaus hat man mir die Pulloverärmel zusammengebunden, damit ich mich nicht kratzen konnte. Meine gesamte Kindheit über hatte ich eine juckende Haut. Irgendwann wurde das Wort Neurodermitis erfunden und fortan wurde mir diese Krankheit diagnostiziert. Man hat meinen Eltern gesagt, dass diese Krankheit nicht heilbar ist und ich sie mein Leben lang haben werde. So war es auch. Ich hatte immer irgendeinen juckenden Hautausschlag.

Ich hatte gehört, dass die Nordseeluft gut gegen Neurodermitis sei. Deshalb bin ich öfter dorthin gereist. An der See waren die Ausschläge auch stets umgehend verschwunden. Sie kamen jedoch zu Hause wieder zurück.

Mit sechsundzwanzig schnappte ich dann auf, dass Neurodermitis von roher Ernährung verschwindet. Ich habe mich zehn Jahre fast ausschließlich von Rohkost ernährt. Zu meinem Erstaunen war die Neurodermitis innerhalb der ersten zwei Wochen verschwunden. Sie kam aber immer zurück, wenn ich etwas anderes als Rohkost gegessen hatte.

Irgendwann habe ich beschlossen, dass ich einfach gar keine Neurodermitis mehr habe, sondern eine weiche gesunde Haut. Das hat geklappt. Heute kann ich essen, was ich will, meine Haut ist immer gesund.

Wenn ich das zusammenfasse, dann war die Entwicklung wie folgt: Als alle noch glaubten, dass die Krankheit unheilbar ist, hatte ich sie immer. Als es die Möglichkeit gab, sie mit Nordseeluft kurzzeitig zu heilen, hat das geklappt. Noch einfacher war es mit der Ernährung, da konnte ich mir die Reise ersparen. Als ich anfing zu glauben, dass ich auch mit normaler Ernährung und ohne Nordseeluft eine schöne gesunde Haut haben kann, hat das auch funktioniert.

Übertragen auf Falten bedeutet das: Jahrhundertelang haben die Menschen geglaubt, dass Falten ein natürlicher Prozess sind, also bekommt sie auch jeder. Dann haben die Menschen Behandlungen mit Botox und Hyaluron erfunden; das ist so wie eine Reise an die Nordsee oder eine besondere Ernährung. Damit haben wir jetzt die Möglichkeit, Falten mit einem bestimmten Aufwand für begrenzte Zeit verschwinden zu lassen.

Wenn wir anfangen zu glauben, dass wir unabhängig von Alter und Schönheitsbehandlungen eine glatte jugendliche Haut haben können, werden wir auch glatte Haut erschaffen. Meint ihr das so?

Genau so meinen wir das.

Es ist nicht ganz so einfach, allgemein manifestierte Glaubenssätze zu ignorieren und sich für eine neue Möglichkeit des Glaubens zu öffnen.

Ihr werdet es immer schneller und besser können. Ihr werdet Dinge erschaffen, die euch selbst wie ein Wunder vorkommen. Mit der Zeit werden sich die Wunder häufen, und dann gewöhnt ihr euch daran, dass ihr diese Schöpferkraft habt.

Ihr bewundert Menschen, die eine besondere Fähigkeit haben. Ihr bejubelt Sportler, die eine außergewöhnliche Leistung erbringen, ebenso wie Personen, die überdurchschnittlich alt werden und dabei gesund bleiben. Ihr bewundert diese Menschen, weil ihr tief in euch wisst, dass ihr das auch könnt. Diese Menschen haben nur andere Gedanken über ihren Körper als ihr.

Ihr könnt nahezu alles erschaffen. Es gibt nichts, was ihr nicht sein, nicht erreichen oder tun könnt. Alles, was ihr denken könnt, könnt ihr auch erschaffen. Könntet ihr es nicht erschaffen, wären euch die Gedanken daran verwehrt. Es gibt keine Begrenzung, kein Limit.

Vom Moment eures ersten Gedanken an Etwas existiert es bereits im Möglichkeitenraum. In eure physische Realität kann es treten, wenn ihr daran glaubt.

Ihr könnt euch Gesundheit, Schönheit, Reichtum und Partnerschaft erschaffen. Egal, welches Urteil ein anderer über euch oder euren Körper gefällt hat. Für eure Schöpferkraft gibt es keine Grenzen. Die Grenzen, die euch bislang einschränkten, werdet ihr durch eure ureigene Schöpferkraft außer Kraft setzen. Ihr seid die einzigen Schöpfer in eurer Welt.

Wetter? Weltfrieden? Begrenztheit der Bodenschätze? Legitimation von freier Energie?

Auch das liegt in eurer Macht. Allerdings erschafft ihr euer Klima, den Frieden auf eurem Planeten und all diese Dinge kollektiv. Kollektiv behauptet ihr, dass eure Bodenschätze begrenzt sind. Kollektiv glaubt ihr daran, dass es niemals zu einem Weltfrieden kommt. Kollektiv erzählt ihr, dass freie Energie nicht zugelassen ist.

Ihr meint, wenn wir alle daran glauben, dass Deutschland ein schönes warmes Land ist, wird es auch so sein? Eigentlich glauben ja aufgrund des Klimawandels immer mehr Menschen daran. Im Winter 2013/2014 habe ich in Dortmund keine einzige Schneeflocke gesehen. Die Winterreifen habe ich ganz umsonst aufgezogen.

Ich kann mich noch erinnern, als in der Schule ein Lehrer sagte, dass unser Erdöl endlich ist. Die meisten von uns hatten noch nie darüber nachgedacht. Wir waren geschockt, denn uns wurde ein schlimmes Szenario von der Zukunft unseres Planeten dargestellt.

Ihr meint also, wenn wir alle nun daran glauben, dass die Ressourcen unendlich sind, dass sie das dann auch wirklich sind? Sie sind dann unendlich?

Ja.

Das wäre etwa so wie mit den Broten in der Bibel.

Sie sprachen zu ihm: Wir haben hier nichts als fünf Brote und zwei Fische. Und er sprach: Bringt sie mir her! Und er ließ das Volk sich auf das Gras lagern und nahm die fünf Brote und die zwei Fische, sah auf zum Himmel, dankte und brach's und gab die Brote den Jüngern, und die Jünger gaben sie dem Volk. Und sie aßen alle und wurden satt und sammelten auf, was an Brocken übrig blieb, zwölf Körbe voll. Die aber gegessen hatten, waren etwa fünftausend Mann, ohne Frauen und Kinder.

– Matthäus 14, 17-21 –

Alles, was ihr gemeinschaftlich glaubt, erschafft ihr gemeinsam. Ob ihr an Krieg oder Frieden glaubt, ob ihr an Endlichkeit oder Unendlichkeit von Gegenständen glaubt, ob ihr an warmes oder kaltes Klima glaubt, ob ihr an die Legitimation von freier Energie glaubt oder nicht.

Wenn ihr die Ressourcen der Erde erhalten wollt, müsst ihr entweder zurück zur Natur und die Ressourcen unangetastet lassen, oder ihr müsst lernen, wie ihr mit eurem Geist Materie erschafft.

Ihr habt materielle Wünsche, damit ihr eure Schöpferkraft trainiert. Wenn ihr sagt, diese Wünsche sind nicht zu erreichen, leugnet ihr eure Macht und ihr leugnet die Schöpfung. Ihr habt diese Macht. Ihr könnt alles erschaffen, was euch zu denken möglich ist.

Was ist mit hoffnungslosen Fällen? Wenn man schon zu alt ist, sich etwas aufzubauen, oder schon zu krank, wenn die Ärzte einen schon aufgegeben haben, wenn man einfach schon zu hoch verschuldet ist oder wenn die Prozesse verloren, die Wohnung gepfändet und das Konto gesperrt ist? Was macht man, wenn man in einer hoffnungslosen Situation ist?

So etwas wie hoffnungslose Situationen gibt es nicht. Ihr könnt zu jeder Zeit, an jedem Ort, in jedem erdenklichen Körperzustand alles erschaffen, was ihr euch wünscht. Einzig euer Glaube muss groß genug sein.

Mit 35 Jahren gründete Jan Koum WhatsApp, mit 52 gab Ray Kroc den Startschuß für McDonald's, John Pemberton erfand Coca Cola im Alter von 55 Jahren, und mit 65 gründete Harland Sanders Kentucky Fried Chicken.

Clemens Kuby ist laut Aussage der Ärzte querschnittsgelähmt, dennoch geht, sitzt, spricht und bewegt er sich wie ein gesunder Mensch.

Die Grenzen sind da, wo euer Vertrauen in eure Schöpferkraft endet.

Jesus hatte wohl mehr Vertrauen als wir. Übers Wasser gehen, Blinde sehend machen, aus Wasser Wein machen, ein Meer teilen (obwohl, das war ja Moses). Ich will eigentlich keine Meere teilen, und Wein mag ich auch nicht besonders gerne. Aber ich habe verstanden, dass es darum geht, unseren Glauben zu stärken, den Glauben an unsere eigene Schöpferkraft.

Gibt es dafür einen besonderen Trick?

Ihr lernt durch eure Erfahrungen. Je häufiger eure Erfolge werden, desto besser könnt ihr daran glauben, und umso öfter und leichter könnt ihr es erschaffen.

Also ein Prozess.

Ein Prozess, der so lange oder so kurz dauert, wie es braucht, dass sich euer Vertrauen in eure Schöpferkraft entwickelt.

Ich denke, ich werde morgen mal den Atlantik teilen, um danach über den Pazifik zu laufen, und anschließend mache ich aus der giftigen Ruhr vor meiner Haustür leckeren Apfelsaft und verticke den bei ebay.

Du könntest es.

Argh, wenn ihr mir das sagt, werde ich fast traurig, dass ich es bisher nicht kann. Mein Vertrauen in so etwas ist wohl nicht groß genug. Aber das ist bestimmt nur noch nicht vorgesehen, oder?

Solange ihr nicht hundertprozentig in die Verantwortung eurer Schöpfung geht, ist euch der Weg zu solchen Schöpfungen verwehrt.

Manchmal stelle ich mir vor, dass ich die Welt anhalten könnte und nur ich könnte etwas machen. Danach könnten sich alle wieder bewegen.

Wie stellst du dir das vor?

Ich habe eine Nachbarin, so eine richtige Hexe. Ich stelle mir manchmal vor, wenn sie in ihre Wohnung geht, dass ich am liebsten die Welt anhalten würde, um mich kurz durch die offene Tür in ihre Wohnung zu schleichen und zum Beispiel das Katzenklo auszuleeren und dessen Inhalt auf ihrem Teppich zu verteilen. Dann würde ich mich wieder hinausschleichen, und die Welt könnte sich weiterdrehen.

Das ist kompliziert.

Oh, ich dachte schon, ihr sagt, das ist gemein. Aber ihr sagt nur, dass es kompliziert ist?

Du kannst doch viel schneller erschaffen, als die ganze Welt anzuhalten.

Durch Gedankenkraft? Soll ich mir einfach vorstellen, dass ihr Katzenklo auf dem ganzen Teppich verstreut ist?

Damit würdest du etwas anderes erschaffen.

Was denn? Oh nein, ich glaube, ich weiß es. Ach du meine Güte. Mist.

Woran denkst du?

Na, ich denke mir ja ständig Gemeinheiten für diese Hexe aus, und tatsächlich fällt immer der ganze Inhalt ihres Vogelhäuschens auf meine Terrasse. Oh Mist. Habe ich mir das durch meine Katzenklo-Fantasien erschaffen?

Was meinst du?

Ja, ich meine, das stimmt. Ich habe ihr Energien von Tierkot gesendet, das muss ja auf mich zurückfallen.

Wenn man nur noch Schönes erleben will, darf man noch nicht einmal Hexen etwas Böses wünschen. Wie komme ich denn aus dieser doofen Nummer wieder raus? Die Frau ist echt doof. Doof. Doof. Doof.

Du hast es schon einmal mit einer anderen Person gemacht.

Es gab mal jemanden, zu dem mein Verhältnis nach vielen guten Jahren sehr gespalten war. Dem Menschen ging es nicht gut, und ich fühlte mich nicht mehr wohl in seiner Nähe. Ich fand das sehr schade und habe trotz der Umstände einfach so gefühlt, als sei sein Leben und unser Verhältnis in der göttlichen Ordnung.

Wie hat es sich dann entwickelt?

Am Anfang gar nicht. Ich traf diese Person auch nur noch selten. Eines Tages ließ sich ein kurzes Treffen nicht vermeiden, und zu meiner Überraschung war unser Zusammenkommen sehr entspannt. Die Person wirkte stark, viel stärker als in den Jahren zuvor, und unser Smalltalk war sogar angenehm. Inzwischen treffen wir uns wieder häufiger, und es ist jedes Mal angenehm.

Darf man denn so etwas? Greife ich damit nicht zu sehr in den Schöpfungsplan der anderen Person ein? War die wiedererlangte Harmonie womöglich nur meine Schöpfung? Hätte die Person dies freiwillig gar nicht gewollt?

Das ist eine berechtigte Frage, aber wir können dich beruhigen. Wenn ihr von einer Person behauptet, dass ihr Leben oder eure Verbindung in der göttlichen Ordnung ist, dann kann sich das nur manifestieren, wenn es mit ihrem eigenen Seelenplan stimmig ist. Es ist eine Unterstützung. Wenn diese Seele in die Ordnung kommen möchte, dann macht ihr dieser Person ein schönes Geschenk. Wenn diese Seele jedoch noch andere Erfahrungen machen möchte, dann habt ihr keinen Einfluss auf deren Entwicklung.

Das bedeutet, dass ich über die Menschen ruhig etwas denken und fühlen darf? Wenn es für sie passt, ist es eine energetische Hilfe, wenn nicht, hat es keinen Einfluss?

Genau so ist es.

Was ist, wenn ich etwas Gemeines denke? Wenn ich zum Beispiel sagen würde, dass meine Nachbarin Rückenschmerzen hat?

Na, rate mal.

Ich bekomme Rückenschmerzen? Oh Mist, nun weiß ich, warum ich neulich Rückenschmerzen hatte. Okay, ich verstehe. Man erntet, was man sät.

Wenn die Seele dieser Person selbst einen Plan von Rückenschmerzen hat, wird sie deine Energie aufnehmen. Du unterstützt sie dann in ihrer eigenen Schwingung. Aber wenn du für jemand anderen Rückenschmerzen erschaffst, erschaffst du auch für dich selbst Rückenschmerzen oder etwas anderes, was dir nicht gefällt.

Ist das so wie mit den Schnecken? Kann ich diese Nachbarin dadurch zum Verschwinden bringen, dass ich nicht mehr an sie denke? Das fällt mir schwer, sie macht so unfaire Sachen.

Schnecken machen auch doofe Sachen, wie durch deine Wohnung zu kriechen.

Okay, ich kaufe Nachbarinnen-Korn, hahahaha. Ja, ich habe verstanden. Ich übe mich darin, nicht an diese Frau zu denken. Weil ich erschaffe, was ich denke und was ich fühle. Okay, ich habe verstanden.

Das freut uns.

Es macht ja auch Spaß. Ich kann mein Leben immer ein bisschen besser gestalten. Und daran habe ich wirklich Freude. Selbst wenn sich manche Umstände wohl niemals ändern werden. Vielleicht hat man sich schon zu sehr daran gewöhnt, oder man fühlt sich vertraut damit?

Wenn ihr an Umständen festhaltet, die ihr nicht mögt, habt ihr meist einen versteckten Vorteil daran.

Wie meint ihr das?

Wenn ihr krank seid, macht ihr die Erfahrung, dass sich andere Menschen um euch kümmern. Ihr könnt aus einem guten Grund der Arbeit fernbleiben, und ihr dürft einfach mal nichts tun.

Wenn ihr euch nicht auf eine neue Partnerschaft einlasst, müsst ihr keine Kompromisse eingehen, braucht eure Wohnung nicht aufzuräumen und könnt sicher sein, dass ihr keinen neuen Trennungsschmerz zu verkraften habt.

Wenn ihr plötzlich sehr reich seid, könnte es sein, dass euch eure Freunde nicht mehr mögen, mit denen ihr doch bisher gemeinsam über die Reichen gelästert habt. Es könnte sein, dass ihr euch um Immobilien kümmern und Verantwortung übernehmen müsst. Euer Leben könnte komplizierter werden.

Ich verstehe. An der Nicht-Erfüllung unserer Wünsche festzuhalten hat einen Nutzen für uns. Wie können wir denn unsere Wünsche verwirklichen und trotzdem glücklich sein?

Indem ihr euch die Wünsche so erfüllt, wie sie euch gefallen.

Wir könnten also gesund sein, einfach mal nichts tun und dennoch einen aufmerksamen Partner haben? Wir könnten eine neue Beziehung eingehen und die Erfahrung machen, dass sie von Dauer oder die Trennung schmerzfrei ist? Wir könnten reich sein und dennoch unsere Freunde behalten?

Konzentriert euch in Allem nur auf das, was ihr euch wünscht. Das gilt auch für die Kombination eurer Wünsche. Alles ist möglich, wenn ihr daran glaubt.

No Limits. Das sind gute Aussichten. Danke![11]

---

11 Siehe Übung 9: No Limits.

No Limits – konkret

- Es gibt nichts, was du nicht sein, erreichen oder tun kannst.
- Alles, was du denken kannst, kannst du erschaffen.
- Es gibt keine Begrenzung.
- Du bist der einzige Schöpfer in deiner Welt.
- Du hast materielle Wünsche, um deine Schöpferkraft zu trainieren.
- Es gibt keine hoffnungslose Situation.
- Konzentriere dich nur auf das, was du wünschst.

Jesus

Jesus konnte das alles schon, oder?

Wie stehst du zu Jesus?

Als Kind war ich jeden Sonntag im Kindergottesdienst. Gott war für mich eine braune gutmütige Wolke und Jesus halt ein verstorbener Mann, über den Geschichten erzählt wurden. Ich fand das recht unterhaltsam. Später habe ich Theologie studiert. Als ich im ersten Semester hörte, dass die Bibel immer wieder umgeschrieben, gekürzt und verändert worden war, habe ich meinen naiven Glauben verloren.

Im Jahr 325 wurde auf dem Konzil von Nicäa durch den römischen Kaiser Konstantin und die Bischöfe ja entschieden, welche Bücher in die Bibel aufgenommen werden und was allgemein gelehrt werden sollte. Alle anderen Schriften wurden verboten und verbrannt. Die vier Evangelien wurden dann angepasst, um ein einheitliches Bild zu vermitteln.

Lange Zeit wusste ich nicht, was ich glauben sollte. So kam ich zur Spiritualität. Mir wurde klar, dass Religion immer auf Erfahrungen anderer beruht und dass Spiritualität Glaube aufgrund eigener Erfahrungen ist.

Dennoch glaube ich, dass es die Person Jesus Christus tatsächlich gegeben und er die Gesetze der höheren Dimensionen verstanden und verkörpert hat. Ich glaube, dass er die Wunder, über die seit zwei Jahrtausenden berichtet wird, wirklich vollbracht hat. Er war auf der Erde, um uns ein Beispiel zu sein. Er hat uns gezeigt, wozu wir fähig sind, wenn unser Glaube unerschütterlich ist.

Jesus war auf der Erde, um euch genau das zu zeigen. Alles, was Jesus erschaffen hat, jedes Wunder, das er vollbrachte, ist auch in eurer Macht. Jesus zeigte euch, was möglich ist. Nun ist die Zeit gekommen, dass ihr selbst in diese Schöpferkraft eintretet.

Jesus konnte durch sein Bewusstsein die Materie überwinden. Jeder einzelne von euch ist fähig, es ihm gleich zu tun.

Wir können Blinde sehend machen und Lahme gehen lassen?

Jesus hat dort geheilt, wo die Seele des Erkrankten mit der Heilung einverstanden war, wo man ihn um Heilung bat und wo der Glaube an seine Heilkraft groß genug war. Niemals hat er in den Prozess einer Seele eingegriffen, welche die Krankheit noch für die Entwicklung ihres Bewusstseins benötigte. Niemals heilte er, ohne dass er darum gebeten wurde, und niemals vollbrachte er eine Heilung, wenn der Kranke nicht an seine Macht glaubte.

Aber Jesus wollte doch zurückkommen und uns helfen?

Es ist an der Zeit, dass ihr die Schöpferkraft in euch selbst erkennt und entfacht. Ihr müsst nicht länger auf einen Erlöser warten. Als Jesus die Erde verließ und sagte, dass er zurückkommt, meinte er, dass sein Geist unter euch sein wird, wenn ihr anfangt, es ihm gleich zu tun. Es gibt keine Erlösung von Außen. Ihr könnt euch selbst erlösen. Von jeder Situation, von jeder Krankheit, aus jeder unliebsamen Lage. Seid stark und groß im Glauben – und ihr könnt alles erschaffen.

Dann sind wir fast wie Gott.

Gott erschuf euch nach seinem Ebenbild. Das bedeutet nicht, dass Gott so aussieht wie ihr. Es bedeutet, dass auch ihr die Allmacht habt, zu erschaffen. Alles, was ihr in der Lage seid zu denken, ist euch möglich zu erschaffen. Seid nur stark im Glauben.

Und alles, was ihr bittet im Gebet, wenn ihr glaubt, so werdet ihr empfangen.

– Matthäus 21, 20-22 –

Alle Dinge sind möglich dem, der da glaubt.

– Markus 9, 23 –

Habe ich dir nicht gesagt, wenn du glaubst, wirst du die Herrlichkeit Gottes sehen?

– Johannes 11, 40 –

Und da war eine Frau, die hatte Blutfluss seit zwölf Jahren und hatte viel erlitten von vielen Ärzten und all ihr Gut dafür aufgewandt; und es hatte ihr nichts geholfen, sondern es war noch schlimmer mit ihr geworden. Als die von Jesus hörte, kam sie in der Menge von hinten heran und berührte sein Gewand. Denn sie sagte sich: Wenn ich nur seine Kleider berühren könnte, so würde ich gesund. Und sogleich versiegte die Quelle ihres Blutes, und sie spürte es am Leibe, dass sie von der Plage geheilt war.

– Markus 5, 25-29 –

Und sie bedachten hin und her, dass sie kein Brot hätten. Und er merkte das und sprach zu ihnen: Was bekümmert ihr euch doch, dass ihr kein Brot habt? Versteht ihr noch nicht, und begreift ihr noch nicht? Habt ihr noch ein verhärtetes Herz in euch? Habt Augen und seht nicht, habt Ohren und hört nicht, und denkt daran: Als ich die fünf Brote brach für die fünftausend, wie viel Körbe voll Brocken habt ihr da aufgesammelt? Sie sagten: Zwölf. Und als ich die sieben brach für die viertausend, wie viel Körbe voll Brocken habt ihr da aufgesammelt? Sie sagten: Sieben. Und er sprach zu ihnen: Begreift ihr denn noch nicht?

– Markus 8, 16-21 –

Und Jesus sprach zu ihm: Wenn ihr nicht Zeichen und Wunder seht, so glaubt ihr nicht.

– Johannes 4, 48 –

Ein Beispiel habe ich euch gegeben, damit ihr tut, wie ich euch getan habe.

– Johannes 13, 15 –

Wahrlich, wahrlich ich sage euch: Wer an mich glaubt, der wird die Werke auch tun, die ich tue, und er wird noch größere als diese tun.

– Johannes 14, 12 –

Als aber Jesus nach Kapernaum hineinging, trat ein Hauptmann zu ihm; der bat ihn und sprach: Herr, mein Knecht liegt zu Hause und ist gelähmt und leidet große Qualen. Jesus sprach zu ihm: Ich will kommen und ihn gesund machen. Der Hauptmann antwortete und sprach: Herr, ich bin nicht wert, dass du unter mein Dach gehst, sondern sprich nur ein Wort, so wird mein Knecht gesund. Und Jesus sprach zu dem Hauptmann: Geh hin; dir geschehe, wie du geglaubt hast. Und sein Knecht wurde gesund zu derselben Stunde.

– Matthäus 8, 5-13 –

Aber in der vierten Nachtwache kam Jesus zu ihnen und ging auf den See. Und als ihn die Jünger sahen auf dem See gehen, erschraken sie und riefen: Es ist ein Gespenst!, und schrien vor Furcht. Aber sogleich redete Jesus mit ihnen und sprach: Seid getrost, ich bin's; fürchtet euch nicht!

Petrus aber antwortete ihm und sprach: Herr, bist du es, so befiehl mir, zu dir zu kommen auf dem Wasser. Und er sprach: Komm her! Und Petrus stieg aus dem Boot und ging auf dem Wasser und kam auf Jesus zu. Als er aber den starken Wind sah, erschrak er und begann zu sinken und schrie: Herr, hilf mir! Jesus aber streckte sogleich die Hand aus und ergriff ihn und sprach zu ihm: Du Kleingläubiger, warum hast du gezweifelt?

– Matthäus 14, 25-31 –

Und er stieg in das Boot, und seine Jünger folgten ihm. Und siehe, da erhob sich ein gewaltiger Sturm auf dem See, so dass auch das Boot von Wellen zugedeckt wurde. Er aber schlief. Und sie traten zu ihm, weckten ihn auf und sprachen: Herr, hilf, wir kommen um! Da sagte er zu ihnen: Ihr Kleingläubigen, warum seid ihr so furchtsam? Und stand auf und bedrohte den Wind und das Meer. Da wurde es ganz stille.

– Matthäus 8, 23-26 –

Und als Jesus von dort weiterging, folgten ihm zwei Blinde, die schrien: Ach, du Sohn Davids, erbarme dich unser! Und als er heimkam, traten die Blinden zu ihm. Und Jesus sprach zu ihnen: Glaubt ihr, dass ich das tun kann? Da sprachen sie zu ihm: Ja, Herr. Da berührte er ihre Augen und sprach: Euch geschehe nach eurem Glauben! Und ihre Augen wurden geöffnet.

– Matthäus 9, 27-30 –

Und als die zu dem Volk kamen, trat ein Mensch zu ihm, fiel ihm zu Füßen und sprach: Herr, erbarme dich über meinen Sohn! Denn er ist mondsüchtig und hat schwer zu leiden; er fällt oft ins Feuer und oft ins Wasser; und ich habe ihn zu deinen Jüngern gebracht, und sie konnten ihm nicht helfen.

Da traten seine Jünger zu ihm, als sie allein waren, und fragten: Warum konnten wir ihn nicht austreiben? Er aber sprach zu ihnen: Wegen eures Kleinglaubens. Denn wahrlich, ich sage euch: Wenn ihr Glauben habt wie ein Senfkorn, so könnt ihr sagen zu diesem Berge: Heb dich dorthin!, so wird er sich heben; und euch wird nichts unmöglich sein.

– Matthäus 17, 14-20 –

Wenn ich das mal zusammenfassen darf: Zeichen und Wunder sehen, Jesus als Beispiel nehmen, es geschieht nach unserem Glauben, keine Zweifel haben, und nichts ist unmöglich. Man kann Krankheiten heilen, mit einer Hand voll Brot Tausende von Menschen sättigen, übers Wasser gehen und sogar Wind und Meer Einhalt gebieten. Aber wie macht man das im Speziellen? Zeichen und Wunder sehen, wie ist das gemeint?

Sobald ihr eure Aufmerksamkeit auf Zeichen und Wunder lenkt, werdet ihr mehr davon sehen und erleben. Euer Glaube wird dadurch gestärkt. Im Grunde weißt du das. Hast du nicht auch schon Zeichen und Wunder gesehen und erlebt?

Nun ja, kleine vielleicht. Als ich noch ein junges Mädchen war, habe ich immer mit der Nachbarstochter gespielt. So ungefähr drei Winter lang haben wir ein Schnee-Ritual gemacht. Obwohl ich jeden Tag dort war, gab es in jedem Winter einen Tag, an dem ich in ihrem Spielzimmer die Rollläden hinuntergezogen habe. Wir haben uns dann an ihren Schreibtisch gesetzt, und jede hat ein Bild mit einer Schneelandschaft, mit Schlitten, Schneemann und dicken Schneeflocken gemalt. Wir waren ganz sicher, dass, wenn unsere Bilder fertig sind und wir anschließend die Rollläden wieder hochziehen, der erste Schnee gefallen sein wird.

Und es ist wirklich jedes Jahr so gewesen. Wir zogen die Rollläden hoch, und draußen lag der erste Schnee.

Man könnte jetzt einwenden, dass ich irgendwo gehört hatte, es solle schneien, das weiß ich aber nicht mehr. Und ein richtiges Wunder ist es ja auch nicht.

Es gibt da diese Geschichte von der Mutter, deren Sohn unter einem umgekippten Auto lag. Sie hob das Auto hoch, um ihr Kind zu befreien. Das Auto wog gut und gern ein oder zwei Tonnen. Rational betrachtet war es ihr völlig unmöglich, diesen Wagen anzuheben. Aber ihre Mutterliebe hat die Grenzen der Schwerkraft überwunden. Das könnte ein Wunder sein.

Nur habe ich es nicht selbst erlebt. Es ist eine Geschichte, die genauso gut erfunden sein kann.

Als mein Mini noch ganz neu war, entdeckte ich daran einen Kratzer. Ich habe abgelehnt, dass diese Schramme vorhanden ist, und mir gesagt, dass dieser Kratzer nicht existiert und am nächsten Tag nicht mehr zu sehen sein wird. Am darauffolgenden Tag war der Kratzer tatsächlich verschwunden. Ich habe mich später gefragt, ob ich das nur geträumt habe. Bei späteren Schrammen ist es mir nicht mehr gelungen. Ich habe es allerdings auch nicht mehr versucht. Ich dachte, so ein Glück hat man nur einmal.

Einmal bekam ich eine Zahnarztrechnung über 2000 Euro. Ich habe mir gesagt, dass ich es ablehne, für so eine kleine Behandlung so viel Geld auszugeben, und dass ich nicht bezahle, bevor die Rechnung nicht geändert wird. Und zwar ohne, dass ich irgendetwas dafür unternehmen muss. Ungefähr drei Wochen später bekam ich die gleiche Rechnung erneut zugesendet. Nun waren es nur noch 1000 Euro. Das kam mir wirklich wie ein kleines Wunder vor.

Ich habe mal eine Massage-Ausbildung gemacht. An einem Übungswochenende war ich nicht motiviert. Ich habe mir gesagt, dass ich zwar dort hinfahre, aber dass ich nicht massieren will, sondern selbst eine vierhändige Massage bekomme. Das Programm sah nur eine Partnermassage im Wechsel vor. Dort eingetroffen erklärte man mir, eine Teilnehmerin habe abgesagt, und man fragte mich, ob ich damit einverstanden wäre, ausnahmsweise nicht selbst zu massieren, sondern die neue Massage von zwei Teilnehmern gleichzeitig zu bekommen.

Je länger ich darüber nachdenke, desto mehr fällt mir ein. Aber sind das alles denn Wunder?

Du hast zwar nicht das Meer geteilt, aber je häufiger ihr euren Fokus auf diesen kleinen Wundern habt, desto mehr wächst euer Glaube an eure eigene Schöpferkraft. Euer Vertrauen wächst, und ihr werdet immer mehr solcher Wunder sehen und erleben. Immer häufiger werdet ihr solche Wunder bewusst herbeirufen.[12]

Wir sollten uns Jesus als Beispiel nehmen. Ich kann glauben, dass prinzipiell alles möglich ist. Doch würde ich jetzt nicht zu einem Blinden gehen, meine Hand auf seine Augen legen und erwarten, dass er dann sehen kann.

Jetzt mal ehrlich: Hast du nicht auch schon in anderen Glauben gepflanzt? Hast du nicht auch schon anderen zu einer Änderung in ihrem Leben verholfen?

---

12 Siehe Übung 20: Erlebte Wunder.

Klar habe ich das. Als Studentin habe ich Nachhilfe gegeben – kleineren Gruppen. Manchmal kamen die Schüler mit Hausaufgaben, die ich selbst nicht lösen konnte. Zunächst war ich ratlos und wollte die Gruppe mit den älteren Schülern schon wieder abgeben. Doch dann habe ich behauptet, dass ich weiß, dass sie das können, dass ich ein gutes Urteilsvermögen hätte, weil ich schon sehr viele Schüler betreut hätte, und dass gerade sie über ein enormes Potenzial verfügen, dass ich genau wüsste, wie intelligent sie sind und dass sie dem Stoff absolut gewachsen seien.

In den folgenden Wochen geschah das Unglaubliche: Einer nach dem anderen verbesserte seine Noten. Nach einem halben Jahr standen alle Schüler, die zuvor Vieren, Fünfen und Sechsen geschrieben hatten, auf Einsen, Zweien und Dreien. Kein einziger Schüler hatte eine schlechtere Note als eine Drei. Die Schüler waren stolz und selbstbewusst geworden. Sie liebten die Nachmittage mit mir. Die Organisationsleitung und die Eltern lobten meine fachlichen Fähigkeiten (die ich ja gar nicht hatte), und ich selbst genoss die wöchentliche Plauderei mit den Schülern.

Es war so einfach. Ich hatte ihnen gesagt, dass ich absolut davon überzeugt bin, dass sie es können, und sie haben mir geglaubt.

Leider habe ich niemanden, der so absolut von mir und meinen Fähigkeiten überzeugt ist. Es ist schwieriger, an sich selbst zu glauben, wenn es niemand anderen gibt, der an einen glaubt.

Hat nicht auch schon ein Glaube eines anderen an dich dein Leben beeinflusst?

Doch. Mein Grundschullehrer. Meine Eltern haben mir mein Leben lang immer wieder erzählt, was er über mich gesagt hatte. Sie haben dabei immer bekräftigt, dass er mit einem einzigen Satz meinen ganzen Charakter erfasst hätte.

Echt phänomenal. Der Satz lautete: »Egal, was sie macht, Marlies wird immer alles schaffen. Aber sie wird nie an der Spitze stehen, weil sie dafür zu faul ist.«

Tatsächlich hat mich dieser Satz mein Leben lang beeinflusst. Wenn ich etwas Schwieriges vorhatte, habe ich mich an diesen Satz erinnert. Und es gab in meinem ganzen Leben keine einzige Situation, in der ich nicht geschafft habe, was ich erreichen wollte.

Der Nachsatz »Aber sie wird nie an der Spitze stehen, denn dafür ist sie zu faul« hat mich immer gestört.

Im Abitur hatte ich eine schlechte Vier in Mathematik. Im Studium musste ich Mathematik als Nebenfach hinzunehmen. Da habe ich beschlossen, dass der Nachsatz »Aber sie wird nie an der Spitze stehen, weil sie dafür zu faul ist«, nicht mehr gültig ist.

Ich habe mit einem weißen Stift unter den Behälter meiner Büroklammern geschrieben, dass ich das Studium mit Eins und als eine der Besten abschließe. Jeden Tag meines Studiums habe ich auf die weiße Schrift unter den Büroklammern geschaut. Und beim Abschluss wurde ich aufgerufen, erhielt mein Zeugnis mit der Note eins (sogar in Mathematik) und schloss als eine der Jahrgangsbesten ab.

Hier hast du schön dargestellt, wie ihr das Urteil eines anderen nutzen und wie ihr euch auch darüber hinwegsetzen könnt. Und du hast recht: Niemand kann über euch bestimmen, es sei denn, ihr glaubt seinen Worten.

Einem Jeden geschehe nach seinem Glauben. Aber wie schaltet man seine Zweifel aus?

Du Liebe! Zweifel ist euer Glaube an etwas, was ihr nicht wünscht. Ihr wünscht euch etwas, glaubt jedoch, dass es nicht eintrifft. Das ist Zweifel. Wenn ihr glauben könnt, dass ihr erhaltet, was ihr wünscht, werdet ihr es erhalten. Zweifel ist Glaube.

Und wie bringe ich mich dazu, nur an das zu glauben, was ich möchte?

Seid fokussiert. Jesus konnte übers Wasser gehen, weil er vollständig daran geglaubt hat, es zu können. Im vollständigen Glauben gibt es keinen Zweifel.

Ich kann auch übers Wasser gehen. Es kommt halt nur auf den Aggregatzustand an. Hahaha.

Das ist ja schon ein Anfang. Seid klar in dem, was ihr haben und sein wollt. Stellt euch keine anderen Möglichkeiten vor. Haltet an diesem Gedanken fest. Wenn ihr euch absolut klar darüber seid, was ihr wollt, müsst ihr nichts mehr im Außen tun. Absolute Klarheit bedeutet absolute Erfüllung.

Wenn ihr bei einem Versandhaus bestellt, müsst ihr euch konkret für einen Artikel entscheiden. Ihr wählt die Beschaffenheit, ihr seid mit dem Preis einverstanden, ihr wisst, wie groß und schwer der Gegenstand ist, welche Farbe er hat. Ihr wisst sogar, wann ihr ihn erhalten werdet. Ihr seid euch absolut klar, was ihr wollt, und genau das erhaltet ihr. Das Universum arbeitet nicht anders. Seid euch klar darüber, was ihr haben und sein wollt, und augenblicklich werdet ihr es haben und sein.

Das Universum (oder Gott, oder wie ihr es auch nennen wollt) kann nicht für euch denken. Wenn ihr irgendetwas Beliebiges haben wollt, was euch gefällt, weiß die Energie nicht, was sie euch liefern soll. Wenn ihr euch einen Partner wünscht, aber nicht klar seid, wie ihr euch in der Beziehung fühlen möchtet, wenn ihr dieses Gefühl nicht fühlt und konkretisiert, werdet ihr nicht genau das bekommen, was ihr wollt. Seid präzise und klar.

Wenn ihr Wohlstand erleben möchtet und gleichzeitig an eure nicht bezahlten Rechnungen denkt, seid ihr nicht klar. Wenn ihr Gesundheit erleben möchtet und gleichzeitig an eure Krankheit denkt, seid ihr nicht klar. Wenn ihr Liebe erleben möchtet und gleichzeitig daran denkt, was euch an eurer letzten Partnerschaft nicht gefallen hat, seid ihr nicht klar. Denkt nur das, was ihr erleben möchtet. Ignoriert Zweifel, Ängste und negative Gedanken. Denkt und fühlt nur das, was ihr erleben möchtet.

Klarheit ist Erfüllung.

Es gibt keinen Grund,
einen Plan B zu haben, weil er von
deinem Plan A ablenkt.

– Will Smith –

Mal angenommen, ein Blinder kommt zu mir, sagt, dass ich nur meine Hand auf seine Augen legen soll, damit er wieder sehend wird, ich mache das, und der Blinde ist danach tatsächlich wieder sehend, greife ich dann nicht in das Karma dieses Menschen ein? Vielleicht will seine Seele ja in diesem Leben Blindheit erleben.

Jesus war auf der Erde, um euch ein Beispiel zu sein. Er hat gezeigt, was auch ihr könnt. Die Entwicklung eurer Seele und ebenso die Entwicklung auf eurem gesamten Planeten ist so, dass es so etwas wie Karma nicht mehr gibt. Karma ist das Gesetz von Ursache und Wirkung. Wenn ihr euch entscheidet, eine andere Erfahrung zu machen als die, die ihr verursacht habt, werdet ihr etwas anderes erleben.

Moment. Ich könnte also jeden Tag Chips und Pizza essen und mich entscheiden, schlank zu bleiben.

Und das wäre dann auch wirklich so?

Ganz recht. Klarheit erschafft Realität. Eure Entscheidungen schaffen Bewusstsein. Aber es läuft auch andersherum: Bewusstsein erschafft eure Entscheidungen.

Da fällt mir ein, das habe ich mal gemacht. An einem Seminar-Wochenende teilte ich das Hotelzimmer mit einer Freundin. Irgendwoher hatten wir zwei Kilo Tafelschokolade. Meine Freundin hatte Angst zuzunehmen, deshalb habe ich ihr gesagt, dass das Schlankschokolade ist, dass man davon eher ab- als zunimmt.

Wir fanden das ziemlich witzig und haben die zwei Kilo Schokolade an diesem Wochenende gegessen (zusätzlich zur Vollverpflegung im Hotel). Wir hatten so großen Spaß daran, dass wir sogar den anderen Seminarteilnehmern von unserer Schlankschokolade erzählt haben. Am Ende haben wir es wohl selbst geglaubt, denn nach diesem Wochenende war ich ein Kilo leichter und meine Freundin hatte das gleiche Gewicht wie vor dem Wochenende.

Es gibt eine Menge Leute, die daran glauben, dass sie essen können, was sie wollen und dennoch nicht zunehmen. Einige glauben, dass sie rauchen können wie ein Schlot und dennoch gesund sind. Manche glauben, dass sie Essen nur angucken müssen, um zuzunehmen, oder dass ihnen alle Partner weglaufen oder dass sich alle in sie verlieben.

Wie du es in der Bibel gelesen hast: Einem Jedem geschehe nach seinem Glauben.

Das macht ein mächtiges Gefühl. Alles ist möglich. No Limits. Das Einzige, was ich zu tun habe, ist meinen Glauben zu stärken. Meinen Glauben stärke ich am einfachsten durch Klarheit. Ich soll nur noch denken und fühlen, was ich erleben möchte. Das muss ich zwar noch üben, aber es erscheint mir leichter, als hart zu arbeiten.

Ich höre extra keine Nachrichten, ich habe keinen Fernseher, in Gesprächen versuche ich wegzuhören, wenn es um negative Themen geht, weil ich weiß, dass all diese Einflüsse mein Denken, Fühlen und Glauben beeinflussen. Aber manchmal fühle ich mich damit ausgeschlossen und weltfremd.

Wenn euer Glaube klar und absolut ist, können euch Nachrichten und Gespräche nicht mehr beeinflussen. Ihr nehmt sie wahr, doch schenkt ihr ihnen keine Aufmerksamkeit mehr. Sie fliegen an euch vorbei wie die Schwalben über eure Dächer.

Ich habe mal gehört, dass mitten in Hiroshima, am Morgen des 6. August 1945, sechzehn Mönche in einem großen Saal meditierten. Während dieser Stunde detonierte die erste Atombombe. Die Mönche befanden sich in tiefer Meditation und bekamen von den Ereignissen draußen nichts mit. Als sie aus dem großen Saal heraustraten, sahen sie, dass die Stadt um sie herum nicht mehr existierte. Noch Jahre später starben Tausende an Spätfolgen der Bombe. Die sechzehn Mönche sind ganz normal gealtert, wurden alle über achtzig Jahre alt und hatten niemals Symptome einer Atomverseuchung.

Während der Meditation seid ihr fokussiert oder sehr defokussiert. Ihr seid mit keinem Gedanken im Zweifel oder in der Angst.

Ihr müsst nicht meditieren. Klarheit und Fokussierung auf das, was ihr wollt, könnt ihr ebenso im Alltag praktizieren. Wenn euer Fokus auf Gesundheit liegt und ihr keinen anderen Gedanken und kein anderes Gefühl dazu zulasst, könnt ihr nichts anderes als Gesundheit erleben.

Wenn ihr zwanzig Minuten am Tag über eure Gesundheit meditiert und euch den Rest des Tages Sorgen um eure Gesundheit macht, braucht ihr gar nicht erst zu meditieren. Lebt, als wäre euer Leben eine einzige Meditation. Redet, denkt und fühlt nur das, was ihr erleben möchtet. Eliminiert jeden Gedanken, jedes Wort, jedes Gefühl, das nicht mit eurem Gewünschten in Einklang steht.

Gar nicht so leicht. Aber ich verstehe, dass es der einzige Weg ist, um dauerhaft das zu bekommen, was man sich wünscht.

Jesus hat es uns vorgemacht. Und wir machen es nun nach.

Zusammenfassung Jesus

- Du hast die gleiche Schöpferkraft wie Jesus.
- Jesus konnte mit seinem Bewusstsein Materie überwinden. Du kannst das auch.
- Warte nicht auf einen Erlöser.
- Richte deine Aufmerksamkeit auf Zeichen und Wunder.
- Dir geschieht nach deinem Glauben.
- Sei fokussiert.
- Absolute Klarheit bedeutet absolute Erfüllung.
- Rede, denke und fühle nur das, was du erleben möchtest.

Gesundheit und Schönheit

Findet ihr es sehr egoistisch oder narzisstisch, wenn man sich Gedanken um seine Figur oder Falten im Gesicht macht?

Euer Wunsch, schön und jung zu sein, entspricht der neuen Energie der Erde. Die neue Energie wird zunehmend feinstofflicher, und so habt ihr den Wunsch, dass auch eure Körper feinstofflich, leicht und jung sind.

Aber da wir uns noch grobstofflich ernähren und noch alte Gedankenmuster haben, klappt das noch nicht, und deshalb wählen wir Tricks wie Faltenunterspritzung, damit es wenigstens so aussieht, als seien wir bereits an die neuen Energien angepasst, ja?

So ähnlich ist es, ja.

Mir ist aufgefallen, dass Frauen, die Schönheits-OPs haben machen lassen, sich alle ähneln. Hat das auch einen spirituellen Sinn?

Wenn ihr uns optisch wahrnehmt, sehen wir für euch ebenfalls alle ähnlich aus, das weißt du ja.

Stimmt, ihr seht alle fast gleich aus. Warum ist das so?

Unser Äußeres steht in Übereinstimmung mit unserem Inneren. Wir haben Egoismus und den Wunsch nach Individualität vor langer Zeit abgelegt. Wir verfolgen Gruppenziele. Wir nehmen stets die Erscheinungsform an, die für unsere Spezies am Günstigsten ist.

Diese Eigenschaft ist auch in euch bereits latent vorhanden. Ihr mögt es, wenn Menschen einander ähneln, wie Zwillinge es zum Beispiel tun. Menschen, die sich im Außen ähneln, ähneln sich oft auch im Inneren. Das ist der Grund, warum ihr operierte Gesichter selten mögt. Ihr spürt, dass sich hinter einer künstlich hergestellten Ähnlichkeit keine innere Gleichartigkeit verbirgt. Ihr spürt, dass das Gesicht einen anderen Charakter zeigt als in dem Menschen verborgen ist.

Tatsächlich ist es förderlich für euch, wenn ihr Individualität anstrebt und eure ganz persönlichen Wünsche als aktive Schöpfer realisiert. Ein unterschiedliches Aussehen ist wichtig für euch, damit ihr Rückschlüsse auf Charaktereigenschaften eurer Mitmenschen ziehen könnt. Den Wunsch nach Individualität werdet ihr zu einer späteren Zeit ablegen, um euch dann Gruppenzielen zu widmen.

Ich habe mal Seminare in Physiognomik besucht. Physiognomik ist die Kunst, von Gesichtszügen auf den Charakter zu schließen. Seitdem ärgere ich mich manchmal, wenn Schauspieler für Rollen ausgesucht werden, die augenscheinlich ihrem Charakter gar nicht entsprechen. Ich glaube, dass Filme unsere Menschenkenntnis irritieren.

Möchtest du ein paar Weisheiten aus diesen Seminaren berichten?

Gerne. Ich weiß zum Beispiel, dass Menschen, deren Nase nach unten zeigt, gründlich sind; ragt sie nach oben, haben sie einen großen Glauben an das Gute. Menschen, denen die Längswölbung zwischen Mund und Nase fehlt, sind oft rücksichtslos, ein kleiner Mund lässt darauf schließen, dass diese Menschen ihre eigenen Wünsche oft zurückstellen. Personen mit großen Ohren lassen sich ungern etwas sagen.

Wenn sie ein kleines Kinn haben, sind sie zurückhaltend. Menschen mit dicken Ohrläppchen suchen häufig materielle Sicherheit, ein kräftiger Körper benötigt Arbeit und Bewegung, Menschen mit kleinen Händen arbeiten nicht gerne körperlich. Zurückliegende Augen kenne ich von Menschen, die gut zuhören können. Ein breiter Nasenrücken zeigt mir, dass diese Person belastbar ist.

Ich kenne noch viele solcher Zeichen. Ich beobachte sie seit zwei Jahrzehnten.

In den Seminaren hat man uns auch gesagt, dass sich Schönheits-OPs nach einigen Jahren dem Charakter entsprechend verwachsen. Es wurden uns Fotos von Katja Ebstein gezeigt. Ein Foto vor ihrer ersten OP, ein Foto nach ihren OPs und ein Foto von einigen Jahren später. Katja Ebstein hat sich ihre Nase korrigieren lassen. Ich war sehr beeindruckt, wie sich ihr Nasenknorpel mit den Jahren wieder an seine ursprüngliche Form angepasst hat.

Können wir einfach beschließen, eine Stupsnase zu haben, und sie uns so ohne OP erschaffen?

Ihr seid mental in der Lage, durch bloße Absicht euer Äußeres zu verändern. Da ihr jedoch meist nicht bereit seid, eure Charaktereigenschaften an die neue Erscheinung anzupassen, werdet ihr euer Aussehen nicht verändern können. Wenn ihr wisst, dass eine Stupsnase Unerfahrenheit und Gutgläubigkeit signalisiert, und ihr bereit seid, leichtgläubig zu werden, dann könnt ihr durch eure Gedankenkraft euer Äußeres verändern.

Deshalb kommen uns die operierten Menschen manchmal künstlich vor. Wir spüren, dass Innen und Außen nicht übereinstimmen.

Wenn Schauspieler mit allen Sinnen in der gespielten Rolle bleiben würden, so würde sich ihre äußere Erscheinung an die neue Identität anpassen.

Also kann man durch »So tun als ob« sich auch einen anderen Körper erschaffen?

Meine Kosmetikerin, Mona, war mit ihrer im Rollstuhl sitzenden Mutter auf dem Wochenmarkt. Sie erinnerte sich, wie sie vor achtzehn Jahren aussah, und tat so, als sähe sie wieder so aus. Sie nahm einen anderen Gang an, bewegte sich anders, lächelte und redete anders.

An einem Marktstand mit besonders schönen Blumen hielt sie an, kaufte zwei Sträuße und bat ihre Mutter, kurz zu warten, weil sie die Sträuße ins Auto bringen wollte. Als sie zurückkehrte, hielt die Mutter einen sehr großen Blumenstrauß in der Hand. Mona wunderte sich und fragte ihre Mutter, warum sie sich so viele Blumen gekauft hätte. Die Mutter antwortete: »Mona, es sind deine Blumen. Der Mann, bei dem du die zwei Sträuße gekauft hast, hat sie mir für dich gegeben.« Es waren sechzig rote Tulpen.

Es gab mal eine Studie, in der untersucht wurde, wie Botox sich auf die Psyche auswirkt. Im Wesentlichen stellte man zwei Veränderungen fest. Zum einen waren Botox-Anwenderinnen weniger in der Lage, die Mimik und Emotionen ihrer Mitmenschen zu verstehen. Die Forscher gehen davon aus, dass Menschen den Gesichtsausdruck ihres Gegenübers nachahmen, um so besser verstehen zu können, welche emotionale Botschaft vermittelt wird. Botox lähmt jedoch die Gesichtsmuskeln, und der Gesichtsausdruck des Gegenübers kann nicht nachgeahmt werden. So können Gefühle des anderen schlechter verstanden werden.

Die zweite Veränderung war, dass Emotionen gezielt beeinflusst werden können. Frauen, die sich die Partie um den Mund herum behandeln ließen und deshalb weniger lächeln konnten, zeigten vermehrt Anzeichen einer Depression.

Personen, bei denen man die Zornesfalte lahm legte, zeigten sich kurz nach Einspritzung des Nervengiftes weniger depressiv. Diese Wirkung war bis über ein halbes Jahr nach der Injektion nachweisbar.

Mit Botox und ähnlichen Substanzen versucht ihr dauerhaft ein »So tun als ob« herzustellen. Ihr habt die Gefühle, die eurer Mimik entsprechen. Legt ihr eure Mimik lahm, kann es sein, dass ihr weniger Falten habt, doch legt ihr damit zugleich auch eure Gefühle lahm. Wenn ihr nicht mehr Lächeln könnt, bleiben euch die Emotionen, die euch lächeln lassen, verwehrt. Wenn ihr nicht mehr zornig gucken könnt, bleiben euch die Emotionen, die euch zornig gucken lassen, erspart.

Natürlich braucht ihr keine Spritzen, um eure Gefühle zu beeinflussen. Ihr könnt Jetzt und Hier so tun, als hättet ihr die Gefühle, die ihr haben wollt, und augenblicklich werdet ihr so fühlen. Und ihr wisst, dass sich eure Erlebnisse, eure Erfahrungen, ja eurer gesamtes Leben euren Gefühlen anpasst. Habt ihr schöne Gefühle, erschafft ihr ein schönes Leben. Habt ihr unschöne Gefühle, erschafft ihr euch ein Leben, das ihr als unschön empfindet.

Wollt ihr schön sein, tut so als ob. Euer Körper und eure Ausstrahlung auf andere Menschen wird sich an euer »So tun als ob« anpassen.

Eure Falten werden verschwinden, eure Haut wird sich straffen, euer Haar wird dicht und glänzend, eure Augen werden funkeln, eure Figur wird schlank oder füllig. Ihr werdet so sein, wie ihr glaubt und fühlt.

Ich war immer ein sehr schlankes Kind. Obwohl ich manchmal mehr gegessen habe als mein Bruder, blieb ich schlank. Manchmal war ich zugegen, wenn man meine Mutter fragte, ob ich auch genug zu essen bekäme, ich sei ja fast schon zu dürr. Wahrscheinlich habe ich geglaubt, was die Leute sagten. Ich war einfach ein dünnes Kind.

Viele dieser Leute hörte ich sagen: »Ach, wahrscheinlich wird sich das in der Pubertät geben. Da gehen die Mädchen alle auseinander wie ein Hefekuchen.« Diesen Aussagen habe ich wohl auch Glauben geschenkt. In der Pubertät hatte ich auf einmal Speck an den Hüften.

Als ich zwanzig war, sagte mal ein junger Mann zu mir, dass ich sehr sportlich aussehe. Natürlich sah ich damals nicht sportlich aus. Ich konnte im Sportunterricht keine sechshundert Meter am Stück laufen. Und das sah man mir auch an. Vermutlich wollte der junge Mann, Manni, einfach nur nett zu mir sein. Aus irgendeinem Grund habe ich seinen Worten Glauben geschenkt. Ich habe, wie mein ganzes Leben zuvor, den Glauben eines anderen über meinen Körper übernommen. Nachdem Manni festgestellt hatte, dass ich sportlich aussähe, fing ich an, Sport zu treiben und mich gesund zu ernähren. Nach wenigen Wochen sah ich tatsächlich sportlich aus.

Ich kannte eine Frau, Suse, die immer etwas pummelig war. Irgendwann verlor ich sie aus den Augen. Ein paar Jahre später tauchte sie in meinem Bekanntenkreis wieder auf. Aus der pummeligen Suse war eine sportlich-schlanke Suse geworden.

Ich fragte sie, was passiert sei. Sie antwortete: »Ich habe einfach aufgegeben. Ich war es so satt, immer die Kalorien zu zählen, jeden Morgen und jeden Abend mein Gewicht zu kontrollieren. Wenn ich mal ein halbes Kilo zugenommen hatte, war ich der unglücklichste Mensch der Welt. Wenn ich mich dick fühlte, habe ich Verabredungen abgesagt, denn so wollte ich mich nicht zeigen. Hatte ich hingegen abgenommen, war ich der glücklichste Mensch der Welt. Meine Gefühle hatte ich einzig und allein von meinem Gewicht abhängig gemacht.

Als mir das klar wurde, habe ich eine Zeit lang alle Spiegel verhängt, meine Waage verschenkt und nur noch das gegessen, was mir schmeckt. Ich habe aufgehört, mich im Fitness-Studio zu quälen und mich nur noch bewegt, wenn ich Lust dazu hatte. Tatsächlich habe ich mit der Zeit Freude an Bewegung gefunden. Ich habe mir mit meinem Freund, der plötzlich auch in mein Leben getreten war, neue Fahrräder gekauft.

Es macht mir Spaß, bei Sonnenschein durch die Wiesen zu fahren. Auch habe ich meine Vorliebe für gesundes Essen entdeckt. Es bereitet mir Freude, das Essen für mich und meinen

Freund frisch zuzubereiten. Ich habe das Kämpfen aufgegeben. Früher habe ich innerlich gegen Pizza rebelliert und sie dennoch gegessen. Als ich aufhörte, sie mir zu verbieten, war Pizza ziemlich schnell uninteressant. Ich esse Pizza, ja. Aber selten. Es macht mir keinen Spaß, Pizza zu essen.«

Euer Wunsch nach Schönheit ist ein normaler Prozess. Ihr spürt, dass eure äußere Erscheinung in Einklang mit eurem Inneren steht. Oftmals wollt ihr jedoch mit eurer Schönheit etwas anderes erreichen. Ihr glaubt, dass euer Aussehen die Voraussetzung dafür ist, etwas anderes zu bekommen. Ihr glaubt, wenn ihr nur schön genug seid, findet ihr die wahre Liebe. Ihr glaubt, wenn ihr bloß gebührend ansehnlich seid, wird der nächste Partner bei euch bleiben. Ihr glaubt, wenn ihr hinreichend attraktiv seid, erhaltet ihr Liebe und Anerkennung.

Liebe bekommt ihr, wenn ihr Liebe fühlt. Anerkennung bekommt ihr, wenn ihr euch selbst als wertvoll erachtet und euch selbst anerkennt. Im Außen können euch die Menschen nur geben, was ihr innerlich bereits habt.

Wenn ihr euren optimalen Körper nicht fühlen könnt, werdet ihr ihn nicht erschaffen. Schaut nur auf das, was ihr schön an eurem Körper und an anderen Körpern findet, und euer Körper verwandelt sich. Ihr werdet immer mehr an ihm entdecken, was ihr schön findet.

Wenn ihr nur Schönes über euren Körper denkt und fühlt, wird euer Körper sich anpassen. Ihr werdet immer schöner werden. Wenn es euch nicht gelingt, euren bestmöglichen Körper zu fühlen, so denkt nicht mehr daran. Zieht den Fokus gänzlich von ihm ab.

Eure Schönheits-Industrie ist so groß, weil ihr nicht daran glauben könnt, dass die Macht, euer Aussehen zu gestalten, in euch selbst liegt.

Funktioniert das bei Gesundheit genauso wie bei Schönheit? Krankheit kann ja eine hartnäckige Angelegenheit sein.

Warst du schon einmal krank und hast deine Aufmerksamkeit auf etwas anderes gerichtet?

Ja, erst vor zwei Wochen. Ich hatte Rückenschmerzen. In den ersten Tagen konnte ich mich kaum bewegen. Ich bin sogar gekrochen, weil ich nicht aufrecht gehen konnte. Mir fiel auf, dass ich dennoch gute Laune hatte. Ich konnte das nicht verstehen. Mein Körper war voller Schmerz, ich konnte mich kaum bewegen, aber ich war glücklich.

Du hast dein Glück zu deinem Normalzustand gemacht. Es wird für dich immer schwieriger sein, dich unglücklich zu fühlen. Hast du etwas gegen deine Rückenschmerzen unternommen?

Nein. Ich wollte weder eine Diagnose, noch wollte ich etwas dagegen tun.

Wir gratulieren dir. Nun kann alles dauerhaft transformiert werden.

Wie meint ihr das?

Wenn ihr mit euren Leiden zu einem Arzt geht, der euch sagt, wie diese Krankheit heißt, dann manifestiert ihr diese Krankheit. Der Arzt schreibt es in eure Krankenakte, die Krankenkasse notiert diese Krankheit in eurer Kartei, der Apotheker liest auf dem Rezeptblock, welche Medikamente ihr benötigt, so kann er sich denken, woran ihr leidet. Ihr selbst erzählt es euren Freunden, euren Nachbarn, euren Kollegen. So verbreitet sich die Energie eurer Krankheit und manifestiert sich. Etwas zu heilen, was einen Namen hat, ist schwieriger, als etwas zu heilen, was ihr nicht benennt.

Wir wissen, dass es euch nicht immer möglich ist, nicht zum Arzt zu gehen und Diagnosen und Behandlungen nicht zu bekommen. Und wenn ihr an ärztliche Hilfe glaubt, wird euch diese helfen. Uns geht es darum, dass ihr wisst, dass eine Benennung gleichzeitig eine Manifestation ist.

Ich kann mich an ein Buch erinnern, in dem ein Arzt beschreibt, wie er ein bestimmtes Naturheilverfahren angewendet hat. Drei Patientinnen gegenüber, denen zuvor von anderen Ärzten Brustkrebs diagnostiziert wurde, erwähnte er niemals das Wort Brustkrebs. Nachdem alle drei geheilt waren, war jede einzelne davon überzeugt, dass es sich auf gar keinen Fall um Brustkrebs gehandelt haben könne, weil dieser ja nicht heilbar sei.

Unsere Akutmedizin ist ja super. Darauf möchte wohl auch niemand verzichten. Wenn man sich aus irgendeinem Grund einen Unfall erschaffen hat, dann kann man normalerweise davon ausgehen, dass nach ein paar Minuten jemand Professionelles da ist, der weiß, was zu tun ist, und einen wieder zusammenflickt.

Aber ich verstehe, was ihr sagen wollt. Ihr meint die Wehwehchen, die man so zwischendurch hat. Sobald wir eine Diagnose haben, googeln wir, ob diese Krankheit heilbar ist, wie lange sie dauert, wie sie verläuft und so weiter. Haben wir keine Diagnose, manifestieren wir diese Krankheit nicht und geben ihr eine wesentlich größere Chance auszuheilen.

Du hast noch etwas anderes gut entschieden.

Was meint ihr?

Du hast dich entschieden, nichts GEGEN deine Rückenschmerzen zu tun.

Stimmt.

Auch so hast du einer dauerhaften Manifestation entgegengewirkt.

Früher habe ich das anders gemacht.

Wie hast du es früher gemacht?

Es war nicht das erste Mal, dass ich Rückenschmerzen hatte. Von Operationen und Medikamenten habe ich noch nie viel gehalten, aber ich habe mir Massagen von Heilpraktikern geben lassen, ich war bei Physiotherapeuten und habe ein bisschen Krankengymnastik gemacht.

Und wie war der Erfolg?

Ganz gut, meistens waren meine Schmerzen gelindert.

Aber das Problem kam immer wieder?

Ja.

Nun wirst du es vollständig transformieren.

Echt? Wieso?

Du lässt deinem Körper die Ruhe und die Freiheit, sich in seinem Tempo zu heilen. Damit heilt es nachhaltig.

Wirklich?

Außer, wenn du die Ursachen für dein Rückenleiden nährst.

Ich glaube, ich kenne die Ursachen nicht. Aber was, wenn die Ursache körperlicher Art ist? Zum Beispiel zu schwer gehoben oder falsche Schuhe?

Ihr werdet immer weiser mit euren Körpern umgehen. Euer Gespür dafür, was eurem Körper dienlich ist, und der Wunsch, euren Körper gut zu behandeln, wird immer stärker, und ihr werdet euch immer häufiger daran orientieren.

Die Schwester meiner Auszubildenden erlitt kurz nach der Geburt einen Schlaganfall. Sie war fast vollständig gelähmt. Die Ärzte teilten der Mutter mit, dass die Lähmung lebenslang andauern und sie niemals sprechen können wird. Das Mädchen wurde in eine Familie mit einer resoluten Oma, einer starken Mutter und fünf älteren Geschwistern hineingeboren. Die Familie beschloss, das Urteil der Ärzte nicht zu akzeptieren. Sie haben dem Mädchen immer wieder erzählt, dass es bald so sein wird wie alle anderen Kinder. Sie haben sich über Therapien informiert und mit dem Kind Bewegungen geübt. Jeden Tag.

Heute geht sie in die zweite Klasse einer Integrationsschule. Beim Gehen zieht sie das linke Bein etwas nach. Sie spricht etwas langsamer als die anderen Kinder. Aber eines Tages wird sie so sein wie alle anderen Kinder.

Euer Glaube entscheidet über Krankheit oder Gesundheit. Das Mädchen hat Übungen für Beweglichkeit, nicht gegen Lähmung gemacht. So kannst du auch Massagen und Wärmepackungen für einen gesunden Rücken machen. Das hat eine andere Wirkung als Maßnahmen gegen akute Schmerzen.

Unsere westliche Medizin funktioniert so, dass eine Diagnose gestellt und dann alles getan wird, um diese benannte Krankheit wieder los zu werden. Das ist in akuten oder bestimmten Fällen sicherlich auch klug.

Im alten China wurden die Ärzte nur bezahlt, so lange man gesund war. Kein Wunder, dass so viele wirksame Heilmethoden aus der Traditionellen Chinesischen Medizin kommen.

Wenn jemand niest, sagt man »Gesundheit«. Heute ist das nur noch eine Form der Höflichkeit. Ursprünglich sagte man das, um im Umfeld des Niesenden selbst gesund zu bleiben. Man manifestierte Gesundheit. Das gefällt mir. Man sollte das eigentlich bei allen Krankheiten machen, nicht nur beim Niesen.

Eine Freundin, die sich mit Gedanken und Gefühlen vollständige Gesundheit erschaffen hat, sagte stets dazu: »Aber die Eileiter bleiben getrennt.« Hahaha.

Einzig euer Glaube entscheidet, ob ihr euch anstecken oder verletzten könnt. Einzig euer Glaube entscheidet, ob ihr gesund seid oder Heilung erfahrt.

Im 18. Jahrhundert lebten in Frankreich sogenannte Janseniten, eine Gruppe puritanischer Katholiken, die sowohl vom Papst als auch vom französischen König, Ludwig XV., bekämpft wurden. Einige der Janseniten waren in der Lage, sich in einen derartigen

Trancezustand zu versetzen, dass ihre Körper weder durch Messer noch Schwerter verletzt werden konnten. Es war auch nicht möglich, diese Menschen zu verbrennen. Die katholische Kirche hat den Jansenismus als Teufelswerk betitelt und verboten.

Auch einige der Hugenotten, der französischen Protestanten im vorrevolutionären Frankreich, waren weder erschießbar – die Kugeln drangen einfach nicht durch ihre Haut –, noch konnte man sie verbrennen – ihre Haut blieb unverletzt. Die Hugenotten wurden von der katholischen Kirche ebenfalls verfolgt.

Ihr glaubt, dass Feuer eure Haut verbrennt und dass abgefeuerte Kugeln durch euren Körper dringen, weil ihr es beobachtet habt und deshalb daran glaubt. Wenn ihr euren Glauben ändert, ändert ihr eure Erfahrungen.

Angeblich hat ein durchschnittliches Kind heutzutage bis zu seiner Einschulung über viertausend Morde im Fernsehen gesehen. Wenn die Hälfte davon durch Erschießen erfolgt, kann ich verstehen, warum wir daran glauben, dass Kugeln durch unsere Haut dringen.

Während einer medizinischen Studie mussten Probanden ihre Hand unter einen Bildschirm legen, auf dem jedoch eine fremde Hand zu sehen war. Die Probanden hielt man in dem Glauben, dass die eigene Hand auf dem Bildschirm gezeigt wurde. Die fremde Hand erhielt entweder Nadelstiche oder war ohne Instrumente zu sehen. Die eigene Hand unter dem Bildschirm erhielt Stromstöße. Wenn nur die bloße Hand zu sehen war, empfanden die Teilnehmer die Elektroschocks als angenehmer, als wenn auf dem Bildschirm die Nadelstiche gezeigt wurden. Die Stromstöße waren immer gleich stark.

Der amerikanische Unfallchirurg J. Bruce Moseley teilte Menschen mit Knieproblemen in zwei Gruppen. Die eine Hälfte wurde operiert und konnte die OP live auf einem Bildschirm verfolgen. Die zweite Gruppe wurde in dem Glauben gelassen, eine Knieoperation zu erhalten. Ihnen wurde auf einem Monitor eine fremde Knieoperation gezeigt. Gesagt wurde ihnen jedoch, dass es sich um eine Live-Darstellung der eigenen OP handele. Ihnen wurde lediglich ein Schnitt in die Haut geritzt, der wieder zugenäht wurde. In der Nachbehandlung konnte selbst Jahre später kein Unterschied zwischen den beiden Gruppen festgestellt werden. Das Erfolg war bei beiden Patientengruppen nachhaltig gleich.

Aus Angst vor Krankheit habt ihr euer Krankheitssystem erschaffen. Aus Angst vor unkontrollierbaren Ereignissen habt ihr Versicherungen erschaffen. Doch hilft euch euer Krankensystem nicht, gesund zu bleiben, noch helfen eure Versicherungen euch, Geschehnisse abzuwenden. Wenn ihr sicher sein wollt, wenn ihr gesund sein wollt, dann manifestiert Gesundheit und Sicherheit. Fühlt Sicherheit. Fühlt Gesundheit.

Wir sagen nicht, dass ihr eure Versicherungen oder eure medizinische Versorgung abschaffen sollt. Tatsächlich könnt ihr euer Gefühl von Sicherheit stärken, wenn ihr wisst, dass ihr im schlimmsten Fall gut versorgt seid. Wir erinnern euch jedoch daran, dass ihr euren Fokus und euer Gefühl auf Gesundheit und Sicherheit ausrichten müsst, um Gesundheit und Sicherheit zu erleben.

Wenn ihr nicht glaubt, dass eine Krankheit heilbar ist, wenn ihr eurem Arzt nicht zutraut, die passende Therapie zu finden, wenn ihr daran glaubt, die falschen Medikamente zu bekommen, könnt ihr keine Heilung erwarten. Fangt an, das zu glauben, was ihr erleben möchtet. Dann werdet ihr es erleben.

Wer an die Chemotherapie glaubt, dem kann die Chemotherapie helfen, und wer an Naturheilverfahren glaubt, dem helfen Naturheilverfahren?

Am besten wäre es, gleich an Gesundheit zu glauben. Aber wenn ihr glaubt, eine Therapie zu benötigen, dann wird die Methode wirken, an deren Wirkung ihr glaubt.

Es ist ein bisschen verwirrend, dass man nur den Glauben ändern muss und dass eine Therapie im Grunde völlig überflüssig ist. Versteht ihr? Damit wären wir ja schon fast bei biblischen Wunderheilungen.

Ihr werdet solche Wunderheilungen im Verlauf eures Schöpfungsprozesses beobachten und erleben.

Bis dahin können wir ja auf unsere Intuition hören und die Therapien wählen, an deren Wirksamkeit wir tatsächlich glauben können. Sobald wir an einer Methode zweifeln, müssen wir eine andere Methode wählen, weil Zweifel uns keine Heilung bringt.

Man hat festgestellt, dass man durch Ernährung, Bewegung, Denken und Fühlen sogar die DNS verändern kann. Die Reihenfolge der Eiweißmoleküle bleibt zwar gleich, aber was darauf aufgelagert ist, kann man selbst beeinflussen. Glaube und Gefühle können also wirklich über Gesundheit und Krankheit entscheiden.

In meinem Bekanntenkreis tummeln sich mehrere Heilpraktiker und Mediziner. Auffällig ist, dass sie fast alle unter den Krankheiten oder Symptomen leiden, mit denen sie sich am Häufigsten beschäftigen. Bea schrieb ihre Abschlussarbeit über Brustkrebs. Zwei Wochen, nachdem sie die Arbeit abgab, wurde bei ihr Brustkrebs diagnostiziert. Chris hat eine Ausbildung als Heilpraktiker für Psychotherapie abgeschlossen. Noch während seiner Ausbildung wurde er für mehrere Wochen wegen einer Psychose krank geschrieben. Dana hat sich auf Unverträglichkeiten spezialisiert und leidet seitdem unter unzähligen Allergien und Intoleranzen.

Ich glaube, dass wir unseren Fokus weg von der Krankheit, hin zur Gesundheit wenden müssen, um wahre Gesundheit zu erfahren. Wie können wir Fachleuten vertrauen, die sich auf Krankheit und nicht auf Gesundheit spezialisiert haben? Als Erste Hilfe bei akuten Krisen ist unsere Medizin topp.

Aber es kann nicht sein, dass bei den meisten Erkrankungen Symptome durch Medikamente oder Schnitte in unseren Körper behandelt werden. Symptome sind nie die Ursache. Wenn mein Ellbogen anschwillt, dann, um die verletzte Stelle in Nährstoffen zu baden, das ist die Klugheit meines Körpers. Wenn ich ein Medikament gegen die Schwellung bekomme, nehme ich meinem Körper die Kompetenz der Selbstheilung.

Wie stark die innere Haltung die Heilung beeinflussen kann, erkennt man gut an dem immer wieder zitierten Beispiel einer Frau mit Persönlichkeitsstörung. Wenn diese Dame ihre Identität wechselte, verschwanden sämtliche Narben in ihrem Gesicht. Sie war buchstäblich jemand anders. Wechselte sie zu der ersten Persönlichkeit zurück, waren die Narben in ihrem Gesicht wieder sichtbar.

Wenn wir unser Inneres ändern, ändert sich unser Körper. Ich bin fest davon überzeugt.

Ihr seid in der Lage, euch einen schönen gesunden Körper zu erschaffen. Fühlt und seid der Körper, der ihr sein wollt. Zweifelt keine Sekunde. Ihr werdet diesen Körper erhalten. Es ist vorgesehen, dass ihr einen gesunden schönen Körper habt. Erschafft ihn nun.

Wenn ihr krank seid, ist nicht ein einziges Körperteil erkrankt. Wenn ihr krank seid, ist euer Denken und euer Fühlen krank. Empfindet ihr Groll gegen jemanden oder gegen die Umstände, die euch umgeben? Fühlt ihr euch machtlos, als Opfer der Geschehnisse? Seid ihr desillusioniert? Deprimiert? Dann bringt euer Fühlen und Denken in Ordnung. Richtet euren Fokus auf das, was euch Freude bereitet. Heilung findet nicht in einem Körperteil statt. Heilung erschafft ihr durch Gedanken und Gefühle.

Ich habe mal von einer Frau gehört, die ihren Krebs dadurch geheilt hat, dass sie sich ständig lustige Filme angeschaut hat. Der Volksmund, der ja meines Erachtens sehr weise ist, sagt ja auch: Lachen ist die beste Medizin.

Eure Medizin funktioniert, wenn ihr an eure Medizin glaubt. Oft glaubt ihr aber, dass ihr dafür unangenehme Konsequenzen in Kauf nehmen müsst. Ihr glaubt, ihr könnt euren Krebs besiegen, wenn ihr bereit seid, Schmerzen, den Verlust eurer Haare oder eurer Brust in Kauf zu nehmen. Ihr glaubt, der Preis der Heilung ist der Verlust eines Organs oder die Beeinträchtigung einer Körperfunktion. Ist das Heilung?

Wahre Heilung beeinträchtigt euch nicht. Wahre Heilung fordert keinen Verlust. Wahre Heilung ist eine Bereicherung. Wahre Heilung lässt eure Energie wieder fließen. Wahre Heilung erschafft ihr im Inneren, um sie dann im Außen zu manifestieren.

Ob ein Medikament oder eine Behandlung wirkt, entscheidet ihr mit euren Gedanken und eurem Glauben.

Je mehr ihr in eure Schöpferkraft kommt, desto weniger bedürft ihr Therapien. Fangt damit an, die Behandlungsmethoden zu wählen, an die ihr glauben könnt, und stärkt dann euren Glauben an eure ureigene Schöpferkraft.

Glaubt daran, dass ihr auch ohne äußere Behandlung in der Lage seid, Gesundheit zu erschaffen. Solange ihr das noch nicht glaubt, wählt die Behandlungsmethoden weise. Überprüft euren Glauben. Wählt das, woran ihr wirklich glauben könnt.

Wählt nicht das, woran ihr glauben wollt. Wählt, woran ihr tatsächlich glaubt, und trainiert euren Glauben, um später eine andere Wahl treffen zu können.

Das erklärt vermutlich, warum so manch alter Mensch wie ein Schlot raucht und trinkt, aber kerngesund ist. Sie glauben einfach an ihre Gesundheit. Das ist einem jungen Menschen kaum noch möglich. Wir lernen schon in der Schule, dass Rauchen ungesund ist. Nicht, dass ich für das Rauchen bin, aber wer glaubt, dass er Rauchen kann so viel er will und trotzdem kerngesund ist, kann nicht krank werden.

Wenn ihr glaubt, dass euer Handeln keine Konsequenzen hat, wird es keine Konsequenzen haben.

Also am besten alle Ernährungsbücher in den Müll werfen? Das ist nicht so einfach. Wir glauben, dass Kohlenhydrate und spätes Essen dick machen, weil uns die Medien das neuerdings vermitteln. Wir glauben das Meiste von dem, was in den Ernährungsratgebern steht.

Wenn ihr glaubt, dass Kohlenhydrate dick machen, werdet ihr zunehmen, wenn ihr Kohlenhydrate esst. Wenn ihr glaubt, dass ihr schnell zunehmt, nehmt ihr schnell zu. Wenn ihr glaubt, dass ihr essen könnt, was ihr wollt, und dennoch schlank seid, seid ihr schlank, egal, was ihr esst. Wenn ihr glaubt, eine bestimmte Ernährung gibt euch Kraft und Ausdauer, dann wird es so sein.

Ihr lagert euren Glauben auf euer Essen auf. Nicht eure Nahrung entscheidet über die Wirkung. Euer Glaube an die Wirkung der Nahrung entscheidet über seine Wirkung.

Aber was ist mit Mangelerscheinungen, wenn man bestimmte Vitamine nicht zu sich nimmt? Was ist mit Überlastungen, wenn man von bestimmten Stoffen zu viel zu sich nimmt?

So etwas wie Mangel existiert nicht. Euer Körper ist sogar in der Lage, einwandfrei zu funktionieren, wenn ihr ihm gar keine Nahrung zuführt.

Manche Menschen konsumieren Lichtnahrung; weder essen noch trinken sie irgendetwas. Manche machen BiGu. Dabei isst man auch nichts, es wird nur getrunken. Manche Chinesen machen schon seit Jahren BiGu. Angeblich gibt es auch einen Inder, der seit über siebzig Jahren nichts mehr gegessen hat. Auch wenn ich das nicht nachprüfen kann, scheint es irgendwie doch möglich zu sein.

Gut, ich habe nicht vor, die nächsten siebzig Jahre nichts zu essen. Das würde mir Lebensfreude nehmen. Und Lebensfreude soll ich ja haben, wenn ich meine vollkommene Schöpferkraft erreichen will. Aber ich bin bereit zu glauben, dass es keinen Mangel gibt. Ich bin bereit zu glauben, dass mein Körper perfekt funktioniert, auch wenn ich ihm irgendwelche Stoffe, die ich eh noch nie mit bloßem Auge gesehen habe, *nicht* zuführe. Vielleicht leitet mich ja mein Instinkt zu Lebensmitteln, in denen diese Stoffe drin sind.

Ich will anfangen, das zu glauben.

Ihr seid in der Lage, euren Lebensmitteln bestimmte Stoffe durch eure Gedanken zuzuführen. Ebenso könnt ihr eurer Nahrung bestimmte Schwingungen zuführen. Doch betrachten wir dies als Umweg. Konzentriert euch auf einen gesunden Körper. Alles dafür Notwendige erschafft ihr damit automatisch.

Ich könnte also viel Gemüse essen oder die Vitamine einfach gedanklich in die Pizza packen? Gleichzeitig könnte ich noch daran glauben, dass Pizza gut für Bauchmuskeln ist?

Ihr seid dazu in der Lage. Entscheidend ist die Stärke eures Glaubens.

Dann war das mit der Schlankschokolade ja doch eine gute Idee.

Jedes Mal, wenn ihr etwas zu euch nehmt, weil ihr glaubt, dass ihr sonst einen Mangel erleidet, bekräftigt ihr, dass ihr nicht daran glaubt, einen Körper zu haben, der alles, was er benötigt, selbst herstellen oder aus dem Kosmos absorbieren kann. Doch wenn ihr daran glaubt, dass eine bestimmte Substanz euren Körper gesund erhält, wird es so sein.

Je stärker unser Glaube an unsere eigene Schöpferkraft wird, desto weniger werden wir Nahrungsergänzungsmittel benötigen. Verstanden.

Meine Eltern beten vor jeder Mahlzeit und bitten Gott, dass er die Nahrung segnet: »Uns zur Kraft und dir zum Preise.« Ich glaube, dass sie davon ausgehen, dass Gott das auch wirklich macht. Sie glauben daran, dass sie gesegnete Speisen zu sich nehmen. Sie sind beide vierundsiebzig und kerngesund.

Ich habe mich zehn Jahre lang von Rohkost ernährt. Einer der Vorreiter dieser Bewegung war Helmut Wandmaker. Ich habe ihn sehr verehrt. Nun ja, und dann, als er fast neunzig Jahre alt war, modifizierte er seine Ernährungsweise, sehr zum Verdruss seiner Anhänger. Er sagte: »Ein Kuchen, der mit Liebe gemacht ist, schadet nicht.«

Achtet darauf, dass ihr während des Essens angenehme Gefühle, Gedanken oder Gespräche habt. Die Schwingung, die ihr während eurer Mahlzeiten habt, überträgt sich auf eure Nahrung.

Soll man deshalb nur Produkte von glücklichen Tieren essen? Von Tieren, die nicht irgendwelchen Qualen ausgesetzt waren? Essen wir zum Beispiel die Angst, die ein Schwein bei der Schlachtung empfunden hat, mit?

Euer Befinden wird von den Schwingungen beeinflusst, denen ihr euch aussetzt. Eure Lebensmittel haben während ihrer Herstellung, während des Transports und während der Lagerung die Schwingung ihrer Umgebung aufgenommen. Mit euren Gedanken und Gefühlen lagert ihr weitere Schwingung auf eure Nahrung.

Wenn ich also ein Stück von einem gequälten Schwein esse oder Milch von einer Kuh, deren Euter wegen der Melkmaschinen schmerzen, und ich vielleicht noch ein schlechtes Gewissen habe, weil die Tiere für mich leiden müssen, oder glaube, dass diese Nahrung nicht gut für meinen Körper ist, dann kann mir diese Nahrung nicht dienlich sein, egal, was in irgendwelchen Nährstofftabellen steht?

Wenn ich aber Fleisch vom Biobauern kaufe, wenn ich weiß, dass die Tiere dort gut gehalten werden, wenn ich daran glaube, dass mir dieses Fleisch gut tut und ich es vielleicht sogar noch in einer wunderbaren Atmosphäre mit fröhlichen Freunden verspeise, dann kann diese Nahrung gut für mich sein? Das würde bedeuten, wir machen uns die Wirkung und Schwingung der Nahrung also selbst.

Was ist, wenn ich Fleisch von gequälten Tieren esse, aber fest davon überzeugt bin, dass es super gesund und Energie spendend für mich ist?

Dann wird es super gesund und Energie spendend für dich sein. Euer eigener Glaube hat die stärkste Schöpferkraft.

Aber die Tiere wurden dann trotzdem gequält?

Solange ihr mit euren Gedanken und eurem Glauben gequälte Tiere erschafft, wird es gequälte Tiere geben.

Dann sind die ganzen Tierretter, die in der Fußgängerzone Fotos von Massentierhaltungen zeigen, eigentlich Miterschaffer dieses Elends? Harter Tobak. Wie kann man die Qual der Tiere denn wirklich beenden?

Denkt, fühlt, redet und handelt so, als gäbe es nur gut gepflegte Tiere. Wenn ihr weder mit eurem Glauben noch mit euren Gedanken gequälte Tiere erschafft, werden sie verschwinden. Ihr werdet automatisch eine andere Wirklichkeit erschaffen.

Wir können alle weiterhin Fleisch essen, und wenn kein einziger Mensch mehr an gequälte Tiere denkt, wird es keine gequälten Tiere mehr geben?

So ist es.

Das ist ein ganz anderer Ansatz, als sich bei Greenpeace oder Animal International ... falls das so heißt ... gegen Tierversuche zu engagieren. Aber ich glaube, ich verstehe.

Wenn es euch nicht gelingt, den Gedanken an gequälte Tiere zu ignorieren, dann macht das, woran ihr glauben könnt. Ihr könnt glauben, dass weniger Tiere gequält werden, wenn ihr keine Tiere esst. Einzig euer Glaube erschafft eure Realität.

Ich verstehe. Und ich staune.

Die Zeit wird kommen, in der ihr es nicht mehr für nötig haltet, Tiere zu verspeisen. Ihr wisst, dass euer Körper wunderbar gedeihen kann, unabhängig von der Nahrung, die ihr ihm zuführt. Euer Glaube an die Kraft eures Körpers wird immer stärker, und in dem Maß, wie ihr an die Kraft eures Körpers glaubt, werdet ihr aufhören, andere Geschöpfe als Nahrung zu nutzen.

Früher haben die Menschen Tiere gegessen, um sich damit deren Kraft einzuverleiben. Heute sind wir alle dermaßen sensibilisiert, dass wir gleich ein schlechtes Gewissen haben, wenn wir auch nur die Produkte von Tieren essen. Wahrscheinlich macht es einen großen Unterschied, ob man glaubt, Kraft zu tanken, oder ein schlechtes Gefühl beim Essen hat. Okay, dann sind wir eben irgendwann alle Veganer.

Den gleichen Prozess, den viele von euch derzeit mit Fleisch haben, werdet ihr auch mit Pflanzen erleben.

Wie? Wer Pflanzen isst, fühlt sich schlecht, weil sie auch in Massen produziert werden, weil es auch Geschöpfe sind, die ebenfalls Gefühle haben? Essen wir dann irgendwann gar nichts mehr?

So wird es sein. Es ist richtig, dass ihr jetzt noch Nahrung zu euch nehmt. Damit macht ihr nichts falsch. Das ist Teil des Plans. In einer fernen Zukunft, um bei eurem linearen Zeitempfinden zu bleiben, werdet ihr jedoch aufhören, Tiere zu verspeisen, und in einer noch ferneren Zukunft werdet ihr auch keine Pflanzen mehr essen.

Gibt es davon noch eine Steigerung?

Ihr werdet so reine Körper haben, dass ihr einfach immer weiterleben könnt. Ihr könnt dann selbst bestimmen, ob eine Inkarnation für euch beendet ist. Tatsächlich ist es so, dass einige von euch bereits jetzt unsterbliche Körper haben.

Aber sie wissen es nicht, und sterben trotzdem?

Ihr wisst nicht, dass ihr beschließen könnt, weiterzuleben. Ihr glaubt, dass eure Inkarnation nach spätestens 100 Jahren beendet ist, und ihr sterbt nach dieser Zeit.

Ja, und wie können wir das ändern? Das glaubt man sich ja selbst nicht, wenn man beschließt, einfach ewig weiterzuleben. Aber in Russland, an der Grenze zur Mongolei, gibt es einen Mönch, der mittlerweile 162 Jahre alt ist. Der Mönch ist 1927 verstorben, doch Ärzte bestätigen, dass seine Körperfunktionen vorhanden sind und er auf seine Umwelt reagiert. Sein Leichnam ist seit Jahrzehnten nicht verwest. Seine Haut und seine Gelenke sind elastisch, das Blut geleeartig. Laut Untersuchungen sind seine Zellen lebendig.

Ihr werdet eure Lebensdauer nach und nach verlängern. Immer, wenn ihr von jemandem hört, der sehr alt geworden ist, wird euer Glaube an eine lange Inkarnation gestärkt.

Und was ist mit den biblischen Leuten, die angeblich über 900 Jahre alt geworden sind? Wurden sie das wirklich?

So, wie ihr euren Glauben an eine lange Lebensdauer stärken könnt, habt ihr in der Vergangenheit euren Glauben an eine kurze Lebensdauer gestärkt. Ihr hattet euren Fokus auf denen, die früher als von euch erwartet verstarben. So habt ihr eure Lebensdauer nach und nach verkürzt.

Nun ist es Zeit, dass ihr selbst entscheidet, wie lange ihr leben möchtet. So, wie es die Menschen in früheren Zeiten auch taten.

Meine Oma hat selbst bestimmt, wann sie sterben wird. Sie hatte am ersten September Geburtstag und verkündete, dass sie ihren Geburtstag noch erleben möchte. Weihnachten wollte sie aber unter keinen Umständen mehr erleben. Als Weihnachten immer näher rückte, wollte ich noch ein Geschenk für sie kaufen. Mein Vater hielt mich davon ab und sagte: »Lass das mal. Alte Leute wissen immer, wann sie gehen wollen. Und dann gehen sie auch.«

Sie ist am 18. Dezember gestorben. Ich hatte dennoch ein Geschenk besorgt. Ich konnte mir damals nicht vorstellen, dass man einfach so beschließen kann, wann man sterben will.

Es gibt eine Qualle, die nach Erreichen der sexuellen Reife wieder in ein Stadium der Asexualität zurückfällt und erneut heranreift. Dieser Zyklus ist unendlich wiederholbar. Ich finde das faszinierend. Angeblich können auch Seegurkenarten und Süßwasserpolypen unter bestimmten Bedingungen unbegrenzt lange leben. Unsterblichkeit ist also nicht nur möglich, sondern bei einigen Spezies auch real.

Ich habe noch eine gänzlich andere Frage: Was ist mit Süchten und Abhängigkeiten? Wie kann man von Abhängigkeiten nach irgendwelchen Stoffen loskommen?

Fühlst du dich von einer Substanz abhängig?

Wenn, dann von schwarzem Tee. Alle anderen üblichen Drogen sind mir egal. Aber es fällt mir sehr schwer, auf Tee zu verzichten. Es muss schwarzer, grüner oder weißer Tee sein. Nur diese Sorten geben mir Energie. Am Allerliebsten ist mir schwarzer Assam mit Honig und Zitrone oder Earl Grey. Aber weil schwarzer Tee gelbe Zähne macht, habe ich mich halbherzig auch mit grünem und weißem Tee arrangiert. Glücklich macht mich aber nur guter schwarzer Tee.

Ihr lagert euren Glauben an die Wirkung auf die Substanzen aus.

Moment mal. Tee und Kaffee machen ja wirklich wach. Das haben wir doch nicht erfunden.

Kennst du denn nicht auch Menschen, die von Tee und Kaffee ganz und gar nicht wach werden?

Ja. Mit denen stimmt etwas nicht. Haha.

Sie glauben nicht das, was die meisten von euch glauben.

Aber es gibt doch Untersuchungen, die das beweisen.

Eure Erwartungen bestimmen die Ergebnisse eurer Untersuchungen. Erwartung ist Glaube. Alles geschieht nach eurem Glauben.

Und wie schafft man es, entweder daran zu glauben, dass Tee nicht wach hält oder alternativ auch Kamillentee anregend ist oder glücklich macht und schmeckt? Oder noch besser, dass man auch ohne Tee immer wach ist?

Ach nee, lieber doch nicht, dann müsste ich ja auf den leckeren Tee verzichten.

Du möchtest Tee trinken und erschaffst dir deshalb einen Glauben, damit du ihn trinken »musst«.

Ich bin also morgens müde, weil ich mir sonst nicht erlauben würde, Tee zu trinken? Und ich glaube, dass Tee wach macht, damit ich ihn trinken darf? Haha, das könnte sogar stimmen. Aber wie durchbricht man so etwas? Und was ist mit härteren Drogen? Tee-Abhängigkeit ist ja lächerlich im Vergleich zu Heroin. Wie könnte man von Heroin loskommen? Ich meine jetzt nicht irgend so ein Methadon-Programm.

Fragt euch, welches Gefühl eine Substanz in euch auslöst, und fragt euch, ob ihr dieses Gefühl nicht auch ohne diese Substanz erreichen könnt.

Puh. So tun als ob? So tun, als wäre ich wach? Ich weiß nicht, welches Gefühl Heroin auslöst. Aber man müsste dann versuchen, dieses Gefühl anders zu bekommen. Oder halt so tun, als ob man sich schon so fühlt.

Je länger ich darüber nachdenke, desto weniger will ich aufhören, Tee zu trinken. Möglicherweise bin ich bereit, nur noch weißen oder grünen Tee zu trinken. Ich bin ebenso bereit, den Berichten, die behaupten, dass man auch nach drei Litern Tee gut einschlafen kann, Aufmerksamkeit zu schenken. Vielleicht stärkt das meinen Glauben. Aber auf Tee verzichten will ich nicht.

Überlegt euch, ob ihr bereit seid, auf die Substanzen, von denen ihr euch abhängig fühlt, zu verzichten. Wenn ja, erschafft euch das Gefühl, das die Substanz bei euch auslöst, auf einem anderen Weg oder indem ihr so tut, als würdet ihr bereits so fühlen.

Wenn ihr auf die Substanzen nicht verzichten möchtet, dann ändert euren Glauben an deren Wirkung. Wählt nur noch die Wirkungen, die euch gefallen, und vergesst die Wirkungen, die euch nicht dienlich sind.

Das klingt nach einem verdammt guten Plan.

Achte auf deine Worte.

Oh, es ist ein sehr guter angenehmer Plan. Danke.

Assam-Tee macht mich wach und glücklich. Wenn ich einschlafen will, schlafe ich ein, egal, wie viel Tee ich getrunken habe. Ich habe strahlend weiße Zähne.

Aber wenn jemand unsicher ist, ob er etwas essen darf, und es trotzdem tut, der ist damit verurteilt. Es geschieht nicht im Glauben an Gott, und was nicht im Glauben geschieht, ist Sünde.

– Römer 14; 23 –

Wer glaubt, der hat das ewige Leben.

– Johannes 6; 47 –

Gesundheit und Schönheit – konkret

- Dein Glaube entscheidet über Krankheit oder Gesundheit.
- Wenn du deinen Glauben änderst, änderst du deine Erfahrungen.
- Fühle Gesundheit.
- Es wirkt die Methode, an die du glaubst.
- Wenn du krank bist, ist dein Denken krank.
- Richte deinen Fokus auf Freude.
- Dein Glaube an die Wirkung der Nahrung entscheidet über ihre Wirkung.
- Esse nur in guter Stimmung.
- Dein Wunsch nach Schönheit entspricht der neuen Energie.
- Du kannst durch bloße Absicht dein Erscheinungsbild ändern.
- Deine Gefühle entsprechen deiner Mimik.
- Fühle deinen idealen Körper.
- Konzentriere dich auf das, was du an dir schön findest.
- Wenn du deinen idealen Körper nicht fühlen kannst, denke an etwas anderes.

Kontrolle

Ich glaube, einigen Menschen wird es schwer fallen, ihr Gewicht oder die Kalorien nicht mehr zu kontrollieren, sondern einfach nur so zu tun, als seien sie bereits gesund und schön. Wenn man etwas nicht mehr kontrolliert, hat man das Gefühl, dass es aus dem Ruder läuft oder dass dann eine Katastrophe passiert. Das ist für die einen das Körpergewicht, für andere der Kontostand oder das Verhalten des Partners. Ganz ohne Kontrolle hat man das Gefühl, den Boden unter den Füßen zu verlieren. Mein Theologie-Professor hat mal gesagt: »Je planmäßiger ein Mensch vorgeht, desto wirksamer kann ihn der Zufall treffen.«

Ist es besser für uns, weniger zu kontrollieren?

Ihr seid ein Volk der Kontrolle. Ihr kontrolliert nahezu alles, was euch zu kontrollieren möglich ist.

Stimmt. Wir kontrollieren unser Körpergewicht, unseren Kontostand, die Außentemperatur, die Bewegungen der Erdkruste, die Konstellation der Sterne, die Entwicklung der Aktien, das Verfallsdatum auf dem Joghurt, den Blutdruck, den Hormonhaushalt, die Reinheit des Wassers. Aber das hat doch alles eine Berechtigung. Oder?

Warum macht ihr das?

Da muss ich mal überlegen. Also beeinflussen kann man mit Kontrolle nichts. Wenn ich die Außentemperatur messe, kann ich sie dadurch nicht verändern. Ich ziehe vielleicht einen Pulli statt einem Shirt an. Aber ich habe keinen Einfluss auf die Temperatur.

Wenn ich meinen Kontostand kontrolliere, weiß ich, ob ich mir die gewünschte Reise leisten kann oder ob ich doch lieber nur ins Freibad gehe. Durch bloße Kontrolle kann ich meinen Kontostand nicht verändern.

Wenn ich meinen Partner kontrolliere, kann ich vielleicht herausfinden, ob er fremdgeht oder eine Überraschungsparty für mich plant. Doch sein Verhalten kann ich durch meine Kontrolle nicht beeinflussen.

Nun weißt du, warum ihr so viel kontrolliert.

Wir kontrollieren, damit wir vorbereitet sind. Wir kontrollieren, weil wir Angst haben, mit einer Situation nicht klar zu kommen. Wir wollen die richtige Kleidung tragen, wenn wir raus gehen, und wir wollen, dass die Abbuchungen von unserem Konto beglichen werden können. Wir wollen vorbereitet sein, falls ein Mensch uns hintergeht.

Wenn ihr anfangt zu glauben, dass ihr alles erschaffen könnt, was ihr euch wünscht, ist es nicht mehr notwendig zu kontrollieren. Wenn ihr wisst, dass Hingabe und das Hören auf eure innere Stimme die einzige Kontrolle ist, die euch zur Erfüllung eurer Wünsche führt, werdet ihr verstehen, dass Kontrolle euch von euren Zielen fernhält.

Kontrolle hält euch fern vom Vertrauen. Kontrolle verhindert eure Liebe. Kontrolle verhindert Hingabe. Hingabe an euren Glauben ist nötig, um das zu erschaffen, was ihr wollt.

Wir wollen Sicherheit. So etwas wie ein Versprechen, dass wir es richtig machen. Ich kann nicht behaupten, immer den sicheren Weg gewählt zu haben, aber ich habe auch eine Wetter-App, kontrolliere meinen Kontostand, kaufe die Produkte nur, wenn sie noch ausreichend lange haltbar sind, und gucke manchmal, wann jemand zuletzt bei Facebook online war.

Eine Seele, die in gänzlicher Sicherheit lebt, wird sich hier auf der Erde langweilen. Ihr seid nicht hier, um Sicherheit zu erfahren. Ihr seid ohnehin sicher. Eure Seele ist unsterblich. Ihr werdet eure Lektionen so lange wiederholen, bis ihr sie verstanden habt. Ihr werdet immer wieder inkarnieren, bis ihr alle Erfahrungen, die eure Seele auf der Erde machen will, durchlebt habt.

Wenn ihr euren Impulsen nicht folgt, wenn ihr stets in eurer Komfortzone bleibt, missachtet ihr den Ruf eurer Seele. Eure Seele will keine Kontrolle. Eure Seele will Hingabe an eure Herzenswünsche. Eure Seele spricht mit euch über eure Intuition. Seid im Vertrauen, dass euch eure innere Stimme den Weg weist. Den Weg zu den Erfahrungen, die eure Seele hier machen will.

Und wenn meine Seele den Bankrott erleben will? Dann kontrolliere ich doch besser meinen Kontostand.

Ihr seid nun in der Schöpferzeit. Eure Seele will lernen, Ereignisse, Umstände und Gegenstände zu erschaffen. Ihr bestimmt, was ihr erleben wollt, und eure Seele erfreut sich an euren Fortschritten. Jedes Mal, wenn ein Wunsch in Erfüllung geht, triumphiert eure Seele.

Ihr könnt bereits Ereignisse, Gegenstände und Umstände erschaffen. Euch war nur nicht bewusst, dass ihr Ereignisse durch eure Gedanken, Worte und Gefühle erschaffen habt. Nun ist die Zeit, aufzuwachen. Fangt an, eure Schöpferkraft für die Erfüllung eurer Wünsche einzusetzen.

Also besser fühlen und so tun als ob der Kontostand erfreulich hoch im Plus ist, als ihn zu kontrollieren?

So ist es.

Das traue ich mich nicht. Ich kann nicht eine teure Reise buchen und darauf hoffen, dass das Konto wahrscheinlich gedeckt ist. Mir gefällt das Restrisiko, dass es nicht gedeckt sein könnte, nicht. Dann würde ich eine Mahnung bekommen, und diese könnte ich dann auch nicht begleichen, und das Reisebüro würde mir nie wieder eine Reise verkaufen, mein Bankberater würde mir vielleicht das Konto sperren, ich könnte meine Miete nicht mehr bezahlen und würde verwahrlost auf der Parkbank enden.

Das sind alles Gedanken.

Berechtigte Gedanken. Ich verstehe schon, was ihr sagen wollt. Aber wir lernen Lesen, Schreiben, Rechnen, wir lernen, verantwortungsvoll mit Geld umzugehen, wir lernen, dass man nicht mehr ausgeben kann, als man hat, wir erleben, dass nur das auf unserem Konto ist, was wir als Eingang erwarten. Wie soll man diese Erfahrungen plötzlich aufheben und denken, dass das Geld schon reicht?

Ich kenne eine Frau, die seit einigen Jahren arbeitslos ist und beschlossen hat, dass diese Tatsache keinen Einfluss auf ihren Kontostand hat. Tatsächlich hat sie immer mehr Geld auf dem Konto, als es rechnerisch möglich wäre. Manchmal kann ich ihr das gar nicht glauben, aber sie arbeitet nicht und gibt eine Menge Geld aus.

Ich habe auch mal von einem Mann gehört, der alle seine Freundinnen betrogen hatte. Seine neue Freundin weigerte sich, ihn so zu sehen. Sie war felsenfest davon überzeugt, dass er ihr treu ist. Dieser Mann war ihr wirklich treu. Er sagte, dass das Vertrauen, das sie in ihn steckte, ihn so gefreut hatte, dass er beschloss, dieser Frau treu zu sein.

Als ich noch ein Kind war, haben wir mit der Familie einen kleinen Ausflug gemacht. Es war schlechtes Wetter angekündigt, aber wir hatten den ganzen Tag über Sonnenschein. Meine Mutter sagte: »Wenn Engel reisen.« Dass das nur ein Spruch ist, wusste ich damals nicht, und ging einfach davon aus, dass, wenn ich verreise, immer gutes Wetter ist. Ja, ich hielt mich wohl für einen Engel, haha. Das ist bis heute so geblieben. Wenn ich verreise, ist das Wetter gut. Außer, wenn es nach

England geht. Da vertraue ich den Menschen, die sagen: »Ein, zwei Regentage hat man in England immer.«

Ich möchte auch in den Lebensbereichen, in denen ich noch nicht im Vertrauen bin, meinen Glauben und mein Vertrauen stärken. Ich möchte ohne Kontrolle auskommen. Ich möchte mich dem Fluss des Lebens hingeben, und ich möchte auf meine innere Stimme hören. Ich möchte unterscheiden können zwischen der Stimme meiner Seele und der Stimme meiner Ängste. Ich will mich führen lassen, und ich will vertrauen.

Die beste Kontrolle, die du deinem Leben geben kannst, ist totale Hingabe. Hingabe an die Stimme deiner Seele.

Wenn ihr kontrolliert, verliert ihr, sobald die Umstände sich ändern, euer Vertrauen. Doch kein Kontostand ist immer gleich, kein menschlicher Körper wiegt immer gleich viel, kein Fluss hat immer gleich viel Wasser, kein Baum trägt immer gleich viel Blätter. Das Leben ist Veränderung.

Und dennoch: Wenn ihr im Vertrauen und stark im Glauben seid, wird es euch an nichts mangeln. Lasst euch nicht beeinflussen, wenn euer Konto weniger Haben aufweist als gestern. Lasst euch nicht beeinflussen, wenn ihr heute mehr wiegt als gestern. Lasst euch nicht beirren, wenn jemand über euren Freund etwas Schlechtes sagt. Bleibt stark in eurem Glauben. Hört auf zu kontrollieren. Gebt euch euren Wünschen hin.

Kontrolle entspringt eurem Glauben, dass etwas nicht so sein könnte, wie ihr es euch wünscht. Mit diesem Glauben erschafft ihr das, was ihr nicht wünscht, jedoch erst. Kontrolle führt euch nicht zu euren Wünschen. Lasst los.

Wenn man Kontrolle hat, hat man Macht. Und wenn man Macht hat, kann man die Geschehnisse beeinflussen. Das ist zwar anstrengend, aber so schützt man sich vor unvorhergesehenen Ereignissen.

Bist du sicher, dass Macht und Kontrolle vor unvorhergesehenen Ereignissen schützen?

Ehrlich gesagt, nein.

Ihr glaubt, wenn ihr Macht über etwas oder jemanden habt, seid ihr in der Lage, eure Ziele durchzusetzen. Aber wenn ihr glaubt, dass ihr der Macht bedürft, um Veränderungen zu bewirken, glaubt ihr nicht an eure ureigenste Schöpferkraft. Wenn ihr glaubt, dass ihr mit Macht Umstände erschaffen könnt, die euch ein gutes Gefühl geben, so irrt ihr euch.

Ihr benutzt eure Macht, um Geschehnisse zu beeinflussen, damit diese Geschehnisse euch glücklich machen. Doch wir sagen euch: Ihr habt Macht über die Geschehnisse, wenn es euch gelingt, eure Gefühle zu verändern. Eure Macht liegt nicht darin, über etwas oder jemanden zu bestimmen, sondern darin, euer Gefühl an das anzupassen, was ihr erleben wollt.

Ihr meint, die vollkommene Kontrolle ist die Kontrolle unserer Gefühle? Wenn wir unsere Gefühle kontrollieren können, können wir die Umstände so beeinflussen, dass wir diese nicht mehr kontrollieren müssen?

So meinen wir es. Kontrolle und Macht durch Gefühle und durch das Hören auf eure innere Stimme, nicht durch das Ankämpfen gegen Umstände.

Klingt gleichermaßen einfach wie schwierig.

Es wird euch immer leichter fallen. Ihr seid hier, um das zu lernen.

Okay. Dann mal los!

Kontrolle – konkret

- Höre auf deine innere Stimme.
- Du bist in Sicherheit.
- Deine Seele will Hingabe.
- Die Sprache deiner Seele ist deine Intuition.
- Kontrolle verringert dein Vertrauen. Dein Vertrauen ist wichtig für deine Schöpferkraft.
- Kontrolliere deine Gefühle. Nicht die Umstände.

Erwartungen / Loslassen

Wie geht Loslassen? Überall steht, dass man Loslassen soll. Aber je wichtiger mir etwas ist, desto weniger kann ich es loslassen. Ich verstehe schon, dass Loslassen Sinn macht. Aber wie macht man das?

Hast du schon einmal etwas losgelassen?

Ja, natürlich. Angelegenheiten, die mir nicht so wichtig waren.

Hast du dafür ein Beispiel?

Einmal erzählte mir meine Nachbarin, dass sie sehr viele Äpfel geschenkt bekommen hatte und einige Kuchen damit gebacken habe. Mein Gedanke war: »Ich möchte auch ganz viele Äpfel geschenkt bekommen und dann Apfelmus kochen.« Im nächsten Moment hatte ich den Gedanken schon wieder vergessen. Vergessen ist so ähnlich wie Loslassen, oder?

Am nächsten Morgen war ich Joggen. Meine gewohnte Strecke konnte ich nicht laufen, da sie wegen einer Großveranstaltung gesperrt war. Alternativ lief ich durch eine stillgelegte Schrebergarten-Anlage. Dort entdeckte ich einen alten Apfelbaum, der unzählige reife Äpfel trug. Ein Mann kam vorbei und reichte mir einen Apfelpflücker mit einem langen Stab, damit ich an die Äpfel auch herankam. Danach kam ein anderer Mann und schenkte mir eine Plastiktüte, damit ich die Äpfel sicher nach Hause bringen konnte. Zu Hause kochte ich einige Gläser Apfelmus.

Ein anderes Mal war ich mit einer Freundin in einer Saunalandschaft. Wir machten eine Pause und setzten uns in das hauseigene Restaurant. Ich bestellte einen Tee und bekam ihn mit einem eingeschweißten Keks gereicht. Der Keks schmeckte mir so gut, dass ich den Kellner fragte, ob man diese Kekse auch einzeln bestellen könne. Er verneinte, schenkte mir jedoch sechs Kekse. Die waren zwar genauso eingeschweißt wie der erste, aber leider schmeckten sie nicht so. Ich hatte die Erwartung, dass alle Kekse so wie der erste schmecken würden und war enttäuscht.

Am nächsten Morgen bekam ich eine Sendung von einem schwedischen Lieferanten. Es war ein kleines Päckchen mit einer Karte. Man bedankte sich für die gute Zusammenarbeit und sendete mir nun dieses kleine Dankeschön. Das Dankeschön war eine Packung Kekse. Und zwar genau die gleichen wie der erste Keks im Sauna-Restaurant.

Seid nicht in der Erwartungshaltung. Seid in der Erfüllungshaltung. Erwartungen machen euch abhängig von einem bestimmten Ergebnis. Tut so, als sei euer Wunsch erfüllt, aber erwartet von nichts und niemandem ein bestimmtes Ergebnis. Loslassen ist, keine Erwartung zu haben. Loslassen ist tatsächlich eine Art Vergessen. Vergessen oder das Herabsetzen der Notwendigkeit. Wann hast du jemals das bekommen, was du unbedingt wolltest?

Nie. Wenn ich etwas unbedingt will, kann ich es eigentlich gleich lassen. So etwas klappt nie. Oder man bekommt es und hat nur Ärger damit, weil man verkrampft ist und Angst hat, es wieder zu verlieren.

Aber wie schafft man es, etwas, was man unbedingt will, loszulassen? Wie kann ich die Notwendigkeit von etwas nehmen, was ich unbedingt will? Wie schaffe ich es zu vergessen, was ich unbedingt will? Es ist ja nicht alles so unbedeutend wie ein paar Kekse.

Gibt es etwas, bei dem du immer loslassen kannst?

Wenn ich im Internet etwas bestelle, vergesse ich es meistens. Ich weiß ja, dass die Ware kommt. Meistens weiß ich sogar, wann und mit welchem Paketdienst geliefert wird. Ich habe nicht das Bedürfnis, den Internet-Händler zu kontrollieren oder ihn alle paar Stunden anzurufen, ob meine Bestellung auch wirklich bei ihm eingegangen ist. Ich weiß, dass geliefert wird, und deshalb fühle ich mich sicher. Wenn ich mich sicher fühle, kann ich vergessen.

Sicherheit ist auch ein volles Bankkonto oder ein Beamtenstatus. Man kann Dinge loslassen, wenn man sich sicher fühlt. Wenn ein Mann in mich verliebt ist, fühle ich mich sicher und kann mich um etwas anderes kümmern. Wenn ich Angst habe, ob seine Liebe Bestand hat oder überhaupt vorhanden ist, bin ich damit beschäftigt, sein Verhalten zu beobachten und zu kontrollieren. Ich will mir seine Liebe sichern. Dann lasse ich nicht los.

Der Videorekorder einer Bekannten war kaputt. Sie ließ ihn in der Ecke stehen und kümmerte sich nicht weiter darum. Es war ihr egal. Einige Wochen später hatte sie vergessen, dass der Rekorder defekt ist und schaute sich einen Film an. Während des Schauens fiel ihr ein, dass das Gerät ja kaputt war. Sie hatte es vergessen und losgelassen.

Es fällt euch leichter, etwas loszulassen, wenn ihr euch sicher fühlt. Wenn ihr euch von einem anderen abhängig macht, fühlt ihr euch unsicher, weil ihr den anderen nicht kontrollieren könnt. Gebt euch selbst, was ihr von einem anderen erwartet.[13]

[13] Siehe Übung 16: Gib es dir selbst.

Ihr entscheidet, ob etwas für euch Bedeutung hat. Wenn ihr von anderen Menschen etwas erwartet, macht ihr euch abhängig vom Verhalten anderer. Euer Glück ist dann davon abhängig, was ein anderer Mensch denkt, sagt oder tut. Ihr gebt die Verantwortung für euer Glück ab. Sobald dieser andere Mensch eure Erwartungen nicht erfüllt, macht ihr euch unglücklich. Ihr gebt einem anderen Menschen, dessen Verhalten ihr nicht beeinflussen könnt, die Macht, euch unglücklich zu fühlen.

Wie können wir das ändern? Ich möchte lieber selbst für mein Glück oder Unglück verantwortlich sein, als dass ich mich vom Verhalten eines anderen abhängig mache.

Was erwartest du denn von anderen?

Das ist unterschiedlich. Manchmal sollen sie mich mögen oder lieben. Manchmal sollen sie mir innerhalb einer bestimmten Zeit auf meine SMS antworten. Manchmal sollen sie mir ihre Aufmerksamkeit schenken.

Wenn ihr von einem anderen etwas erwartet, ist es ein Hinweis darauf, dass ihr euch das, was ihr von ihm erwartet, nicht selbst gebt. Ihr sucht eure Vervollkommnung im Außen, bei einem anderen.

Wenn ihr euch nach Liebe sehnt, ist das ein Hinweis, dass ihr euch selbst nicht genügend Liebe schenkt. Wenn euch die Aufmerksamkeit eines anderen fehlt, so schenkt euch selbst diese Aufmerksamkeit. Sucht ihr Sicherheit bei einem anderen, gebt euch selbst Sicherheit. Wenn ihr etwas von einem anderen erwartet, nehmt es als Gelegenheit, diese Erwartung vom Außen ins Innen zu lenken. Gebt euch selbst, was ihr von einem anderen erwartet. Das ist Loslassen. Ihr gebt eure Erwartungen auf.

Tja nun, leider kann ich das Verhalten eines anderen nicht beeinflussen.

Glaubst du, dass es schön wäre, das Verhalten anderer beeinflussen zu können?

Manchmal wäre es schon schön. Manchmal vielleicht auch nicht. Man würde in sofortiger Erfüllung leben. Jeder, den ich dazu aussuchen würde, wäre in mich verliebt. Allerdings wüsste ich nie, ob er mich auch ohne diesen Zauber lieben würde. Vielleicht ist es nicht so erfüllend, wie man es zunächst vermutet.

Man hätte vielleicht keine Probleme mehr und man würde sich dann nicht mit Freunden treffen, um sich gegenseitig bei der Entwicklung zu helfen. Alles wäre schon perfekt, und es gäbe nichts mehr zu verbessern. Solche Treffen wären dann unnötig, und vielleicht würde man sich den Menschen nicht mehr so nah fühlen. Gemeinsame Entwicklung verbindet ja.

Vermutlich wäre es nicht so schön, wie ich es mir manchmal vorstelle. Sofortige Erfüllung aller Wünsche ist langweilig. Aber nein, eigentlich ist das nicht langweilig. Ihr sagt doch, dass wir nun in die Schöpferkraft kommen und dass wir lernen, unsere Wünsche immer besser und schneller zur Erfüllung zu bringen.

Dennoch könnt ihr nicht über die Gedanken, Gefühle und Taten eines anderen bestimmen. Erfüllung eurer Wünsche bedeutet, dass ihr unabhängig vom Verhalten anderer Menschen eure Wünsche erfüllt. Wenn die Erfüllung eurer Wünsche unabhängig von anderen ist, habt ihr losgelassen.

Wenn ihr den Samen sät, also die richtigen Ursachen setzt, könnt ihr darauf vertrauen, dass alles nach euren Wünschen geschieht. Bleibt im Vertrauen.

Wenn ihr den Samen aus der Erde holt und kontrolliert, ob er bereits gekeimt oder Wurzeln geschlagen hat, zerstört ihr das Leben in dem Samen. So ist es auch mit euren Wünschen. Wenn ihr nicht im Vertrauen seid, fangt ihr an zu kontrollieren. Damit zerstört ihr die Kraft eures Wunsches.

Kümmert euch nicht darum, wie euer Wunsch in Erfüllung geht. Bleibt im Vertrauen. Tut so, als sei der Wunsch bereits verwirklicht.

Wenn ihr an den Samen Wurzeln und einen Stamm mit Blättern klebt, würdet ihr den Samen zerstören. Euer Wunsch wäre ungenügend realisiert, und ihr hättet eine Menge Arbeit damit.

Es reicht, wenn ihr eure Wünsche konkret und klar lebt, so als wären sie bereits erfüllt. So gießt ihr den Samen, und er wird ganz von allein zu einem kräftigen Baum oder einer herrlichen Blume werden. Die Natur und eure Wünsche brauchen keine Kontrolle.

Und er sprach: Mit dem Reich Gottes ist es so, wie wenn ein Mensch Samen aufs Land wirft und schläft und aufsteht. Nacht und Tag; und der Same geht auf und wächst – er weiß nicht wie. Denn von selbst bringt die Erde Frucht, zuerst den Halm, danach die Ähre, danach den vollen Weizen in der Ähre. Wenn sie aber die Frucht gebracht hat, so schickt er alsbald die Sichel hin; denn die Ernte ist da.

– Markus 4, 26-29 –

Neulich habe ich einen Mann und seinen Hund beobachtet. Der Hund hatte sich hingesetzt. Der Mann zog an der Leine, er wollte weitergehen. Er redete auf seinen Hund ein, er schrie ihn an. Dann zog er wieder an der Leine. Immer und immer wieder. Der Hund bewegte sich kein Stück von der Stelle. Nach ein paar Minuten löste der Mann die Leine, sagte »Mach doch, was du willst« und ging fort.

Es dauerte keine drei Sekunden, da sprang der Hund auf und lief dem Mann hinterher. Ist das nicht ein wunderbares Beispiel, wie Loslassen funktioniert?

Warum ist es nicht in allen Bereichen so einfach?

Wenn ihr aus dem Loslassen eine Wissenschaft macht, behindert euch dies genauso, wie euch die Dinge behindern, die ihr loslassen wollt. Kümmert euch nicht mehr um das, was ihr nicht haben und erleben wollt, und ihr lasst es automatisch los. Verschwendet keine Gedanken und Gefühle an etwas, was ihr nicht wünscht. Sucht euch etwas anderes. Denkt, fühlt und tut, was euch Freude bereitet. Loslassen bedeutet, die Aufmerksamkeit abziehen.

Ich habe mal von einem alten Mann gehört, der sich wieder verlieben wollte. Jahrelang hatte er jedoch kein Glück und fand keine passende Frau. Als er aufgab und sich der Malerei widmete, trat eine wundervolle Frau in sein Leben. Sie verliebten sich und wurden ein glückliches Paar. Bedeutet das, dass Suchen immer fehlschlagen muss? Außer bei Ostereiern vielleicht?

Wenn ihr im Außen etwas sucht, was ihr im Inneren nicht habt, werdet ihr es nicht finden. Ihr wisst, dass Ostereier für euch versteckt sind. Deshalb findet ihr sie. Ihr kommt nicht auf die Idee, im August Ostereier zu suchen.

Fühlt Liebe, wenn ihr Liebe in euer Leben ziehen wollt. Wenn ihr statt Liebe Mangel an Liebe empfindet, kümmert euch um etwas anderes. Macht aus dem Loslassen keine große Sache. Bevor ihr ein schlechtes Gefühl zu etwas habt, kümmert euch um etwas anderes.

Ihr wollt loslassen, weil es euch nicht gelingt, ein gutes Gefühl zu etwas zu bekommen. Wenn ihr kein gutes Gefühl erzeugen könnt, dann zieht eure Aufmerksamkeit ab. Denkt und fühlt etwas, was euch gefällt.

Ihr habt euren Wunsch ausgesendet. Es gibt nichts mehr zu tun. Ihr müsst nicht jeden Tag kontrollieren, ob oder in welchem Umfang sich euer Wunsch bereits erfüllt hat. Loslassen ist, sich um etwas anderes zu kümmern.

Ich verstehe. Am besten ist es, so zu tun als ob. Aber wenn wir das nicht schaffen, weil wir negativ über ein Thema denken oder fühlen, ist es ratsamer, das Thema zu vergessen und sich mit etwas anderem zu beschäftigen.

Es ist egal, was ihr euch wünscht. Wenn ihr kein gutes Gefühl dazu habt, denkt an etwas, was euch Freude bereitet.

Okay.

Erwartungen / Loslassen – konkret

- Gib dir selbst, was du von einem anderen erwartest.
- Wenn du Mangel empfindest, denke an etwas anderes.
- Tu so als ob, und wenn es dir nicht gelingt, denke an etwas, was dir Freude bereitet.

Dankbarkeit / Wertschätzung

Mal angenommen, man hat seine Wünsche zur Erfüllung gebracht. Was kann man tun, damit sie auch erfüllt bleiben?

Die beste Absicherung, euren Wohlstand, eure Liebe und eure Gesundheit zu behalten oder zu mehren ist Dankbarkeit. Wenn ihr dankbar seid für das, was ihr habt, werdet ihr noch mehr davon in euer Leben ziehen.

Normalerweise sind wir ja dankbar, wenn etwas schönes Neues passiert, selten für etwas, an das wir uns schon gewöhnt haben. Ist Dankbarkeit stärker als Sicherheit?

Wir verstehen deine Frage nicht.

Ich weiß, dass ich immer gesund sein werde. Und wenn ich mal krank sein sollte, werde ich in kürzester Zeit aus eigener Kraft wieder gesund. Diese Sicherheit ist vielleicht irrational, aber sie ist tief in mir verankert.

Wenn ihr in absolutem Vertrauen seid, ist Dankbarkeit nicht notwendig.

Die Lebensbereiche, in denen ihr euch sicher fühlt, oder für die ihr Dankbarkeit und Glück empfindet, sind jedoch selten euer Antrieb, euch mit den Methoden der Schöpferkraft zu beschäftigen.

Stimmt. Manchmal überspringe ich in Büchern die Seiten, die Krankheit oder Gesundheit thematisieren. Kapitel über Geld lese ich hingegen immer.

Empfindest du Dankbarkeit für deine Gesundheit?

Manchmal. Aber ich muss mich nicht extra daran erinnern. Ich mache das automatisch. Wenn ich meine Eltern beobachte, denke ich häufig, welch großes Glück ich habe, die Gene von so gesunden und schönen Menschen bekommen zu haben. Wenn ich mit ihnen spazieren gehe, habe ich manchmal Mühe, mit ihrem Tempo mitzuhalten. Manchmal fahren sie aus dem Stegreif fünfzig Kilometer Fahrrad. Sie sind agil und fit. Ich bin absolut überzeugt, dass es mir genauso gehen wird.

Wenn Freunde krank sind, bin ich ab und an dankbar, dass ich so eine Rossnatur habe. Wenn ich daran denke, dass ich Neurodermitis und eine chronische Stirnhöhlenvereiterung zum Verschwinden gebracht habe, bin ich dankbar, dass ich nun weiß, wie Gesundheit herzustellen ist. Ich fühle mich kompetent, meinen Körper gesund zu erhalten. Manchmal, wenn ich darüber nachdenke, bin ich dankbar.

Hast du Angst, krank zu werden, wenn du Menschen begegnest, denen es gesundheitlich schlechter geht?

Nein. Darüber denke ich niemals nach. Ich bin sogar überzeugt davon, dass mich niemand anstecken kann, egal wie oft oder lange er mich berührt oder anhustet. Wenn mir jemand begegnet, der krank ist, denke ich entweder nicht darüber nach oder ich bin dankbar für meine Gesundheit.

Bist du auch dankbar, wenn du einem Menschen begegnest, der weniger Geld hat als du?

Nein. Ich denke dann als Erstes an meinen eigenen Mangel.

Welches Gefühl löst ein Mensch mit Geldmangel in dir aus?

Ich habe Angst, dass sich seine Geldenergie auf mich überträgt.

Und bist du dankbar, wenn du Geld bekommst?

Geht so. Meistens denke ich, dass es vielleicht nicht reicht.

Was war bei deiner Gesundheit denn zuerst da? Die Dankbarkeit oder die Gesundheit?

Als Kind wurde mir ja Neurodermitis und diese chronische Stirnhöhlenvereiterung diagnostiziert. Beide Krankheiten wurden mir als unheilbar erklärt. Ich habe das schon als Kind nicht akzeptiert. Ich wusste, dass das eine Lüge ist. Ich war nicht bereit zu glauben, dass ein achtjähriger Mensch nicht die Möglichkeit hat, an diesem Schicksal etwas zu ändern. Ich wusste immer, dass ich einen Weg finden werde.

Bereits als Kind war ich dankbar für meinen starken Knochenbau. Es hieß immer: »So, wie du immer von überall herunterspringst, müsstest du dir schon zehn Mal etwas gebrochen haben. Du hast sicher starke Knochen.« Ich habe diesen Worten geglaubt und war dankbar. Bis heute habe ich mir trotz vieler sportlicher Aktivitäten niemals etwas gebrochen. Dafür bin ich jedes Mal dankbar, wenn ich daran denke.

Du hast selektiert, an was du glaubst. Was deine Gesundheit angeht, warst du immer nur bereit, das zu glauben, was dir gefällt. Und du warst und bist dankbar dafür. Damit wirst du dir deine Gesundheit auch weiterhin erhalten.

In Geldangelegenheiten warst du bereit, das zu glauben, was dir nicht gefällt. Du bist nicht dankbar für das, was du hast oder was zu dir fließt, weil du an einen Mangel statt an eine Fülle glaubst.

Es ging mir inzwischen schon ganz gut mit dem Geld. Ich habe mich sehr darauf trainiert, richtig zu denken, zu reden und zu fühlen. Aber dennoch ist es mir nicht gelungen, diesen Zustand dauerhaft zu erhalten. Immer wieder gab es Rückschläge in meinen geschäftlichen Angelegenheiten. Immer, wenn ich dachte »Jetzt habe ich es geschafft«, kam ein neuer kritischer Engpass. Ich möchte aber dauerhaft in Fülle und Reichtum leben. Nicht nur manchmal.

Hast du deine Geschäfte geschätzt? Hast du ihnen Dankbarkeit und Wertigkeit zugesprochen? Hast du das Geld wertgeschätzt? Hast du dem Geld gesagt, dass du dankbar bist, es zu haben? Hast du deinem Geld einen schönen Platz in deinen Gedanken gegeben? Hast du bei jedem Einkauf überlegt, ob du dein Geld dafür hergeben möchtest? Wusste dein Geld, dass es dir lieb und kostbar ist? Weiß dein Geschäft, dass du es schätzt und es gerne hast? Hast du diese Wertigkeit vermittelt?

Oooh.

Wir entnehmen deiner Äußerung, dass du dies nicht getan hast.

Nein, das habe ich tatsächlich nicht. Ich hatte angefangen, schluderig mit Geld umzugehen. Es war ja immer genug da. Ich habe keine Preise mehr verglichen, ich habe Dinge gekauft, die ich nicht unbedingt brauche, und ... nun ja, ich habe auch immer sehr großzügig gegeben.

Und geben soll man doch, heißt es nicht überall, dass wir die Quelle sein sollen? Wenn ich die Quelle von dem bin, was ich möchte, bekomme ich noch viel mehr davon? Ich habe auch nicht gegeben, um noch mehr zu bekommen, ich habe einfach gerne gegeben. Wo ist der Fehler?

Du weißt, wie Dankbarkeit funktioniert. Du machst es automatisch bei deiner Gesundheit. Du kannst nun anfangen, immer, wenn du an Geld denkst, für das dankbar zu sein, was du hast. Damit wirst du immer mehr Fülle in dein Leben ziehen.

Ihr meint, ich werde zu einer finanziellen Rossnatur? Ich habe keine Übung darin, für Geld dankbar zu sein.

Aber ihr habt Recht, ich weiß, wie Dankbarkeit funktioniert. Ist eigentlich ganz einfach. Das ist ja so, als wenn ich in Köln gut den Stadtplan lesen kann und immer zum Ziel komme. Warum sollte ich das in München nicht auch können? Ich muss halt einfach nur mein Wissen in einen anderen Bereich übertragen. Wenn meine Gesundheit Köln und mein Geld München ist, dann habe ich wohl bislang gedacht, dass es leicht ist, sich in Köln zurechtzufinden, aber dass ich mich in München stets verlaufe. Und nun weiß ich, wenn man Straßenkarten lesen kann, kann man damit jede Stadt erobern.

Wenn man dankbar für Gesundheit sein kann, kann man auch dankbar für Geld sein. Und wenn man dankbar ist, erschafft man Fülle, Vertrauen und Sicherheit.

Wenn du einem Freund ein Geschenk machst und er freut sich nicht darüber, hast du dann Lust, ihm weitere Geschenke zu machen?

Auf keinen Fall. Eher ärgere ich mich, dass ich ihm überhaupt etwas geschenkt habe.

Wenn du einem Freund etwas schenkst und er zeigt große Freude, Dankbarkeit und zählt dabei auch noch auf, wie sehr er eure Verbindung wertschätzt, würdest du ihm wieder etwas schenken wollen?

Ja. Auf jeden Fall. Das würde mich motivieren und ich würde darauf achten, was er mag und wofür er dankbar ist. Ich würde ihm wieder eine Freude machen wollen.

Genau so funktioniert eure Schöpferkraft. Ihr vermehrt das, worüber ihr euch freut, dessen Wert ihr schätzt, wofür ihr dankbar seid und worauf ihr eure Aufmerksamkeit lenkt.

Das verstehe ich. Dankbarkeit kann aber auch nerven. Im Konfirmandenunterricht mussten wir jede Woche alle Strophen von »Danke für diesen guten Morgen« singen. Als Kind musste ich mich auch für Geschenke bedanken, die mir nicht gefielen – und mache das sogar heute aus Höflichkeit auch manchmal noch.

Eure Dankbarkeit muss in Übereinstimmung mit eurem Glauben sein. Wenn ihr glaubt, die Schöpferkraft überlisten zu können, indem ihr emotionslos Sätze von Dankbarkeit daherredet, werdet ihr nichts davon in euer Leben ziehen. Konzentriert euch auf das, für das ihr wirklich dankbar seid.

Wenn du mehr Freunde haben möchtest, dann sei dankbar für die Freunde, die du bereits hast oder die du einmal hattest. Schätze den Wert deiner Freunde. Wenn du mehr Schönheit möchtest, dann sei dankbar für das, was du an dir schön findest. Dein Körper wird sich so gestalten, dass du noch mehr Schönes an ihm entdeckst. Wenn du mehr Geld möchtest, dann sei jedes Mal, wenn Geld zu dir fließt, dankbar dafür.

Okay. Prinzip verstanden.

Ich habe mal von einem Mann gehört, der von seiner Frau verlassen wurde. Am Anfang hegte er Groll gegen sie. Irgendwann hörte er damit auf, und seine Gefühle wandelten sich um in Dankbarkeit und Wertschätzung. Er war dieser Frau dankbar, dass sie ihm so viele schöne Jahre geschenkt hatte. Nach einigen Wochen kehrte die Frau zu ihm zurück.

Einmal schenkte ich einem Bettler in der Fußgängerzone zehn Euro. Seine Gesichtszüge verrieten, dass er sich sehr freute. Er nahm seinen Kettenanhänger – eine Engelsfigur – und sprach ein Gebet der Dankbarkeit. Mehrere Passanten blieben stehen und schenkten ihm ebenfalls einen Zehn-Euro-Schein.

Neulich war ich auf dem Wochenmarkt und wollte Tulpen kaufen. Eigentlich wollte ich zwei Sträuße kaufen, beschloss jedoch, dass einer reichen muss, ich wollte nicht so viel Geld für Blumen ausgeben. Ich suchte mir einen Strauß aus, bezahlte ihn, und zu meiner Überraschung bekam ich einen zweiten Strauß vom Verkäufer geschenkt. Ich habe mich sehr gefreut, und das Gefühl war tiefe Dankbarkeit.

Am nächsten Abend war ich auf einer Lesung und bewunderte die Rosen, die auf dem Rednerpult arrangiert waren. Nach der Vorstellung kam die Veranstalterin zu mir und schenkte mir die Rosen. Einfach so. Wieder empfand ich Freude und Dankbarkeit.

Eine Woche später besuchte mich eine Freundin und brachte mir einen Strauß Anemonen.

Dankbarkeit ist ein Magnet für mehr.

Dankbarkeit / Wertschätzung – konkret

- Dankbarkeit manifestiert.
- Dankbarkeit erschafft Fülle, Vertrauen und Sicherheit.
- Du vermehrst das, wofür du dankbar bist und worüber du dich freust.
- Sei dankbar für das, was du bereits hast.
- Dankbarkeit ist ein Magnet für mehr.

Intuition / Führung

Ihr habt gesagt, wenn wir loslassen, sollen wir denken, fühlen und tun, wozu wir Lust haben. Das klingt im ersten Moment schön und frei. Im zweiten Moment kommen mir Zweifel, ob Kontrolle nicht doch besser ist. Einzig auf meine Lust zu achten erscheint mir nicht gesellschaftsfähig und auch ein bisschen dumm. Wenn ich nur auf meine Lust achten würde, würde ich vielleicht ganz schnell pleite sein. Möglicherweise hätte ich Spaß dabei. Aber pleite zu sein finde ich trotzdem nicht erstrebenswert.

Warst du schon mal pleite?

Ja. Zwei Mal. So richtig.

Hast du da gemacht, wozu du Lust hattest?

Nein. Ich habe nur noch gemacht, wozu ich keine Lust hatte, nämlich das, was sinnvoll erschien, um die Pleite zu beenden.

Bist du sicher, dass du, wenn du auf deine Lust achten würdest, schnell pleite sein würdest?

Mein Verstand sagt ja. Die unbändige Lust auf Leben, die immer noch in mir wohnt, hofft, dass es nicht so ist.

Hast du nicht auch schon Erfolg gehabt, wenn du auf deine Lust vertraut hast?

Als ich die Glückstrainer-Ausbildung gemacht habe, hieß es, wir sollen jeden Tag ein bis zwei Beratungsgespräche führen. Wir waren zwanzig angehende Trainer unter 160 anderen Teilnehmern. Zwei Wochen waren wir gemeinsam in einer Ferienanlage. Dennoch hatten wir Trainer Angst, dass wir nicht angesprochen werden und niemand unser Gesprächsangebot annehmen würde.

Am ersten Tag zogen sich die meisten Trainer zurück und schmiedeten einen Plan, wie sie an Gesprächspartner kommen könnten. Ich hatte keine Lust dazu. Die Sonne schien, und ich wollte ins Meer springen. Ich ging mit den Teilnehmern zum Strand hinunter. Alle waren neugierig und fragten mich, wie ich dazu gekommen sei, Glückstrainerin werden zu wollen. Ich unterhielt mich den ganzen Nachmittag mit ihnen. Zwischendurch sprangen wir gemeinsam ins Meer. Am Ende des Tages war ich bis zum Ende der vierzehn Tage mit Gesprächen ausgebucht. Es gab sogar eine Warteliste.

Und hast du auch ein Beispiel für eine Situation, in der du nicht auf deine innere Stimme gehört hast?

Vor ein paar Jahren hatte ich eine schöne Wohnung gemietet. Als ich den Mietvertrag unterschreiben wollte, überkam mich ein sehr schlechtes Gefühl. Ich wusste, dass ich den Vertrag auf gar keinen Fall unterschreiben darf. Ich habe dann aber gedacht: »Ach, so ein Quatsch, das ist die perfekte Wohnung! Was soll daran schon verkehrt sein?«

Der Vermieter hat nach meinem Auszug mehrere seiner eigenen Handwerksfirmen in die Wohnung geschickt und sie komplett renovieren lassen. Diese Firmen haben später angegeben, ich hätte die Wohnung komplett abgewohnt und zerstört. Damit hat er mich verklagt.

Natürlich habe ich das nicht auf mir sitzen lassen und bin vor Gericht gezogen. Ich hatte auch viele Zeugen, die sowohl beim Einzug als auch beim Auszug dabei waren und bestätigen konnten, dass sich der Zustand der Wohnung während meiner Mietzeit sogar noch verbessert hatte.

Ich hatte jedoch keine Fotos gemacht, und die Handwerker, die alle Arbeitnehmer des Vermieters waren, stimmten der Aussage ihres Arbeitgebers zu. Ich verlor den Prozess und musste einige tausend Euro bezahlen.

Nach der Verhandlung kam der Richter zu mir und sagte, dass er meinen Vermieter jede Woche auf der Klägerbank sitzen habe und dass immer die Mieter verlieren, weil er so geschickt vorgeht.

Danach habe ich die Welt nicht mehr verstanden. Ich konnte nicht begreifen, dass jemand mit so einer Abzocke durchkommt und dass ich auf so einen Schuft reingefallen bin.

Wäre dir das Gleiche passiert, wenn du auf deine innere Stimme gehört hättest?

Auf gar keinen Fall. Die Stimme war sehr deutlich. Aber mein Verstand maß der Intuition keine Bedeutung zu. Ich wollte nicht wahrhaben, dass an dieser schönen Wohnung und diesem freundlichen Vermieter ein Haken sein sollte. Ich habe meine innere Stimme ignoriert.

Eure Gefühle dienen euch zur Navigation. Folgt euren schönen Gefühlen. Tut das, was sich richtig anfühlt.

Wenn sich etwas nicht gut anfühlt, achtet dieses Gefühl. Lasst alles sein, was sich schlecht anfühlt.

Wenn das alle machen würden, wäre morgen die Karibik überfüllt und niemand würde mehr arbeiten gehen. Wir können nicht immer auf unser Gefühl hören, sondern müssen auch auf unseren Verstand achten. Wir könnten sonst unsere Existenzgrundlage in dieser Gesellschaft verlieren. Was haben wir davon, wenn wir immer auf unser Gefühl hören, aber am Ende auf der Parkbank übernachten müssen?

Kannst du dir sicher sein, dass du auf einer Parkbank enden würdest, wenn du deiner Intuition folgst?

Nein. Natürlich nicht. Womöglich wäre mein Leben freier, bunter, interessanter und befriedigender, wenn ich immer auf meine Intuition hören würde. Aber die Angst, dass es nicht so ist, überwiegt. Ich spüre, dass ihr Recht habt, ich spüre, dass ich mich der Intuition hingeben möchte, und ich spüre gleichzeitig Angst, dass ich damit ins Bodenlose fallen könnte.

Wenn ihr auf eure innere Stimme hört, bedeutet das nicht zwangsläufig, dass die Stimme euch zuflüstert, umgehend in die Karibik zu reisen. Es wird Zeiten geben, in denen euch die Stimme dazu animiert, eure Steuererklärung zu machen oder eure Wohnung zu putzen. Es ist nicht so, dass ihr euer gesellschaftliches Leben aufgebt. Die Stimme zeigt euch, wann der richtige Moment ist.

Wenn die Sonne scheint, habt ihr oft Lust, rauszugehen. Wenn eure innere Stimme euch in die Sonne führt, so folgt ihr. Wenn ihr plant, nächsten Dienstag um vierzehn Uhr euer Auto zu waschen, kann es sein, dass eure innere Stimme sagt, stattdessen zum Bäcker zu gehen. Vielleicht trefft ihr dort einen Freund, den ihr schon lange nicht mehr gesehen habt und der euch mit seinen Erzählungen inspiriert.

Das bedeutet nicht, dass ihr keine Pläne machen sollt. Es bedeutet auch nicht, dass ihr euer Auto nicht waschen sollt. Es bedeutet lediglich, dass eure innere Stimme immer einen Sinn macht. Sie führt euch zur Erfüllung eurer Wünsche. Macht Pläne, aber stellt eure innere Stimme über eure Pläne.

Ich habe mal gehört, dass Beten so ist, als wenn man Gott anruft. Und Intuition ist, wenn Gott anruft.

Wie kann ich erkennen, ob mein Gefühl tatsächlich Intuition ist? Vor ein paar Wochen wollte ich eine Inliner-Tour machen. Ich hatte ein schlechtes Gefühl. Ich wusste nicht, wie ich das Gefühl einordnen sollte, und entschied mich dafür, dass es nur mein innerer Schweinehund ist. Ich fuhr also los und stolperte über eine Unebenheit im Asphalt. Dabei habe ich mein Bein verletzt.

Wie kann ich meine Intuition von anderen Gedanken und Gefühlen unterscheiden?

Wir verstehen dich. Ihr vernehmt nicht nur die Stimme eurer Intuition. Ihr seid vielen Gefühlen und Informationen ausgesetzt. Das Gefühl, das sich am Klarsten, am Reinsten, am Edelsten anfühlt, ist die Stimme eurer Intuition.

Herrje. Wie kann ich wissen, ob ein Gefühl edler als ein anderes ist?

Euer erhabenstes, euer edelstes Gefühl bedient sich selten eurer Worte. Wenn ihr Worte oder Sätze vernehmt, ist die Quelle eures Gefühls meist eine andere. Es können Sätze eurer Eltern, eurer Lehrer, eurer Religion oder eurer Gesellschaft sein.

Ihr meint, wenn ich so etwas höre wie »Das macht man nicht«, »Augen zu und durch«, »Das ist verboten«, »Von nichts kommt nichts«, ist das selten meine innere Stimme?

Eure innere, erhabenste Stimme ist ein klares Gefühl. Ein Gefühl, das aufzeigt, was nun zu tun oder zu lassen ist. Gesellschaftliche Glaubenssätze sind dazu da, euch innerhalb der Gesellschaft zu navigieren. Religiöse Glaubenssätze navigieren euch innerhalb eurer Religion. Wenn ihr eine Navigation für euer eigenes Leben haben wollt, hört auf eure innere Stimme. Folgt dem reinen klaren Gefühl.

Achtet auf euer klarstes, erhabenstes Gefühl. Je häufiger ihr das tut, umso sicherer könnt ihr es von anderen Quellen unterscheiden.

Gibt es vielleicht noch einen anderen Hinweis, wie ich meine Intuition erkennen kann?

Eure Intuition führt euch immer auf den Weg der Freude und Befriedigung.

Na ja, also ... Wie soll ich das denn vorher wissen? Wenn mich die Intuition zu etwas Schönem führt, beispielsweise an den Strand, kann ich das natürlich nachvollziehen. Aber wie ist es, wenn die Intuition mich von etwas abhalten soll? Wenn ich nicht mit Inlinern fahren soll?

Etwas nicht zu tun, beinhaltet ja keine Freude.

Warum hattest du die Idee, an diesem Tag mit Inlinern zu fahren?

Ich dachte, ich müsste mich mal wieder mehr bewegen.

Die Idee, mit Inlinern zu fahren, entsprach also keinem erhabenen Gedanken oder der Freude?

Nein. Sie war Teil meiner inneren To-Do-Liste.

Wenn ihr Pläne, To-Do-Listen oder Ziele habt, die nicht eurer inneren Stimme entsprechen, könnt ihr kein gutes Gefühl dabei haben. Ihr habt dann ein unangenehmes Gefühl, das euch davon abhalten soll, weiterzumachen.

Okay, also ein gutes Gefühl bedeutet weitermachen. Ein schlechtes Gefühl bedeutet nicht weitermachen. Ich wäre also wohl gar nicht auf die Idee mit den Inlinern gekommen. Pläne, Ziele und To-Do-Listen kann man machen, aber es ist besser, auf die innere Stimme zu hören.

Das fühlt sich aber so *leer* an. So komisch. Normalerweise macht man Pläne und To-Do-Listen, damit man sein Leben irgendwie im Griff hat, damit man an die wichtigen Dinge denkt und sie rechtzeitig erledigt. Im Moment kann ich mich nicht damit anfreunden, keine Pläne zu machen. Ich kann mich möglicherweise damit anfreunden, Pläne zu haben und dennoch auf meine innere Stimme zu achten.

Gibt es noch einen Hinweis, wie sich meine innere Stimme anfühlt? Ich möchte sie wirklich von anderen Gefühlen und Gedanken unterscheiden können.

Ihr erhaltet auch im Außen Hinweise. Nichts, was um euch herum geschieht, geschieht zufällig. Wenn eure Aufmerksamkeit sich auf ein Gespräch an der Schlange im Supermarkt richtet, wenn im Radio ein Lied gespielt wird, das ihr bewusst wahrnehmt, wenn ihr an einem Zeitungsstand vorbeigeht und eine Titelzeile eure Aufmerksamkeit erweckt, all dies können Hinweise sein.

Wenn ich nicht weiß, ob ich etwas tun oder lassen soll und im Radio läuft der Song »No no«, könnte das ein Hinweis sein, dass ich es nicht tun soll? Wenn ich unsicher bin, ob ich nach Mallorca reisen soll und in der Kassenschlange sagt jemand, dass Mallorca seine Lieblingsinsel ist, könnte das ein Hinweis sein, dass ich fliegen soll?

Ihr nehmt in jeder Minute Tausende Eindrücke wahr. Euer Unterbewusstsein filtert diese Informationen, sonst würdet ihr auf der Stelle zusammenbrechen. Wenn euer Unterbewusstsein eure Aufmerksamkeit auf etwas richtet, hat das eine Bedeutung. Ihr seid dann aufgefordert, das, was ihr wahrnehmt, mit eurer Intuition zu überprüfen.

Eure Aufmerksamkeit fällt nicht zufällig auf etwas. Alles, was ihr bewusst wahrnehmt, ist ein Hinweis für euer Inneres. Wenn ihr bemerkt, dass die Menschen in eurer Umgebung zunehmend deprimiert sind und weniger lachen, kann das ein Hinweis darauf sein, dass ihr selbst eure Freude verloren habt. Nehmt wahr, worauf eure Aufmerksamkeit fällt, und befragt eure innere Stimme.

Wenn ihr etwas wahrnehmt, was euch nicht gefällt, lenkt eure Aufmerksamkeit bewusst auf etwas, was euch schöne Gefühle bereitet. Denn wenn ihr etwas wahrnehmt, was euch schlechte Gefühle bereitet, werdet ihr immer mehr davon anziehen. Bis die Ereignisse, die ihr bei anderen seht, auch in euer eigenes Leben treten.

Das Außen liefert euch Hinweise. Wenn ihr in eurem erhabensten Gefühl seid, nehmt ihr nur die schönen Dinge wahr. Sobald ihr etwas wahrnehmt, was euch nicht gefällt, trefft die Wahl, eure Aufmerksamkeit auf etwas Schönes zu richten.

Also wenn jemand sagt, Mallorca ist doof, denke ich zum Beispiel an Katzenbabys, um mich von der Doof-Energie zu lösen, und am nächsten Tag sagt jemand, dass die Malediven schön sind, und das ist dann der Hinweis, dass ich besser auf die Malediven fliegen sollte?

So könnte es sein. Achtet auf eurer erhabenstes Gefühl. Wenn ihr keines habt, achtet darauf, wohin eure Aufmerksamkeit geht. Fühlt, was es euch sagen will. Habt ihr auch hierzu kein klares Gefühl, denkt an etwas, was euch Freude bereitet. So könnt ihr sicher sein, dass ihr nichts anzieht, was euch ein schlechtes Gefühl macht.

So schnell fällt einem vielleicht gar nichts ein, was ein gutes Gefühl macht.

Denkt darüber nach, was euch gefällt, und wählt etwas aus, woran ihr denken wollt, wenn ihr das nächste Mal ein schlechtes Gefühl habt. So könnt ihr innerhalb einer Sekunde von einem unschönen zu einem schönen Gefühl wechseln. Eure Aufmerksamkeit erschafft nämlich euer Gefühl, und euer Gefühl erschafft eure Realität.

Katzenbabys, ins Meer springen, in der Sonne liegen, Karnevalsmusik, Sonnenblumen, Küssen, meine Gesundheit, meine Wohnung, mein schönes Fahrrad. Ja, mir fällt Einiges ein, was mir ein schönes Gefühl macht.

Ich suche mir für heute die Vorstellung aus, im Meer zu schwimmen. Immer, wenn ich bemerke, dass ich ein unschönes Gefühl habe, denke ich daran, im Meer zu schwimmen. Morgen kann ich mir ja etwas anderes aussuchen. Das ist eine schöne Methode. Danke.

Übrigens habe ich ein Symbol, das mir zeigt, wenn ich ein gutes Gefühl habe.

Welches Symbol ist das?

Eichhörnchen. Vor Jahren hatte ich mal eine schwere Entscheidung getroffen und war unsicher, ob sie richtig war. Da sagte ich so etwas wie: »Wenn meine Entscheidung richtig war, möchte ich jetzt ein Zeichen sehen.« Im gleichen Augenblick lief ein Eichhörnchen über die Straße.

Seitdem sehe ich andauernd Eichhörnchen. Aber nur, wenn ich mich in einem guten Gefühl befinde. Die Eichhörnchen sind dann überall. Sie sind auf Zeitschriften abgebildet, sie sind auf Kinderpullis, sie erscheinen auf Facebook. Manchmal sehe ich sogar echte Eichhörnchen. Wenn ich ein Eichhörnchen sehe, weiß ich, dass ich mich in einem guten Gefühl befinde und gerade alles richtig mache.

Ich weiß, dass ich auch ein Symbol für ein schlechtes Gefühl wählen könnte. Eines, das wie ein Alarm funktioniert. Ein Symbol, das mich daran erinnert, dass ich mir jetzt ein gutes Gefühl erschaffen sollte. Ich habe jedoch Angst, dass ich das Symbol einmal zufällig sehen könnte und dann nur deshalb ein schlechtes Gefühl bekäme. Möglicherweise wäre ich ja zuvor in einem guten Gefühl gewesen.

Wie oft siehst du denn gewöhnlich ein Eichhörnchen, wenn du kein gutes Gefühl hast?

Nie.

Aber du glaubst, du könntest ein Symbol, das du für ein schlechtes Gefühl ausgesucht hast, wahrnehmen, wenn du in einem guten Gefühl bist?

Haha, ja. Vielleicht macht so ein Symbol auch Sinn. Ich müsste dann weniger auf Gespräche an der Schlange im Supermarkt achten.

Aber welches Symbol sollte ich da nehmen? Es müsste etwas sein, was man normalerweise selten sieht. Und es sollte etwas sein, was nicht so super positiv bewertet ist. Vielleicht Heuschrecken. Okay, ja. Ich entscheide mich dafür, dass das Symbol Heuschrecke ein Alarmsignal für mich ist. Wenn ich eine Heuschrecke sehe, ist das für mich ein Hinweis darauf, dass ich in einem schlechten Gefühl bin. Eichhörnchen = Weitermachen. Heuschrecke = Aufhören. Idiotensicher.

Bei der Fußball-Weltmeisterschaft 1974 gab es ein Elfmeter-Schießen. Keiner wusste, welcher Spieler für Deutschland schießen soll, und der Plan wäre wohl gewesen, dass der Trainer einen Spieler bestimmt. Paul Breitner nahm einfach irgendwann den Ball, schoss und erzielte das entscheidende Tor. Deutschland war Weltmeister. Am nächsten Tag sagte er, dass er nur auf seine Stimme gehört habe. Er wusste in diesem Augenblick ganz einfach, dass es richtig ist, den Ball zu nehmen und zu schießen. Bewusst wurde ihm sein Handeln erst am nächsten Tag. Als er den Ball nahm und schoss, hat er nicht darüber nachgedacht. Er hörte nur auf seine Intuition und schoss.

Der erfolgreiche Fußballspieler Günter Netzer hat sich in einem Pokalspiel einmal selbst eingewechselt. Sein Trainer sagte kurz vor dem Spiel zu ihm: »Du spielst heute nicht.« Das Publikum tobte, weil es wollte, dass Netzer spielt. In der Pause, bei einem Spielstand von 1:1, kam der Trainer zu ihm und sagte: »Du spielst jetzt.« Netzer war beleidigt und entgegnete: »Nein.« Kurz vor Abpfiff des Spiels war ein Spieler seiner Mannschaft total k.o. und kroch mit letzter Kraft auf die Bank. Netzer zog seine Jacke aus, ging zum Trainer und sagte: »Ich spiel dann jetzt mal.« Das Publikum jubelte.

Nach zwanzig Sekunden Doppelpass, mit einem Kollegen, mit dem er seit fünfzehn Jahren Doppelpässe geübt hatte, die im Training aber niemals geklappt hatten, schoss Netzer das entscheidende Tor. Die Mannschaft war Pokalsieger. Netzer sagt von sich selbst: »Ich bin oft wie ferngesteuert, ich höre auf meine Intuition. Total ohne Denken.«

Als ich achtzehn Jahre alt war, wollte mein Freund mich mit dem Auto seiner Eltern abholen. Ich wollte mir gerade die Jacke anziehen, als mich ein sehr starkes Gefühl überkam. Ich wusste auf einmal, dass ich auf gar keinen Fall mit ihm fahren durfte. Mein Freund verstand mich nicht, und wir stritten uns. Dennoch fuhr er ohne mich. Als er weg war, kam ich mir sehr blöd vor. Es hatte gar keinen Grund gegeben, nicht mit ihm zu fahren. An diesem Nachmittag fuhr ihm jemand in die Beifahrerseite. Der Wagen hatte einen Totalschaden.

Es gibt so viele Selbsthilfe-Bücher, in denen vorgeschlagen wird, wie man in welcher Situation am besten agiert. Es gibt Bücher, die vorschlagen, dass man nach Mittwoch keine Einladung mehr für ein Date am Samstag annehmen soll, damit man sich nicht allzu verfügbar zeigt. Es gibt die zehn Gebote und jede Menge Gesetzesbücher. Die wären doch alle nicht nötig, wenn jeder auf seine Intuition hören würde. Oder?

Du Liebe, wenn ein Mann vor dir steht und dich zum Essen einlädt, wie reagierst du dann?

Kommt drauf an, ob er mir gefällt und ob ich Zeit habe. Wenn er mir gefällt, kann es allerdings sein, dass ich tatsächlich daran denke, was meine Oma immer gesagt hat: »Willst du was gelten, mach dich selten.« Ich höre nicht auf meine Intuition. Ich höre auf das, was ich gelesen oder gehört habe. Die Angst, dass es falsch ist, die Einladung umgehend anzunehmen und dann möglicherweise von ihm nicht als wertvoll genug angesehen zu werden, ist vorhanden. Nicht immer, aber im Hinterkopf habe ich solche Gedanken.

Und du glaubst, Liebe ist da zu finden, wo sich jeder daran hält, nach Mittwoch keine Einladung mehr für Samstag anzunehmen?

Jetzt muss ich lachen. Wenn ihr das so fragt, klingt es lächerlich. Ich sollte diese Bücher wegwerfen. Das wäre ja so, als wenn Paul Breitner darauf gewartet hätte, bis ihm sein Trainer gesagt hätte, dass er jetzt den Ball nehmen und schießen soll.

Es kann ja sein, dass ich tatsächlich kein gutes Gefühl dabei habe, eine Einladung anzunehmen, aber das überprüfe ich meistens gar nicht. In mir rattert sofort diese Mittwoch-Samstag-Regel. Ich sehe ein, dass so eine Regel wenig mit Intuition zu hat. Und wenn meine Intuition mich zu dem Leben führt, das mir gefällt, macht es gar keinen Sinn, mich nach so einer komischen Regel zu richten.

Wenn du der Liebe in einem anderen Menschen begegnen möchtest, reicht die bloße Absicht. Du musst weder Regeln beachten, noch musst du dich auf Single-Partys herumtreiben.

Ja, das stimmt. Zwei meiner Freunde sind mir sozusagen ins Haus geflattert. Einer brachte mir Pakete, und ein anderer zog als Mitbewohner in unsere WG ein. Einen habe ich sogar mal in der Wüste kennen gelernt.

Ich habe jedoch niemals einen Partner gefunden, wenn ich mal bei einer Single-Börse angemeldet war oder mit der Absicht, jemanden kennenzulernen, ausgegangen bin. Ich lernte meine Freunde immer dann kennen, wenn ich gemacht hatte, worauf ich Lust hatte. Die kamen dann von ganz alleine.

Wenn ihr eurer Intuition folgt, kann es sein, dass ihr etwas anderes tut, als euer Verstand euch raten würde. Euer Verstand macht einen Plan, euer Verstand überlegt, wie euer Ziel am besten zu erreichen ist. Den besten Erfolg habt ihr, wenn ihr auf euer Gefühl hört und macht, wonach euch der Sinn steht. Zieht eure Aufmerksamkeit von dem, was ihr tun solltet, ab und richtet es auf das, was ihr in diesem Moment als stimmig erachtet.

Es gibt die zehn Gebote, und ihr habt Gesetze in eurem Land. Ihr habt Bücher, die euch sagen, wie ihr euch zu verhalten habt. Gerade Letzteres: Damit entledigt ihr euch der Verantwortung für euer eigenes Leben. Niemand kann wissen, was für euch und euer Leben richtig ist. Das wisst nur ihr selbst. Und das wisst ihr nur, wenn ihr auf eure innere Stimme hört.

Manche von euch glauben, dass Gott nur mit einigen wenigen Auserwählten spricht. Ihr folgt dann den Ratschlägen dieser Men-

schen und glaubt, dass ihr alles richtig macht. Ihr gebt die Verantwortung für euer Leben ab und wundert euch, dass ihr nicht das Leben führt, das ihr euch wünscht.

Ihr wisst nicht, wie ihr auf eure innere Stimme hören sollt, weil ihr verlernt habt, auf sie zu hören. Als Kinder wusstet ihr noch, was ihr tun wolltet, ihr wusstet in jedem Moment, was richtig ist. Ihr wusstet, wann ihr eine Burg bauen wolltet, wann ihr durch den Regen laufen und wann ihr jemanden umarmen wolltet. Das wurde euch abtrainiert. Ihr lernt nun wieder neu, auf eure Intuition zu achten und ihr zu folgen.

Wenn ihr auf eure innere Stimme hört, übernehmt ihr Verantwortung für euer Leben. Und das ist der Weg in eure Freiheit. Das ist der Weg in das Leben, das ihr euch wünscht.

Eine dreifache Mutter erzählte mir, dass ein Kind, bevor es laufen kann, bis zu viertausend Mal hinfällt. Jedes ihrer Kinder hatte das Laufen auf eine andere Art gelernt. Gut, dass es keinen offiziellen Laufen-Lern-Plan gibt. Womöglich würde dann eines der Kinder heute nicht gut laufen können.

Als ich zur Schule ging, gab es bei mathematischen Aufgaben immer nur einen einzigen richtigen Lösungsweg. Später, als ich Mathematik auf Lehramt studierte, war ich erstaunt, dass es neue Ansätze gab. Man war inzwischen so weit, dass es nur auf das richtige Ergebnis ankam. Jeder Schüler durfte seinen eigenen Lösungsweg finden. Manche Lösungswege waren so genial, dass sie als Erklärungsmodell für andere Schüler übernommen wurden. Die Kinder durften intuitiv und kreativ nach einer Lösung suchen.

Wenn ihr eurer inneren Stimme vertraut, heißt das nicht, dass ihr alles stehen und liegen lasst und euch um eure Angelegenheiten nicht mehr kümmert. Aber es könnte sein, dass ihr eure Angelegenheiten anders und mit mehr Freude angeht.

Ihr gebt euch hin an den Fluss des Lebens, und ihr werdet in das Leben eurer Wunscherfüllung geführt.

Bleibt einfach im Vertrauen, dass eure innere Stimme euch schon den Weg weisen wird.

Ich habe von einer interessanten amerikanischen Studie gehört. Während des Vietnamkrieges wurden vom Kriegsministerium Spezialeinsatzkräfte in Indianerreservate geschickt. Sie sollten dort nach talentierten Spähern suchen. Sie suchten insbesondere nach jungen Männern, die fast übernatürliche Fähigkeiten in der Spurensuche besaßen. Das Talent dieser Männer wurde sorgsam dokumentiert.

Einige dieser Indianer wurden in den militärischen Dienst übernommen. Doch dann passierte etwas ganz Eigenartiges, denn kaum waren sie Rekruten, verloren sie sämtliche übersinnlichen Fähigkeiten. Auf Befragen gaben sie übereinstimmend an, dass sie ihre Fähigkeiten verloren hatten. Und wann war das geschehen? Als ihnen ihre langen Haare abgeschnitten wurden und sie den militärischen Kurzhaarschnitt erhielten. Mit kurzen Haaren hatten sie plötzlich keinen Zugriff mehr auf ihre besonderen intuitiven Fähigkeiten.

Die Studie forderte anschließend die Freistellung aller indianischen Fährtenleser vom militärischen Haarschnitt. Es wurde sogar gefordert, dass Fährtenleser über lange Haare verfügen müssen.

Wenn man das weiterdenkt, kann man verstehen, warum Tiere so einen guten Instinkt haben. Bei Google erfährt man, dass Haare eine Erweiterung des Nervensystems sind, als Antennen Informationen aufnehmen und an Teile des Gehirns weiterleiten können.

Mit kirlianischer Fotografie kann man aufzeigen, dass Haare auch Energie an ihre Umgebung abgeben. Vielleicht sind Löwen deshalb so mächtig. Wenn Haare geschnitten sind, zeigen diese Fotos kaum Energie, die abgegeben wird. Angeblich liegt dann eine Betäubung der Sinne vor. Darf man sich dann nie wieder die Haare schneiden oder rasieren?

In der Bibel wird darüber auch berichtet. Es gibt da eine Stelle ... Samson verliert seine Unbesiegbarkeit, nachdem Deliah ihm die Haare abschnitt.

Haben Frauen vielleicht nur deshalb eine bessere Intuition, weil sie längere Haare haben? Werden Männer, denen die Haare geschoren werden, automatisch zu Kampfmaschinen ohne Intuition? Können wir unsere Intuition verbessern, wenn wir nie wieder zum Friseur gehen?

Auf das Schneiden könnte ich ja gut und gern verzichten. Aber auf Farbe? Farbe betäubt bestimmt auch die Sinne.

Tatsächlich nehmen eure Haare Schwingungen aus der Umgebung auf. Ihr könnt ganz ähnlich wie die Tiere wahrnehmen, ob euch jemand wohlgesonnen ist oder euch Böses will.

Und nun? Wirklich nie wieder Haare schneiden?

Ihr lernt gerade, wie ihr euer Leben so gestaltet, dass ihr nur noch das anzieht, was euch gefällt.

Dann wäre es ja egal. Wenn uns niemand mehr etwas Böses will, dann brauchen wir diese Antennen nicht.

Ihr seid auch in der Lage, einfach zu beschließen, dass eure Intuition hervorragend ist.

Wir müssen es nur ganz doll glauben, oder?

Ihr dürft nicht daran zweifeln.

Seit ich diese Indianer-Geschichte kenne, kann ich nicht mehr so recht daran glauben. Ich habe mir meine Haare nun ein halbes Jahr nicht mehr schneiden lassen. Es sieht ein bisschen fransig aus. Auf Farbe möchte ich nicht verzichten, so blond wie früher sind sie halt nicht mehr von Natur aus. Und die Beine muss man sich als Frau ja wohl rasieren. Wie sieht das denn sonst aus? Mein Kompromiss ist, dass ich mein

Kopfhaar so selten wie möglich nachschneiden lasse. Damit kann ich leben.

Wenn du es bestimmst, wird dein Haar wieder in der Farbe nachwachsen, die es hatte, als du ein Kind warst.

Das wäre toll. Ich hatte wirklich ein sehr schönes Blond. Ich werde meinen Glauben daran stärken. Dann brauche ich keinen Schnitt und keine Farbe mehr.

Vielleicht will mich dann der Militärdienst als Fährtenleserin haben, hahaha.

Intuition / Führung – konkret

- Dein Gefühl ist deine Navigation.
- Folge deinen schönen Gefühlen.
- Tue das, was sich richtig anfühlt.
- Folge deiner inneren Stimme.
- Stelle deine innere Stimme über deine Pläne.
- Dein erhabenstes Gefühl ist die Stimme deiner Intuition.
- Deine Intuition führt dich stets auf den Weg der Freude.
- Achte auf die Zeichen in deiner Umgebung.
- Du kannst beschließen, eine gute Intuition zu haben.

Zeit

Ihr habt gesagt, wenn wir auf unsere Intuition hören wollen, dann können wir zwar Pläne machen, sollen aber dennoch darauf achten, was wir im Moment fühlen.

Wenn ihr darauf achtet, was ihr im Hier und Jetzt fühlt, worauf ihr in diesem Augenblick gerade Lust habt, seid ihr frei von Vergangenheit und Zukunft.

Wenn ich im Hier und Jetzt bin, habe ich an nichts schuld. Denn Schuld trägt man ja für etwas, was in der Vergangenheit passiert ist. Wenn ich im Hier und Jetzt bin, sind die Chips, die ich gestern gegessen habe, ganz egal, und ich muss deshalb nicht morgen joggen gehen. Ich mache dann einfach, wonach mir im Hier und Jetzt der Sinn steht. Zum Beispiel einen Film gucken. Ohne schlechtes Gewissen und ohne den Plan, meine Sünden von Gestern kompensieren zu müssen.

»So tun als ob« geschieht ja auch im Hier und Jetzt. Ich kann nur im Hier und Jetzt so tun, als wäre ich durchtrainiert und schön. Das führt mich zu den richtigen Gefühlen und Handlungen. Ein beliebtes Mantra von mir war: »Morgen fange ich an.«

Wenn ihr auf etwas wartet oder wenn ihr plant, zu einem späteren Zeitpunkt mit etwas zu beginnen, seid ihr in der Energie, dass etwas in der Zukunft passiert. Somit gibt es im Jetzt keine Erfüllung.

Das ist ja wie bei dem Esel, der ständig der Möhre hinterher rennt. Er wird sie nie in sein Maul bekommen.

Das macht nicht gerade glücklich.

Kennst du Menschen, die stets in der Hoffnung auf eine bessere Zukunft leben?

Ja. Ich glaube, ein bisschen bin ich auch so ein Mensch.

Wirken diese Menschen glücklich auf dich?

Nein. Eigentlich wirken sie ein bisschen bemitleidenswert.

Kennst du Menschen, die manchmal grundlos glücklich sind?

Ja. Früher fand ich diese Menschen merkwürdig. Heute gehöre ich manchmal auch zu diesen Menschen.

Wie wirken diese Menschen auf dich?

Ich bin gerne in deren Nähe. Ich fühle mich wohl in ihrer Gegenwart. Irgendwie fühle ich mich sicher, wenn sie bei mir sind. So, als könnte einfach nichts Schlimmes passieren, wenn sie in der Nähe sind.

Wer im Hier und Jetzt glücklich ist, kreiert eine Zukunft, in der er glücklich sein kann. Dein Gefühl, dass in dieser Energie nichts Schlimmes passieren kann, ist zutreffend.

Als Kind dachte ich, dass es toll sein wird, wenn ich erst in der Schule bin. Später dachte ich, dass mein Leben besser wird, wenn ich erst aus der Schule wieder heraus bin. Dann dachte ich, dass es eine gute Wendung gibt, wenn ich erst in der Lehre bin, später, wenn ich erst die Lehre beendet habe. So zieht sich das durch mein Leben.

Wenn ich erst in der neuen Wohnung bin, wenn ich erst diesen Partner habe, wenn ich erst aus dieser Wohnung raus bin und wenn ich erst diesen Partner wieder los bin. Wenn ich erst Urlaub habe, wenn ich erst ein neues Auto habe, wenn erst dies, wenn erst das. Es gibt immer etwas.

Es ist völlig *verrückt*, wenn man meint, dass man erst dann glücklich sein kann, wenn sich der nächste Wunsch erfüllt hat. Es kommt doch immer ein neuer Wunsch. So ist man nie am Ziel und nie glücklich. Ich finde, erst dadurch macht es richtig Sinn, im Hier und Jetzt glücklich zu sein. Wenn ich durch Glücklichsein im Hier und Jetzt mein Glück für die Zukunft erschaffe, hat man ja gar keine andere Wahl, als im Hier und Jetzt glücklich zu sein.

Dazu fällt mir was ein: In klinischen Untersuchungen wurde bei Angstpatienten und stark Depressiven ein Teil des Frontallappens entfernt. Die Patienten schnitten bei IQ-Tests genauso gut ab wie zuvor, jedoch waren sie nicht mehr in der Lage, über die Zukunft nachzudenken. Sie konnten also auch keine Angst entwickeln. Irre, was? Die Personen konnten ausschließlich in der Gegenwart denken. Die Depressionen waren geheilt.

Da die Zukunft ungewiss ist, kommen beim Gedanken daran automatisch Ängste, Sorgen und Zweifel auf. Es macht also Sinn, über die Zukunft so wenig wie möglich nachzudenken. Oder, alternativ, sich die Zukunft in den schönsten Farben auszumalen und so zu tun als ob.

Ihr könnt eure Gefühle nicht in die Zukunft verschieben. Ihr könnt nicht planen, morgen glücklich zu sein. Ihr könnt nicht planen, wenn dies oder das passiert, glücklich oder traurig zu sein. Gefühle sind immer in der Gegenwart. Ihr könnt nur eines tun, nämlich entscheiden, welche Gefühle ihr JETZT haben wollt. Damit erschafft ihr automatisch die Gefühle für die Zukunft.

Ich kann also nicht planen, morgen glücklich zu sein? Aber wenn ich heute glücklich bin, ist die Wahrscheinlichkeit, morgen auch glücklich zu sein, doch sehr hoch?

Wenn ihr euer Glück in die Zukunft verschiebt, wenn ihr auf Erfüllung wartet, werdet ihr in der Zukunft genau das erleben. Ihr werdet auf etwas warten, und die Erfüllung findet nicht in der Gegenwart statt.

Es gibt keine goldene Zukunft. Es gibt nur ein goldenes Jetzt.

Es geht nicht darum, dass ihr auf etwas wartet, was schöner, besser oder größer ist als das, was jetzt ist. Es geht darum, dass ihr erkennt, dass immer nur Jetzt ist. Seht das, was jetzt schon erfüllt ist. Seht das, was jetzt schon gut ist. Freut euch darüber. Je mehr ihr euch darüber freut, desto mehr werdet ihr davon erhalten.

Es gibt nur einen einzigen Zeitpunkt, der deine Zukunft erschafft. Das ist Jetzt. Alles, was du jetzt fühlst, erschaffst du. Wenn du dich jetzt reich fühlst, erschaffst du Reichtum. Wenn du jetzt Liebe fühlst, erschaffst du Liebe. Wenn du dich jetzt schön fühlst, erschaffst du Schönheit.

Höre auf zu warten. Sei und habe jetzt das, was du begehrst.

Wenn du jetzt den Impuls hast, etwas zu tun, so tue es. Es führt dich zur Erfüllung deiner Wünsche.

Das geht aber nicht immer. Wenn ich bei der Arbeit das Gefühl habe, ich sollte jetzt besser eine Weltreise machen, scheitert das an Zeit, Geld und Verstand.

Hast du bei der Arbeit manchmal das Gefühl, du solltest eine Weltreise machen?

Nein. Das war nur ein Beispiel, haha. Bei der Arbeit habe ich manchmal das Gefühl, dass ich eine Pause benötige und einen Spaziergang oder Einkäufe machen sollte. Manchmal höre ich auf dieses Gefühl, und nach dem Spaziergang geht es mir besser. Ich treffe beim Spazierengehen aber nicht jedes Mal einen Menschen, der mein Leben verändert.

Ach so, es geht ja darum, dass es mir im Hier und Jetzt gut geht. Wenn ich mich bei einem Spaziergang gut fühle, ist das Ziel ja schon erreicht.

Danach kann ich auch wieder gut arbeiten. Ich bin dann erfrischt und motiviert. Meine Intuition fördert das Glück im Hier und Jetzt. Und Glück im Hier und Jetzt zieht Ereignisse an, die mich glücklich machen. Jetzt schließt sich der Kreis.

Die Vergangenheit gänzlich los zu lassen, ist gar nicht so leicht. Die Vergangenheit hat ja dazu geführt, dass wir so sind, wie wir sind. Und man kann daran nicht rütteln. Es war, wie es war. Darauf haben wir keinen Einfluss mehr. Die Vergangenheit ist in Stein gemeißelt.

Wer wärst du ohne deine Geschichte? Ohne deine Vergangenheit? Wer wärst du, wenn du eine andere Geschichte über deine Vergangenheit erzählen würdest?

Ich hätte andere Muster, andere Gedanken, andere Ängste, andere Freunde. Alles wäre anders. Ich wäre freier oder gefangener ohne diese Prägung. Die Vergangenheit hat uns geformt.

Tatsächlich seid ihr in der Lage, eure Vergangenheit zu verändern. Denn so, wie die Zukunft variabel ist, ist auch die Vergangenheit veränderbar.

Wie bitte???

Sobald ihr eine andere Geschichte eurer Vergangenheit erzählt und diese glaubt, ändert sich eure Vergangenheit. So wie ihr in der Gegenwart nur das erleben könnt, woran ihr glaubt, könnt ihr auch nur die Vergangenheit haben, an die ihr glaubt.

Ich glaube, ich spinne. Psychologen würden das als Verdrängung oder Glorifizierung einordnen und so jemanden in eine geschlossene Anstalt stecken.

Ihr könnt euch auf eure Gegenwart konzentrieren. So, wie ihr in der Gegenwart fühlt und glaubt, so gestaltet ihr eure Zukunft. Ihr könnt eure Vergangenheit vergessen, und sie wird keinen Einfluss auf euer Jetzt und eure Zukunft mehr haben.

Wenn ihr eure Vergangenheit nicht loslassen könnt, könnt ihr eine andere Vergangenheit wählen, und ihr erschafft so eine andere Gegenwart und eine andere Zukunft.

Wie bringe ich meinen Eltern bei, dass sie eigentlich total reich waren und mir damals alle meine Wünsche erfüllt haben? Ich kann doch niemandem erzählen, dass damals alles anders gewesen ist, als es wirklich war.

In Wahrheit verändert ihr eure Vergangenheit ständig. Ihr erlebt das, was geschieht, immer aus eurem eigenen Blickwinkel. Zwei Personen können das gleiche Geschehen unterschiedlich erleben.

Eure Erinnerung passt sich euren neuen Überzeugungen an. Hast du das nicht auch schon beobachtet?

Allerdings. Ich habe jahrelang Tagebuch geführt. Am Ende einer Beziehung habe ich mich dann mal gefragt, warum ich mich überhaupt jemals in diesen Menschen verlieben konnte. Ich holte mein Tagebuch heraus und war sehr erstaunt, was ich dort las. Meine Erinnerung und mein Geschriebenes stimmten nicht überein. Ich hatte meine Erinnerung an die Situation zur Trennungszeit angepasst. Aber habe ich durch meine falsche Erinnerung denn wirklich die Vergangenheit verändert?

Eure Vergangenheit ist so, wie ihr glaubt, dass sie war. Sie ist nicht in Stein gemeißelt. Vergangenheit ist veränderbar.

Manche Staaten ändern aus Propagandazwecken die Vergangenheit. Mir kam das immer wie eine große Lüge vor. Es gibt doch Fotos und Filme, die zeigen, dass es anders war.

Mit Fotos und Filmen erschafft ihr die Grundlage für euren Glauben. Ihr könnt jede Vergangenheit haben, die ihr wollt. Wenn ihr ein schönes Leben haben wollt, raten wir euch, entweder nicht an eure unschöne Vergangenheit zu denken oder euch für eine andere Vergangenheit zu entscheiden.

Im Glückstraining hatten wir auch so eine Methode. Sie hieß Neubeurteilung. Im NLP bezeichnet man diese Methode als Re-Imprinting. Dabei wird die Vergangenheit neu ausgedacht, um eine andere Wirkung für die Gegenwart und Zukunft zu erreichen. Aber ich dachte, das ist nur Spielerei. Mal im Ernst: Dass wir wirklich die Vergangenheit verändern können, ist ziemlich abgefahren.

War diese Beule an meinem Auto, die ich ignoriert hatte, weil ich es ablehnte, sie zu akzeptieren, auch so etwas? Habe ich durch mein Ignorieren meine Vergangenheit geändert?

Ganz recht.

Das ist das Krasseste, was ich je gehört habe. Wirklich eine der krassesten Sachen, die ich je gehört habe.

Dennoch hat es einen Sinn, dass ihr eure bisherige Vergangenheit so erlebt habt.

Warum? Ich glaube, es hätte mir besser gefallen, wenn ich meine Wunschvergangenheit tatsächlich erlebt hätte.

Hast du aus dem, was du erlebt hast, etwas gelernt?

Ja. Auf jeden Fall. Ich habe gelernt, zu improvisieren, ich habe gelernt, dass ich stark bin, dass ich mit wenigen Mitteln viel erreichen kann. Ich habe gelernt, gut zu organisieren, ich habe gelernt, mit anderen Menschen im Team zu arbeiten. Ja, ich habe viele Kompetenzen erworben, weil meine Vergangenheit so war, wie sie war.

Nun könnt ihr eure Kompetenzen weiter nutzen, und es steht euch frei, eure Vergangenheit zu vergessen oder eine andere Vergangenheit zu wählen.

Das ist ja so, wie in seiner Wunschwelt geboren zu werden und zusätzlich ein paar Kompetenzen zu bekommen, die man in der Wunschwelt nie erreichen würde. Das klingt wie ein großes Geschenk.

Um zu verstehen, was Zeit ist, müsst ihr lernen, dass nicht nur die Zukunft, sondern auch die Vergangenheit variabel ist. Jetzt ist die Zeit für euch gekommen, dies zu erfahren.

Wenn das alle machen, gibt es keine Opfer, keine Traumata, keine Schuld mehr. Das ist Befreiung. Wow.

Lasst los, was euch an eurer Lebensgeschichte nicht gefällt. Denkt nicht mehr daran. Erzählt eine neue Geschichte. Eine andere Geschichte. Behaltet die Ereignisse, die euch gefallen haben. Erzählt das, was euch gefallen hat, immer wieder. Und ihr werdet noch mehr davon in euer Leben ziehen.

Erinnerungen erzeugen in eurer Gegenwart Gefühle und Gedanken. Diese erschaffen euer jetziges und zukünftiges Leben.

Wie kann ich das am besten für meine Wünsche nutzen?

Nenne uns einen Wunsch.

Ich möchte mal eine richtig tolle Partnerschaft erleben. So eine zum rundum Wohlfühlen.

Hattest du schon einmal so eine Partnerschaft?

Ich hatte schon Partnerschaften, in denen das eine oder das andere gut war. Aber so richtig dolle zufrieden war ich nie.

Du kannst dir eine Partnerschaft nach deinen Wünschen erschaffen. Denke an all das, was bei jedem Einzelnen schön war.

Also mit T. war ich oft auf tollen Partys, und wir hatten gemeinsame Freunde, das war schön. Mit D. hatte ich eine tolle Freizeit, wir waren oft in der Natur und haben gemeinsam Sport gemacht. M. hatte immer so tolle kulturelle Ideen, mit R. war es sehr leidenschaftlich.

Ihr meint also, wenn ich mich an diese Erlebnisse erinnere, erschaffe ich mir eine solche Partnerschaft? Das wäre ja die eierlegende Wollmilchsau.

So meinen wir es. Ihr könnt eure erlebte oder erdachte Vergangenheit für die Erfüllung eurer Wünsche nutzen.

Ich kenne die Methode, dass man vor dem Schlafengehen den Tag noch einmal Revue passieren lässt und dabei alles ändert, was man gerne anders erlebt hätte. Ich dachte immer, dass es hilft, um besser zu schlafen. Aber wenn ich nun darüber nachdenke, merke ich, wie weitreichend diese Methode sein kann. Bevor eine unschöne Vergangenheit entstehen kann, verändere ich sie. Und wenn meine Vergangenheit schön ist, sind auch meine Gegenwart und meine Zukunft schön.[14]

Ich finde das immer noch krass, aber es gefällt mir sehr.

Gibt es Momente in deiner Vergangenheit, in denen du absolut glücklich warst?

Ja, die gibt es. Einmal war ich in Spanien in einem Pool, und es lief in voller Lautstärke das Lied »Die perfekte Welle«. Alle im Pool fingen an, mit Wasser zu spritzen. Die Sonne schien, und ich wusste, dass ich gerade unendlich glücklich bin.

Einmal stand ich mit Freunden in einer Kneipe, wir standen im Kreis und umarmten uns. Einer fing an zu singen »Ti amo« von Howard Carpendale. Alle sangen mit. Wir haben bestimmt eine Stunde lang dieses Lied gesungen, während wir uns umarmten. Da war ich sehr glücklich.

Einmal stand ich während meiner Fasten-Wanderung im Sinai auf einem Felsen und wusste, dass ich gerade der glücklichste Mensch der Welt bin.

Wenn ich an diese Erlebnisse denke, bin ich auch jetzt gerade sehr glücklich.

---

[14] Siehe Übung 19: Modifizierte Tagesrückschau.

Ihr könnt diese Erlebnisse nutzen. Wenn ihr an ein glückliches Ereignis denkt, schüttet euer Körper die gleichen Emotionen und Glückshormone aus, als würdet ihr es gerade in diesem Moment erleben. Nutzt die Glücksmomente für eure Gegenwart und eure Zukunft.

Das ist eine tolle Idee. Ich mache mir eine Notfall-Liste, auf der ich glückliche Ereignisse der Vergangenheit notiere. Wenn ich traurig bin, hole ich die Liste heraus, und automatisch werde ich glücklich sein. Wenn ich glücklich bin, beeinflusse ich meine Gegenwart und meine Zukunft.

Das ist toll. Das mache ich. Danke.

Ihr werdet in der Lage sein, eure Gegenwart, eure Vergangenheit und eure Zukunft mit einem einzigen Gedanken oder Gefühl zu verändern. Ihr werdet diese Hilfsmittel nicht dauerhaft benötigen.

Aber jetzt bin ich froh, diese Hilfsmittel zu haben.

Wie schnell gehen Wünsche eigentlich in Erfüllung?

Eure Schöpfungen sind wie ein Samenkorn. Wenn ihr einen Samen pflanzt, muss er ab und an gegossen werden.

Oder es regnet genug.

Der Regen ist euer Vertrauen. Wenn ihr im vollsten Vertrauen seid, dass euer Wunsch erfüllt wird, braucht ihr nichts weiter zu unternehmen. Es wird genug Regen fallen, dass das Korn aufgehen kann.

Und wann geht das Korn auf?

Wenn ihr eine Tulpenzwiebel pflanzt, wird die Pflanze blühen, sobald Tulpenzeit ist. Die Zwiebel macht jeden Tag des Jahres genau das Richtige, um zur Tulpenzeit zu blühen.

Nun ja … sofern unser Glaube groß genug ist, dass genug Regen fällt. Aber was ist, wenn wir nicht im Vertrauen sind, dass genug Regen fällt?

Wenn ihr eure Idee in die Welt setzt, und es fehlt euch am nötigen Glauben, müsst ihr eure Pflanze ab und an gießen. Jede Pflanze übersteht Trockenzeiten, aber wenn sie dauerhaft nicht genährt wird, vertrocknet sie.

Und Regen ist unser Vertrauen, verstehe. Sind wir im Vertrauen, müssen wir nichts machen. Haben wir aber nicht genug Vertrauen, müssen wir dem Wunsch immer wieder Energie verleihen.

So ist es.

Und was ist, wenn ich jetzt schon Tulpen haben will, aber die Tulpenzeit erst in ein paar Monaten beginnt?

Dann richte deine Aufmerksamkeit auf Tulpen.

Dann kommt jemand und schenkt mir welche?

Das ist eine der vielen Möglichkeiten.

Aber wenn ich will, dass jetzt in meinem Garten Tulpen blühen, obwohl gerade keine Tulpenzeit ist?

Dann ändere deinen Glauben daran, wann Tulpenzeit ist.

Okay, das wird schwer. Einen Glauben zu ändern, den man bereits seit der Kindheit hat und der auch noch den Naturgesetzen entspricht, ist schwer. Aber gut zu wissen, dass wir theoretisch dazu in der Lage sind.

Es wird euch zunehmend leichter fallen, euren Glauben so zu verändern, wie ihr es wünscht.

Das ist toll. Pizza, die schlank macht, Geldautomaten, die das Geld nicht vom Konto abbuchen, ewige Jugend, Tulpen im November. Ich freue mich schon auf die vielen Experimente, die vor uns liegen.

Derzeit ist die Zeit, die zwischen euren Wünschen und der Manifestation liegt, euer Schutz.

Schutz wovor?

Wie würde es dir gefallen, wenn du an die Sahara denkst und dich im nächsten Moment dort befinden würdest? Wie wäre es, wenn du daran denkst, dass Pizza dick macht, und im nächsten Moment zwanzig Kilo mehr wiegen würdest? Was wäre, wenn du daran denkst, dass du pleite gehen könntest, total bankrott, und im nächsten Moment auf der Parkbank leben würdest?

Ähm, das wäre nicht so schön.

Okay, ist angekommen. So lange unsere Gedanken, Gefühle und Taten nicht im Einklang mit dem Höchsten, dem Erhabensten sind, ist die Zeit, die zwischen Wunsch und Erfüllung steht, ein Puffer, eine Art Geschenk, damit wir Gelegenheit haben, unsere Absicht zu korrigieren.

Euer Zeitempfinden existiert genau aus diesem Grund.

Ach so. Jetzt verstehe ich das. Wenn man sagt, dass eigentlich alles zeitgleich ist, dann bedeutet das, dass wir in den höheren Dimensionen auch alles zeitgleich erleben können. Weil Ursache und Wirkung gleich sind und weil wir uns im Klaren darüber sind, was wir wollen.

Die Zeit ist also ein großes Geschenk.

Dann bin ich jetzt froh, dass sich nicht alle Wünsche sofort erfüllen. Denn das bedeutet auch, dass die negativen Schöpfungen nicht sofort Wirklichkeit werden. Und je klarer wir in unseren Absichten sind, desto weniger Zeitpuffer benötigen wir.

Super, zum ersten Mal verstehe ich, warum wir jetzt noch Zeitspielraum benötigen. Danke!

Auch eure Empfänglichkeit für Energien aus anderen »Zeiten« wird immer größer werden.

Was bedeutet das?

Ihr habt bereits die Erfahrung gemacht, dass ihr Energien aussenden und so Gegenstände in euer Leben ziehen könnt. Ihr habt erfahren, dass eure Gefühle, Gedanken, Worte und Taten eure Lebensumstände beeinflussen. Ihr habt erlebt, dass Menschen und Tiere auf das, was ihr aussendet, reagieren. Ebenso habt ihr bemerkt, dass ihr auf die Energien, Gedanken, Gefühle und Worte anderer reagiert.

Ja. Zumindest immer etwas mehr. Wir lernen ja noch.

Und nun werdet ihr gleichermaßen lernen, dass ihr nicht nur auf das reagiert, was in der gleichen Zeit passiert, dass ihr nicht nur auf Gefühle, die gerade ausgesendet werden, reagiert, sondern dass ihr auch von dem beeinflusst seid, was in einer Zeit ausgesendet wird, die vor und nach dem Jetzt liegt.

Aaaah. Gerade dachte ich noch, ich hätte das mit der Zeit nun endlich verstanden, und jetzt kommt ihr mit so etwas.

Bitte mal ganz langsam. Zeiterklärung für Dummies bitte.

Wir geben dir ein paar Beispiele. Wenn du vor zehn Jahren gefühlt hast, dass du unattraktiv bist, so ist dieses Gefühl nicht im Nirwana verschwunden. Jede Energie bleibt in Allem was ist erhalten.

Das ist ja fatal. Wer weiß, was ich noch so alles Schlimmes gedacht habe. Ich will, dass das gelöscht wird.

Ob diese Energie aus der Vergangenheit dein Leben im Jetzt beeinflusst, ist davon abhängig, ob du diesen Glauben weiter genährt oder geändert hast.

Zum Glück meistens geändert. Aber bedeutet das, dass Gedanken, die ich vergessen habe zu ändern, eine Bedeutung für mein Jetzt haben? Meine Mutter hat mir vor über zwanzig Jahren immer wieder gesagt: »Die reichen Männer schickst du alle weg. Du heiratest bestimmt mal einen armen Handwerker.«

Hast du diesem Satz Glauben geschenkt?

Dass ich reiche Männer wegschicke, habe ich sofort geglaubt, weil es ja stimmte. Dass meine Freunde fast alle Handwerker waren, stimmt auch. Geheiratet habe ich keinen davon, weil ich als Kind felsenfest entschieden habe, dass ich nicht heirate, und immer noch an diesen Satz glaube.

Dann hat der Satz deiner Mutter dein Leben beeinflusst. Du hast einen Teil ihrer Aussage geglaubt und einen anderen Aspekt ignoriert. Und so hast du dein Leben gestaltet.

Das war mir nie so bewusst.

Mein Leben ist die Summe all dessen, was ich glaube. Manche Glaubenssätze habe ich von anderen übernommen, andere habe ich selbst gemacht. Um mein Leben zu ändern, muss ich also meinen Glauben ändern.

Gut, ich verstehe nun, wie ein Glaube aus der Vergangenheit mein Jetzt beeinflussen kann. Ja doch, das kann ich nachvollziehen.

Ich habe auch verstanden, dass, wenn ich jetzt meine Vergangenheit anders erzähle, anders bewerte und anders fühle, ich sie *wirklich* beeinflussen kann. Jedenfalls habe ich das theoretisch verstanden. Um das nachzuprüfen, müsste man schon durch die Zeit reisen können.

Auch das werdet ihr können.

Echt? Wie geht das?

Wenn ihr euer Bewusstsein vollständig vom Hier und Jetzt lösen könnt, könnt ihr jede beliebige Zeit und jeden erdenklichen Ort wählen, um ihn als real zu erleben.

Wir haben noch ganz schön viel zu lernen. Wenn ich das alles so höre, glaube ich fast, dass wir grobmotorische Dummies sind, haha.

Aber wie kann etwas, was in der Zukunft passiert, mein jetziges Leben beeinflussen? Wenn ich Dienstag ins Kino gehe, wieso ist dann möglicherweise mein Montag davon beeinflusst? Das übersteigt absolut meine Vorstellungskraft.

Kannst du uns folgen, wenn wir sagen, dass die Zukunft nicht genau bestimmt ist, sondern als Vielzahl von Möglichkeiten existiert?

Ja. Ich habe zum Beispiel die Wahl, am Dienstag ins Kino oder ins Theater zu gehen, oder sogar zu Hause zu bleiben.

Und kannst du ebenfalls nachvollziehen, dass dein Verhalten im Jetzt einige der Möglichkeiten für die Zukunft wahrscheinlicher sein lässt als andere?

Kann ich durchaus. Wenn ich mir am Montag das Kinoprogramm anschaue, ist es wahrscheinlicher, dass ich am Dienstag ins Kino gehe statt ins Theater.

So, wie ihr die Wahrscheinlichkeiten für die Zukunft erschafft, so beeinflussen alle Möglichkeiten eure Gegenwart.

Na klar. Wenn ich Montag meine Aufmerksamkeit auf das Kinoprogramm richte, ist die Wahrscheinlichkeit, dass ich Dienstag ins Kino gehe hoch. Wenn ich Montag nur kurz ans Theater denke, ist die Wahrscheinlichkeit, dass ich Dienstag ins Theater gehe, gering. Wenn ich keinen Gedanken an Zirkus habe, ist die Wahrscheinlichkeit, Dienstag in den Zirkus zu gehen, noch geringer.

Und da alle Zeiten ja eigentlich *zeitgleich* sind, kann ein Ereignis mit hoher Wahrscheinlichkeit meine Gegenwart mehr beeinflussen als ein Ereignis mit geringer Wahrscheinlichkeit.

Ich erschaffe also im Jetzt Möglichkeiten und Wahrscheinlichkeiten. Je höher die Wahrscheinlichkeit ist, dass eine bestimmte Möglichkeit eintritt, desto mehr beeinflusst genau diese Möglichkeit aus der Zukunft meine Gegenwart.

Ich glaub, jetzt habe ich es. Puh. Theoretisch kann ich das alles nachvollziehen. Aber praktisch kommt es mir noch ganz schön seltsam vor.

Das verstehen wir.

Gestern ist schon wieder so eine spooky Geschichte passiert.

Erzähl sie uns.

Meine Kollegin bearbeitete eine Rücksendung von einem Kunden mit dem Namen Maier. Sie erzählte mir das, weil etwas mit der Artikelnummer nicht stimmte. Kurz darauf habe ich unsere neuen Bestellungen ausgedruckt. Bei diesen Bestellungen hatten 24 von 25 Kunden ein Maier (alle mit ai) im Namen, manchmal als kompletter Nachname, manchmal als Teil eines Nachnamens. Ich konnte das gar nicht glauben, habe es nochmal überprüft und festgestellt, dass die meisten der Bestellungen schon alt waren.

Das System hat mir also nicht, wie ich es eingegeben hatte, die neuen Bestellungen, sondern die, deren Besteller Maier hießen, angezeigt. Meine Kollegin arbeitet an einem anderen Rechner, sie hatte auch noch gar nichts eingetippt, sondern erst den Umschlag der Rücksendung geöffnet.

Wie geht das? Das ist mir ein bisschen zu viel Synchronizität.

Du hast in deinem Buch mit den Hathoren so eine ähnliche Geschichte erzählt.[15]

Ja, die mit dem Kühlschrank.

Magst du sie nochmal erzählen?

Ich kam aus unserem Lager ins Büro und hörte, wie meine Kolleginnen sich über einen Mann unterhielten, der auf der

---

15 Gemeint ist hier *Der Himmel auf Erden. Die Hathoren über Sonnenstürme und den Polsprung*, ein AMRA Paperback von Marlies Pante, ergänzt um Channelings von Celia Fenn, 160 Seiten, Neuausgabe, Hanau 2020.

Straße einen Kühlschrank mit einer Sackkarre transportierte. Beide Kolleginnen standen mit dem Rücken zum Fenster. Hinter ihnen transportierte ein Mann einen Kühlschrank mit einer Sackkarre. Ich fragte die beiden, ob sie von dem Mann hinter ihnen sprachen. Sie drehten sich um und waren baff. Sie hatten sich über eine Fernsehsendung unterhalten und den Mann auf der Straße gar nicht gesehen.

Weißt du noch, was die Hathoren geantwortet haben?

Sie haben gesagt, dass das die Synchronizität der Ereignisse ist und dass derartige Erlebnisse immer häufiger werden, dass wir mit zunehmender Schöpferkraft auch solche unbeabsichtigten Schöpfungen zeitgleich in unser Leben ziehen und dass deshalb unsere Aufgabe darin bestehen wird, immer stärker auch auf die Nebensächlichkeiten, die wir denken oder aussprechen, zu achten.

Die Synchronizität, also das gleichzeitige oder zeitnahe Auftreten von Ereignissen, die scheinbar in keinem Zusammenhang stehen, beeinflusst ihr durch euer Tun stärker als durch eure Worte.

Dann ist es wie bei den anderen Schöpfungen. Gedanke, Wort, Tat, Gefühl, alles erschafft Realität. Und wenn es schnell geht, ist es halt synchron. Und spuky. Aber weil wir ja den Puffer Zeit zu unserem Schutz haben, hält sich die Synchronizität noch in Grenzen. Und das ist auch gut so.

Genau so ist es.

Prima.

Darum sorge dich nicht um morgen,
denn der morgige Tag wird für das
Seine sorgen.

– Matthäus 6, 34 –

Zeit – konkret

- Im Hier und Jetzt gibt es keine Schuld.
- Sei im Hier und Jetzt glücklich. Damit erschaffst du eine glückliche Zukunft.
- Gefühle sind immer in der Gegenwart.
- Du kannst entscheiden, welches Gefühl du im Jetzt haben willst.
- Es ist immer nur Jetzt.
- Deine Vergangenheit passt sich deinem Glauben an.
- Lass los, was dir an deiner Lebensgeschichte nicht gefällt.
- Erinnere dich nur an das, was dir gefällt.
- Schöne Erlebnisse schütten auch in der Erinnerung Glückshormone aus.

Liebe / Beziehungen

Könnt ihr mir noch einen weiteren Tipp für Partnerschaft oder Liebe geben? So tun als ob und sich an das Schöne erinnern, habe ich verstanden. Aber das kann doch nicht alles sein. Da muss es doch noch mehr Tricks geben.

Warum, glaubst du, lebst du noch nicht in einer Partnerschaft nach deinen Wünschen?

Weil ich vielleicht ein schlechtes Partnerschafts-Karma habe. Oder es wäre möglich, dass ich immer die falschen Männer getroffen oder kein Gespür für den Richtigen habe. Möglicherweise bin ich zu egoistisch und emanzipiert, oder vielleicht komme ich viel zu gut alleine klar, oder meine Feng Shui-Partnerschafts-Ecke ist mangelhaft. Ich bin halt alleine auch zufrieden und sende vielleicht gar nicht aus, dass ich jemanden in meinem Leben gebrauchen könnte.

Sollen wir dir ein Geheimnis verraten?

Ja! Schließlich kann nicht jeder behaupten, dass er Geheimnisse von Außerirdischen kennt. Ich bitte darum!

Alles, was du gerade aufgezählt hast, ist total egal, wenn ihr in eure Schöpferkraft kommt.

Total egal?

Total egal!

Jetzt bin ich aber neugierig. Um was geht es denn dann?

Wenn ihr in eure Schöpferkraft kommt, geht es immer nur darum, das, was ihr euch wünscht, zu sein. Es geht nicht mehr um das Haben, sondern um das Sein.

Moment mal, etwas langsamer bitte. Ich will eine tolle Partnerschaft, einen tollen Partner haben. Aber darum geht es nicht. Es geht darum, eine tolle Partnerschaft zu sein, ein toller Partner zu sein. Meint ihr das so?

Möchtest du ein toller Partner sein?

Äh, ja, schon, aber in erster Linie möchte ich ich sein und einen tollen Partner haben. Ach so, ich verstehe. Wenn ich eine tolle Partnerschaft haben möchte, sollte ich eins sein mit der Energie einer tollen Partnerschaft.

Und dann kann ich trotzdem ich sein, und mein Partner darf er selbst sein.

Bei meinen anderen Wünschen geht es auch um das Sein statt um das Haben. Meine Wunschfigur erreiche ich, wenn ich schon dieser Traumkörper bin. Glatte Haut bekomme ich, wenn ich mich über allgemeine Glaubenssätze hinwegsetze und glatte Haut fühle. Es geht immer um das SEIN. Jetzt verstehe ich langsam den Zusammenhang.

Ich habe ein paar Fragen zur Liebe. Erst mal möchte ich wissen, was Selbstliebe ist. Also ich finde mich schon irgendwie gut, und ich habe auch schon mal in den Spiegel geschaut und »Ich liebe dich« gesagt. Aber ich habe noch nie so ein Gefühl zu mir selbst gehabt, wie ich es zu einem anderen von mir geliebten Menschen hatte. Vielleicht, weil ich mir sicher bin, dass ich mich selbst nicht verlassen werde.

Männer, deren Liebe ich mir nicht sicher war, habe ich meist mehr geliebt. Aber ich kann mich ja nicht selbst verlieren. Ich bleibe ja mein ganzes Leben lang bei mir. Liebt man nur das, was vergänglich oder ungewiss ist?

Selbstliebe ist kein romantisches Gefühl. Selbstliebe ist die Art und Weise, wie ihr mit euch selbst umgeht. Ihr drückt eure Selbstliebe dadurch aus, dass ihr euch um euer Wohlergehen und eure Entwicklung kümmert.

Wenn ich ein Buch lese, das mich interessiert, wenn ich ins Kino gehe, um mir einen schönen Film anzugucken, wenn ich in die Sauna gehe, weil ich das genieße, wenn ich Seminare besuche, die mich interessieren, wenn ich im Garten Blumen pflanze, weil mir das Spaß macht, wenn ich tanzen gehe, weil ich Freude daran habe – das ist Selbstliebe?

Ihr bringt eure Liebe zu euch selbst durch das zum Ausdruck, was euch Freude bereitet. Ihr zeigt eure Selbstliebe durch all das Streben nach dem, was euch interessiert. Selbstliebe ist das Achten auf eure eigenen Bedürfnisse.

So habe ich das noch nie betrachtet. Aber es erleichtert mich. Ich hatte immer dieses besondere Gefühl zu mir selbst vermisst. Wenn Selbstliebe bedeutet, sich um sich selbst zu kümmern, darauf zu achten, seine eigenen Bedürfnisse zu erfüllen und sich selbst Freude zu bereiten, dann liebe ich mich.

Wenn ihr euch selbst liebt, wenn ihr auf eure eigenen Bedürfnisse achtet, so bringt ihr andere Menschen automatisch dazu, euch zu lieben und auf eure Bedürfnisse zu achten. Ihr könnt im Außen nur erfahren, was ihr im Inneren bereits habt.

Und wenn ich einen anderen Menschen toll finde?

Wenn ihr an anderen Menschen etwas Schönes, etwas Liebenswertes findet, so werdet ihr die Schönheit und die Liebe für euch selbst mehren. Das, worauf ihr im Außen eure Aufmerksamkeit richtet, zieht ihr in euer eigenes Leben.

Und wie ist es mit dem Mitleid? Ist Mitleid ein Ausdruck von Liebe? Ich habe mich das schon oft gefragt. Wenn ich Mitleid habe, geht es mir selbst nämlich nicht gut dabei.

Wenn ihr Mitleid empfindet, ist nicht nur der Leidende im Leid, sondern genauso ihr. Mitleid bedeutet, dass zwei leiden. Es heißt ja auch Leid. Ihr habt viele Inkarnationen lang Mit-Leid als ein Zeichen von Liebe angesehen. Das war ein Irrtum.

Für den Freund, der gerade leidet, kann das aber unangenehm sein, wenn man kein Mitleid zeigt.

Warum wollt ihr mit ihm leiden? Teilt eure guten Gefühle. Wenn ihr selbst in einem guten Gefühl seid, könnt ihr einen Freund besser unterstützen, als wenn ihr euch in ein leidendes Gefühl begebt. Energetisch passt sich zumeist derjenige mit dem schwächeren Gefühl an denjenigen mit dem stärkeren Gefühl an.

Also muss mein gutes Gefühl stärker sein als sein schlechtes Gefühl?

So ist es. Wenn du in einem starken angenehmen Gefühl bist, wird dein Freund gar nicht anders können, als sich deinem guten Gefühl anzupassen.

Dann helfe ich mit meinem guten Gefühl ja nicht nur mir selbst, sondern auch allen anderen, die mir begegnen. Das klingt wie eine Universallösung.

Ein gutes Gefühl IST die Universallösung. Mit einem guten Gefühl könnt ihr nur Gutes in euer Leben ziehen. Mehr noch: Mit einem guten Gefühl könnt ihr der Umwandler für die schlechten Gefühle eurer Mitmenschen sein.

Warum fühlt sich Liebe dann manchmal so unschön an? Ich hatte eben schon gefragt, ob wir nur das Vergängliche lieben können. Wenn ich weiß, dass ich einen Mann nicht haben kann, oder wenn es ungewiss ist, ob er mich liebt, liebe ich ihn meistens mehr, als wenn ich weiß, dass er mir sicher ist. Das ist ein bisschen unlogisch, und es ist auch nicht besonders schön, aber leider ist es so.

Wenn ihr das Gefühl von Verliebtheit habt, gibt es da immer auch Angst. Ihr seid ja nicht in der vollkommenen Liebe. Ihr seid in der Bedürftigkeit. Ihr habt Angst, das Objekt eurer Begierde wieder zu verlieren. Ihr seid nicht sicher, ob diese Person in euer Leben treten oder bei euch bleiben wird.

So habe ich das noch nicht gesehen. Aber das erklärt, warum Eifersucht als Zeichen der Liebe angesehen wird.

Wenn man eifersüchtig ist, hat man Angst, weniger geliebt oder verlassen zu werden.

Verliebtheit hat also etwas von Angst. Angst davor, jemanden entweder nicht zu gewinnen oder zu verlieren. Deshalb wirken auch diese Spielchen wie sich rar machen, den anderen im Ungewissen lassen, ob man ihn denn liebt.

Das verstehe ich. Aber es gefällt mir nicht.

Wenn ihr euch verliebt, hat die andere Person oft etwas, was ihr selbst gerne hättet.

Ihr meint so etwas wie Geld, Macht, Freiheit, Sexappeal, Beliebtheit, Berühmtheit, Schönheit, Charisma, Fitness, Talente, Familie? Ja, das könnte stimmen.

Ihr strebt stets nach Vervollkommnung. Weißt du, wenn ihr in einer anderen Person etwas seht, was euch selbst fehlt, macht ihr euch von der Person abhängig, sobald ihr versucht, euch durch diesen anderen zu vervollkommnen.

Wenn ihr verliebt seid, fragt euch, was dieser Mensch hat, was ihr auch gerne hättet. Dann findet einen Weg, euch selbst das zu geben, was ihr am anderen begehrt.

Langsam bekomme ich den Eindruck, dass Verliebtheit irgendwie gar nicht so gut ist. Dabei ist das doch schön. Na ja, manchmal ist es auch schrecklich.

Liebe ist niemals an eine Person gebunden. Ihr sucht nicht eine bestimmte Person, die ihr lieben könnt und von der ihr geliebt werdet.

Nicht? Jetzt bin ich aber platt. So viele sind auf der Suche nach der oder dem Richtigen.

Ihr sucht Liebe. Ihr möchtet jemanden lieben und geliebt werden. Ihr seid auf der Suche nach dem Gefühl der Liebe, nicht nach einer bestimmten Person.

Aber manche Menschen kann man einfacher lieben als andere.

Wenn ihr die Liebe in euch selbst gefunden habt, seid ihr in der Lage, jeden Menschen zu lieben.

Das klingt so wahllos. Man will doch nicht mit jedem Menschen eine Beziehung führen.

Wir sagten, dass ihr in der Lage seid, jeden Menschen lieben zu können, nicht, dass ihr zu jedem Menschen eine Beziehung aufbauen sollt. Das ist ein Unterschied.

Eigentlich ist Liebe ein komisches Gefühl. Es kommt aus dem Nichts, und nach ein paar Jahren, wenn man die Person wieder aus den Augen verloren hat, hat sie keine Bedeutung mehr. Das ist doch komisch. Währt Liebe nicht eigentlich ewig?

Liebe kann, genau wie alle anderen Gefühle, nur im Hier und Jetzt empfunden werden. Wenn eine Person in Vergessenheit gerät, verschwindet auch die Liebe zu ihr.

Also ganz profan: Wenn man sich von jemandem lösen möchte, ist Abstand und Ablenkung gut. Wenn ich an denjenigen nicht denke, fühle ich auch nicht für ihn. Hm, das stimmt. Ich kann nicht ein Gefühl für jemanden haben, wenn ich gerade nicht an ihn denke.

Ihr glaubt, dass Liebe nur die Zuneigung zu einem anderen Menschen ist. Wahre Liebe umfasst jedoch alle Gefühle.

Wie jetzt? Hass und Wut und Trauer sind auch Liebe?

Liebe sind alle Gefühle. Ihr könnt nicht ein Gefühl ausklammern und sagen, dies wäre keine Liebe. Alle Gefühle sind Liebe. Um vollkommene Liebe zu erfahren, müsst ihr alle Gefühle empfinden können. Ihr müsst wissen, wie sich Hass und Eifersucht, Wut und Neid, Mitleid und Leidenschaft anfühlen.

Wie könnt ihr einen anderen Menschen lieben, wenn ihr sein Gefühl nicht verstehen könnt? Wie könnt ihr lieben, wenn ihr nicht wisst, was Hass ist?

Ja, schon. Aber welchen Sinn soll das haben? Ein besserer Plan wäre doch gewesen, dass wir unfähig wären, Wut und Eifersucht zu empfinden. Liebe allein hätte mir gereicht.

Ihr seid auf der Erde, um alle Gefühle zu erleben. Die Seele will die Erfahrung machen, alles zu erleben, einfach alles. Aus der Fülle der Erfahrung kann sie sich für das entscheiden, was sie weiterhin erfahren möchte.

Das Ziel der Seele ist Erfahrung. Sie möchte wissen, was oben, was unten, was Wut, was Zuneigung ist. Die Seele will alles erleben und dann eine Wahl treffen. Wie könntet ihr wissen, wie sich Zuneigung anfühlt, wenn ihr nicht wüsstet, was Abneigung ist?

Alle Gefühle sind wichtig für die Entwicklung der Seele. Deshalb ist jedes Gefühl Liebe. Ihr seid nun so weit, dass ihr entscheiden könnt. Ihr habt sämtliche Gefühle erlebt. Nun dürft ihr wählen, was ihr leben möchtet.

Ihr alle macht die gleichen Erfahrungen. Jede Seele macht die Erfahrung von Leidenschaft, von Hass, von Neid. Wenn ihr erkennt, dass jeder von euch alle Gefühle erlebt, könnt ihr jeden Menschen lieben. Jede Seele gibt euch Gelegenheit, ein bestimmtes Gefühl zu erleben. Deshalb ist es ein Akt der Liebe, wenn eine Seele euch die Gelegenheit gibt, Eifersucht zu fühlen. Deshalb ist jedes Gefühl Liebe. Wenn ihr das erkennt, seid ihr bereit, jeden Menschen zu lieben.

Puh. Ich liebe auch die Menschen, die mir ein schlechtes Gefühl bereiten, weil ich alle Gefühle kennen lernen soll. Wenn ich alle Gefühle kenne, kann ich entscheiden, welche ich leben und fühlen möchte. Ich verstehe das, sehe mich aber gerade nicht so recht der Lage, zwei bestimmte Personen zu lieben. Das muss ich erst mal sacken lassen.

Gut, dass wir nicht mit jedem, den wir lieben können, eine Beziehung eingehen müssen.

Häufig geht ihr Beziehungen ein, weil ihr hofft, etwas zu bekommen. Der andere soll euer Leben in irgendeiner Weise bereichern oder vervollständigen. Manchmal fordert ihr von eurem Partner, etwas Bestimmtes zu sein oder zu tun. Wenn diese Person Angst hat, euch zu verlieren, wird sie Dinge tun, die nicht ihrem wahren Selbst entsprechen.

Wollt ihr vollkommene Liebe erfahren, dann hört auf, Beziehungen einzugehen, in denen ihr fordert oder etwas haben wollt.

Beziehungen sind dafür gedacht, dass ihr das gebt, was ihr gewählt habt zu sein. In vielen Inkarnationen, auch in diesem Leben, habt ihr Beziehungen gebraucht, um alle Gefühle der Liebe kennen zu lernen. Nun ist die Zeit, da ihr wählen könnt, welche Gefühle ihr leben möchtet. Beziehungen sind die Gelegenheit, das von euch zu zeigen, was ihr gewählt habt zu sein.

Eine Beziehung dient nicht dazu, vom anderen zu nehmen. Eine Beziehung ist vielmehr die Gelegenheit, das Höchste in euch selbst zum Ausdruck zu bringen.

Das hört sich aber alles ein bisschen nach Mutter Theresa an. Man gibt und gibt und zeigt die beste Variante seiner selbst und bekommt vielleicht gar nichts zurück.

Eine Beziehung, deren Basis ein Tauschhandel von Geben und Nehmen ist, erfüllt nicht ihren eigentlichen Zweck. Wenn ihr in einer Beziehung etwas seid oder tut, was ihr nicht in eurem Innersten seid, wenn ihr euch verändert, um geliebt zu werden, oder wenn ihr von eurem Partner einfordert, sich auf eine bestimmte Weise zu verhalten, so wird euch die Beziehung, von der ihr hofftet, sie würde euch bereichern, enttäuschen. Jeder von euch hat einen Teil von dem, wie er ist, aufgegeben. Ihr macht euch zu einer kleineren Version eurer selbst.

Achtet darauf, was und wer ihr seid, und achtet darauf, dass auch euer Partner der sein darf, der er ist.

Wahre Liebe und Erfüllung ist nicht das, was euch der andere gibt. Wahre Erfüllung ist, so zu sein, wie ihr gewählt habt zu sein. Erfüllung ist auch, den anderen so zu nehmen, wie er gewählt hat zu sein.

Das hört sich wie Anarchie der Liebe an. Mein Partner kann tun und lassen, was er will, und ich bin so heilig, dass es mir nichts ausmacht. Das ist ungerecht.

Ihr wählt, mit wem ihr eine Beziehung eingeht. Und ihr wählt, wie und wer ihr in einer Beziehung seid. Wahre Liebe bedeutet nicht, dass ihr euer Selbst aufgebt. Es bedeutet nicht, dass ihr jedem gestattet, eure Grenzen zu überschreiten. Im Gegenteil. Wenn ihr so seid, wie ihr gewählt habt zu sein, schafft ihr Raum für euer Selbst. Ihr seid dann ihr selbst. Und ihr seid es in dieser Beziehung. Das gibt euch Gelegenheit, euch selbst zum Ausdruck zu bringen und den anderen so zu nehmen, wie er gewählt hat zu sein.

Beziehungen machen es möglich, immer wieder neu zu wählen, wer ihr sein wollt, und dies auch zum Ausdruck zu bringen. Wenn euch eine Beziehung nicht mehr dienlich ist, wenn euer Innerstes nach neuen, anderen Erfahrungen strebt, kann es sein, dass ihr eine Beziehung zu einem anderen Menschen eingeht oder eine andere Art und Weise des Seins wählt.

Ich habe meine Beziehungen schon häufiger gewechselt. Und ich habe wirklich bei jedem Mann etwas anderes gelernt. Okay, manchmal gab es auch Wiederholungen. Aber die haben mich gelehrt, dass ich wohl ein bestimmtes Thema habe. Wisst ihr, manchmal schäme ich mich vor anderen richtig, wenn ich erzähle, dass meine Beziehungen immer nur ein paar Jahre dauern.

Jede Beziehung ist eine Gelegenheit. Ihr könnt mit den gleichen Partnern lernen, und ihr könnt mit verschiedenen Partnern lernen. Manchmal habt ihr mit einer Person alles gelernt, was ihr mit ihr lernen könnt, und dennoch bleibt ihr dieser Beziehung verhaftet, weil ihr glaubt, dass ihr es solltet. Manchmal bietet eine Person euch die Gelegenheit, noch mehr zu lernen, und ihr verlasst die alte Beziehung, weil sie euch zu unbequem ist. Es ist weder besser noch schlechter, eine lange oder viele kurze Beziehungen zu führen.

Wir leben in einer Gesellschaft, in der es schwierig ist, einen Partner zu verlassen, wenn man gemeinsame Kinder, Häuser und Hypotheken hat.

All dies sind Gelegenheiten, nicht mehr. Ihr habt gewählt, euch zu binden. Ihr habt gewählt, mit eurem Partner ein Kind oder eine Hypothek zu haben. Ihr habt gewählt, und all dies sind Gelegenheiten für euer Wachstum.

Trefft eure Wahl, wer ihr sein wollt. Es gibt keine falsche Wahl. Egal, ob ihr euch entscheidet, in dieser Beziehung zu bleiben, oder ob ihr wählt, zu gehen. Es gibt keine falsche Wahl.

Es gibt nur Gelegenheiten, zu wählen und auszudrücken, wie und wer wir sein wollen. Verstanden.

Vielleicht hängen wir manchmal unser Herz an Egoisten, weil wir spüren, dass sie es richtig machen. Sie sind nicht bereit, ihr Selbst aufzugeben. Sie machen keine Kompromisse. Kompromiss bedeutet ja, beide bekommen nicht, was sie wollen.

Eigentlich dachte ich immer, Liebe sei, sich zu jemandem hingezogen zu fühlen, für jemanden sorgen zu wollen oder seine Nähe zu genießen.

All dies ist AUCH Liebe. Doch Liebe ist ebenso Abneigung, Wut und Hass.

Heißt es deshalb »Liebet eure Feinde«? Ich dachte immer, man soll statt Hass auf einmal Zuneigung empfinden. Das erschien mir nicht möglich. Wenn ich es so verstehe, dass ich jemanden – oder eine Seele – dafür liebe, dass sie mir die Gelegenheit gibt, ein bestimmtes Gefühl zu erleben, dann verstehe ich, warum man seine Feinde lieben soll.

Das hast du schön erklärt.

Danke. Ich habe es selbst gerade erst verstanden.

Angenommen, ich habe eine Wahl getroffen, wie ich in einer Partnerschaft sein möchte, welchen Aspekt meiner selbst ich zum Ausdruck bringen möchte, dann habe ich ja noch lange nicht den passenden Partner dazu.

Ich sehe einen Konflikt dazwischen, sich in einen bestimmten Menschen zu verlieben, und der Idee, eine bestimmte Art meiner selbst auszudrücken. Möglicherweise passt meine Wahl dessen, was ich von mir zum Ausdruck bringen möchte, gar nicht zu diesem Menschen, und ich könnte mich mit einem anderen Partner viel besser verwirklichen. Aber dummerweise bin ich dann schon in einen anderen verliebt.

Wenn ich so darüber nachdenke, fällt mir ein, was ihr über Verliebtheit gesagt habt. Entweder hat dieser Mensch etwas, was ich auch haben oder sein will, und dann kann ich schauen, wie ich mir das Gewünschte selbst gebe. Oder ich habe Angst, diesen Menschen nicht zu bekommen oder zu verlieren. In beiden Fällen bin ich abhängig und verwirkliche nicht mich selbst.

Wenn ich entschieden habe, welche Form meiner selbst ich leben möchte, kann ich so tun, als würde ich diesen Aspekt meiner selbst bereits leben. Ich tue dann außerdem so, als wäre ich bereits in einer Beziehung. Ziehe ich damit die Partnerschaft an, die ich wünsche?

Wenn du einen bestimmten Menschen dazu bringen willst, dich zu lieben oder so zu sein, wie du es dir vorstellst, hinderst du ihn daran, so zu sein, wie er gewählt hat zu sein.

Einerseits schon. Aber andererseits ... theoretisch, wenn ich ihn so lasse, wie er ist, könnte es doch möglich sein, dass er eine andere Wahl trifft zu sein. Theoretisch könnte er auch die Wahl treffen, mit mir eine Beziehung einzugehen, und theoretisch könnte er sich für ein Sein entscheiden, das kompatibel zu meiner Art Sein ist. Oder?

Ihr trefft immer wieder eine neue Wahl. Ihr trefft die Wahl, das Gleiche zu sein, und ihr trefft die Wahl, etwas anderes zu sein.

Und wenn ich jemanden loslasse, also so sein lasse, wie er ist, ist die Wahrscheinlichkeit höher, dass er sich für mich entscheidet, als wenn ich unbedingt will, dass er mit mir eine Beziehung eingeht. Das habe ich verstanden.

Dann ist es in jedem Fall die bessere Wahl, einen anderen so zu lassen, wie er ist. Ich möchte ja auch, dass ich so akzeptiert und geliebt werde, wie ich bin. Ich möchte mich nicht für einen anderen ändern. Wenn ich mich ändere, dann möchte ich das, weil ich es selbst will, weil *ich* diese Entscheidung getroffen habe, kein anderer.

Wenn ihr versteht, dass ihr euch immer nur Gelegenheiten gebt, wird das Leid, das ihr in der Liebe empfindet, verschwinden. Das bedeutet nicht, dass ihr keine Eifersucht oder Wut mehr fühlt, doch es bedeutet, dass diese Gefühle nicht mehr euer Leben und eure Beziehungen kontrollieren. Ihr seid dann frei davon.

Das ist eine frohe Botschaft.

Wenn ihr glaubt, einen bestimmten Menschen finden zu müssen, um die Liebe zu leben, werdet ihr die Liebe nicht finden. Fühlt und seid das, was ihr sein wollt, und die Liebe wird euch finden.

Die größte Liebe könnt ihr einem anderen ohnehin nur geben, wenn ihr ihr selbst seid. So gebt ihr einem anderen die Gelegenheit, der sein zu können, der er gewählt hat zu sein.

Wenn ich gewählt habe, welche Form meiner selbst ich leben möchte, heißt das ja noch nicht, dass ich das auch kann. Ich habe nur die Wahl getroffen.

Ihr wählt und ihr lernt. Ihr wählt Partner und ihr habt Gelegenheiten. Ihr macht Erfahrungen, ihr lernt, wählt neu und lernt abermals. Auch dies ist ein Prozess. Ihr seid hier, um zu lernen. Auch, um die Liebe zu lernen. Die Liebe zu euch selbst und die Liebe zu allem anderen, was ist.

Das ist beruhigend. Manchmal komme ich mir wie ein Dummie vor, wenn ich zum wiederholten Male die gleiche Erfahrung mache, obwohl ich schon dachte, dass ich die Lektion nun endlich gelernt hätte.

Ihr macht alle diese Erfahrungen. Das ist Teil des Prozesses.

So wie viertausend Mal hinfallen, bis man Laufen kann?

Damit kannst du es vergleichen.

Herrje. – Was bedeutet eigentlich: »Liebe deinen Nächsten wie dich selbst«? Ich habe es immer so verstanden, dass man möglichst höflich ist und dem anderen nichts Schlimmes antut. Wenn ich über unser Gespräch nachdenke, dann bedeutet Nächstenliebe zum einen, dass ich so bin, wie ich wähle zu sein, damit auch der andere die Gelegenheit hat, so zu sein, wie er wählt zu sein, und zum anderen, dass ich den anderen so lasse, wie er sein möchte.

So ist es.

Wir müssen die Bibel neu interpretieren.

Was ist, wenn ich einen Menschen nicht mag und mich abwende? Ist das irgendwie schlecht?

Nichts von dem, was ihr tut, denkt oder fühlt, ist schlecht oder gut. Es ist. Wenn ihr einen anderen Menschen nicht mögt, wendet ihr euch ab. Wenn ihr den anderen gerade vergesst und loslasst, hat eure Abneigung keinerlei Auswirkung auf euer Leben. Wenn ihr euch jedoch in dieser Abneigung suhlt und dieses Gefühl vertieft, erschafft ihr noch mehr von dem, was euch das Gefühl der Abneigung beschert.

Wir sollen also alle Gefühle kennen lernen, aber wenn wir diese Gefühle intensiv erleben, erschaffen wir damit auch unsere Realität?

Ihr lernt alle Gefühle kennen, und ihr trefft eure Wahl. Alles, was ihr fühlt, hat Einfluss auf eure Zukunft und sogar eure Vergangenheit. Wenn ihr gegenüber einem Menschen oder einer Sache Abneigung empfindet, dann lasst los. Kümmert euch nicht darum, was euch nicht gefällt. Trefft die Wahl, euch um das zu kümmern, was euch gefällt.

Wenn ihr eine Quelle von schönen Gefühlen seid, wirkt ihr auf das gesamte Gitternetz der Menschheit. Ihr erschafft nicht nur für euer eigenes Leben, sondern beeinflusst damit auch die Gefühle anderer Menschen.

Auch von denen, denen ich physisch nicht begegne?

Ihr speist eure Gefühle in das gesamte Gitternetz eurer Spezies ein. Je mehr Menschen schöne Gefühle einspeisen, desto leichter fällt es anderen, ebenfalls schöne Gefühle zu empfinden.

Wie kommt es, dass man zu Menschen, die man einmal sehr geliebt hat, Verbundenheit empfindet? Ich meine, auch wenn man sie im Alltag bereits vergessen hat, kann es passieren, dass man an diese Person denkt, und kurz danach erhält man eine

Nachricht oder einen Anruf von dem Menschen. Hat das etwas mit Liebe zu tun? Dass Liebe auf ewig bindet oder so?

Eure Physiker sagen, dass alle Atome, die jemals miteinander interagiert haben, für alle Zeiten miteinander verschränkt sind.

Nur ein physikalisches Phänomen, keine Liebe. Schade.

Auch Physik ist Liebe.

Weil Liebe alles ist, was ist?

Du verstehst es!

Ist Angst auch Liebe?

Angst ist der Glaube an etwas, was ihr nicht erleben wollt. Wenn ihr in der Liebe seid, glaubt ihr daran, dass alles, was ist, richtig ist. Wenn ihr jedoch glaubt, dass etwas nicht richtig ist, wenn es einen Zustand gibt, den ihr vermeiden oder unbedingt ändern wollt, seid ihr in der Angst. Ihr habt dann kein Vertrauen, dass das, was ist, richtig sein könnte.

Es gibt kein richtig oder falsch. Doch wenn ihr in der Angst seid, glaubt ihr, dass es etwas gibt, was nicht in Ordnung ist. Das schafft ein starkes Gefühl und eine starke Aufmerksamkeit. Durch starke Gefühle und Aufmerksamkeit erschafft ihr eure Realität. Viel Angst bedeutet, viel von dem zu erschaffen, was ihr nicht möchtet.

Ihr begeht Handlungen, um etwas zu vermeiden. Wenn ihr etwas vermeiden wollt, gebt ihr dem, was ihr vermeiden wollt, noch mehr Aufmerksamkeit.

Ihr glaubt, dass mit euch, mit den Umständen oder der Schöpfung etwas nicht stimmen kann, denn sonst würde es euch ja besser gehen. Doch versteht bitte, dass es euch besser gehen würde, würdet ihr diese Gedanken nicht haben.

Wenn ihr etwas liebt, wenn ihr etwas schön findet, habt ihr Angst, es wieder zu verlieren. Seht, dass ihr nichts verlieren könnt, was ihr innerlich habt. Wenn ihr euch selbst liebenswert findet, wird es stets jemanden geben, der euch liebenswert findet. Wenn ihr euch selbst Aufmerksamkeit schenkt, wird es immer Menschen geben, die euch Aufmerksamkeit schenken.

Wenn ihr glaubt, dass ihr etwas verlieren könnt, so werdet ihr es vermutlich verlieren.

Eure Angst ist euer Glaube an das, was ihr nicht wollt. Wenn ihr Angst fühlt, denkt sofort an etwas anderes. Denkt daran, was ihr erleben möchtet. Erinnert euch an etwas Schönes. Seid dankbar für das, was ihr habt, und tut so, als wäre das, was ihr euch wünscht, bereits erfüllt.

Wenn ihr fürchtet, dass ein Mensch sich auf eine bestimmte Art verhält, wird er es wahrscheinlich auch tun.

Moment. Wenn jemand befürchtet, ich könnte ihn verprügeln, werde ich ihn ja nicht automatisch verprügeln.

Es ist möglich, dass du den Impuls verspürst, diesen Menschen zu verprügeln. Doch du hast die Wahl, ihn tatsächlich zu verprügeln oder es doch besser bleiben zu lassen. Der Mensch, der fürchtet, von dir verprügelt zu werden, wird einen anderen Menschen anziehen, der die Sache statt deiner erledigt.

Ist Angst nur ein Denkfehler?

Angst ist eines der Gefühle, die eure Seele auch lernen will. Ihr wählt, ob ihr dieses Gefühl weiterhin erleben möchtet. Alle Gefühle sind Liebe. Und so ist Angst auch Liebe.

Wenn ihr die beste Seite eines Menschen zur Erscheinung bringen wollt, so seht nur das Beste in ihm. Wenn du deine Aufmerksamkeit auf etwas richtest, wird es vermehrt. Wenn du deine Aufmerksamkeit auf bestimmte Eigenschaften eines Menschen richtest, wird dir entweder dieser Mensch noch mehr dieser Eigenschaften zeigen oder ein anderer Mensch mit diesen Eigenschaften wird in dein Leben treten.

Das erklärt, warum man immer wieder das Gleiche mit unterschiedlichen Personen erlebt.

Wenn andere von mir abhängig sind, tue ich ihnen wohl auch keinen Gefallen, oder? Selbst, wenn ich zuverlässig bin und Sicherheit biete? Wie ist es bei Eltern? Kinder sind ziemlich lange von ihnen abhängig.

So wie ihr Liebe in Partnerschaften lernt, indem ihr den anderen so lasst, wie er ist, lernt ihr, dass Liebe zu Kindern nicht bedeutet, dass sie möglichst lange von euch abhängig sind. Ihr lernt die Liebe zu euren Kindern, indem ihr sie loslasst und indem ihr sie darin bestärkt, derjenige zu sein, der sie gerne sein möchten, indem ihr sie unterscheiden lehrt, was eine innere Stimme und was eine Stimme von Außen ist, und auch, indem ihr ihnen keinen Weg vorschreibt, sondern ihnen nur Möglichkeiten aufzeigt.

Ich vermute, dass das vielen Eltern schwer fällt.

Die wahre Liebe ist nicht, einen möglichst gesellschaftlich sicheren Weg für euer Kind zu finden, sondern es darin zu unterstützen, dass es den Weg gehen kann, der ihm entspricht.

Wenn wir lernen, alles zu erschaffen, was wir wollen, wenn wir irgendwann richtig lieben können, wenn wir unsere Intuition verstehen, dann brauchen wir gar keinen Schöpfer, keinen Gott mehr. Wir können das dann alles selbst.

In dem Moment, in dem ihr erkennt, dass ihr keinen Schöpfer benötigt, erkennt ihr, dass ihr der Schöpfer seid.

Wie wäre es, wenn alle Menschen bis auf einen Einzigen positive Gedanken und Gefühle hätten? Könnte der Einzige dann jemandem etwas Schlechtes antun?

Wenn ihr die Welt ändern möchtet, ändert euch selbst. Ihr ändert damit die Erfahrungen, die ihr in euer Leben zieht. Ebenso beeinflusst ihr die Menschen in eurem Umfeld und sogar die Menschen, die keinen Kontakt zu euch haben. Wenn alle Menschen auf die gleiche Art fühlen, dann muss der Einzige sich mit seinem Gefühl anpassen oder, wenn seine Seele einen anderen Plan hat, die Erde verlassen. Ihr habt einen großen Einfluss auf andere Menschen, wenn ihr starke Gefühle und Gedanken habt.

Alles, was ihr tut, denkt und fühlt, erschafft eure Realität. Und gleichzeitig beeinflusst ihr alle anderen Menschen.

Jetzt wird mir bewusst, welche Verantwortung Medien haben. Als ich fünfzehn Jahre alt war, hat uns ein Lehrer den Film »The Day After« gezeigt. Danach hatte ich einige Jahre Angst vor einem Atomkrieg. Mir war nicht bewusst, dass ich mit meiner Angst auch die Wahrscheinlichkeit eines solchen Krieges erhöht habe.

In Versuchen mit Ratten wurde nachgewiesen, dass, wenn eine Gruppe von Ratten eine neue Aufgabe erlernt, andere Ratten an anderen Orten diese Aufgabe schneller lösen können.

Man hat ebenfalls nachgewiesen, dass die Richtungsänderung bei fliegenden Vogelscharen so schnell erfolgt, dass die einzelnen Vögel nicht auf die Flugänderung der anderen reagieren, sondern die Richtungsänderung zeitgleich geschieht. Die Vögel müssen also miteinander verbunden sein.

Wenn man von hinten angestarrt wird, merkt man das. Man spürt auch, ob jemand einem wohlgesonnen ist oder nicht. Warum sollte man also nicht auch ein Gespür für alle Gedanken und Gefühle aller Menschen haben. Bei 7,5 Milliarden Menschen auf der Erde ist klar, dass die stärksten Gedanken und Gefühle besser wahrnehmbar sind und stärker beeinflussen.

Es gibt den sogenannten Maharishi-Effekt. Unter diesem Begriff werden streng wissenschaftliche Studien zusammengefasst, die seit 1976 bis heute Friedens-Meditationen dokumentieren. Bis zu 10.000 Menschen weltweit nehmen zeitgleich an einer Meditation teil und werden dabei gebeten, Frieden zu *fühlen*. In den Zeitfenstern während der Meditationen konnte ein drastisches Absinken der Kriminalitätsrate dokumentiert werden. Es gab bis zu 30 Prozent weniger Morde, Diebstähle und Vergewaltigungen als üblicherweise zu diesen Zeiten. Der Effekt konnte sogar noch bis acht Wochen nach der Meditation dokumentiert werden. Die Ergebnisse waren stets wiederholbar.

Die Forscher haben errechnet, dass nur die Quadratwurzel eines Prozents der Gesamtbevölkerung notwendig ist, um messbare Ergebnisse in der realen Welt zu erhalten. Derzeit liegt diese Anzahl bei knapp unter 9.000. Es sind also nur 9.000 Menschen nötig, die zeitgleich für Frieden meditieren, um einen Kriminalitätsrückgang von 30 Prozent zu erreichen.

Ich nehme jeden Sonntag an einer Wertschätzungs-Meditation in der Matrix teil. Dort verbinden sich zeitgleich ein paar tausend Menschen und fühlen Wertschätzung. Ein Effekt für die Gesamtbevölkerung wurde bislang nicht gemessen. Doch haben die Teilnehmer schon von beeindruckenden Ergebnissen in ihrem eigenen Leben berichtet. Einige bekommen Geschenke, gewinnen Geld, erhalten Komplimente. Die Teilnehmer erfahren Wertschätzung.[16]

Das Beste, was ihr für euch selbst, eure Freunde und die gesamte Menschheit tun könnt, ist so zu fühlen, wie ihr wünscht, dass alle Menschen fühlen. Wenn ihr jammert oder euch über das Verhalten anderer beklagt, verstärkt ihr diesen Zustand nur. Wählt, was ihr erleben wollt, und konzentriert euch darauf. Damit macht ihr allen anderen Menschen ein Geschenk.

Ein Fußballtrainer hat mal gesagt: »Die Spieler spielen so, wie die anderen es von ihnen denken.«

---

16 Man findet diese Gruppe auch auf Facebook. Sie heißt *Wertschätzungs-Experiment in der Matrix* – www.facebook.com/events/337927096330878.

Liebe / Beziehungen – konkret

- Du drückst deine Selbstliebe dadurch aus, dass du dich um dein Wohlergehen und deine Bedürfnisse kümmerst.
- Die Menschen achten deine Bedürfnisse, wenn du deine Bedürfnisse achtest.
- Ein gutes Gefühl ist die Universallösung.
- Gib dir selbst, was du von einem anderen erhoffst.
- Liebe gibt es nur im Hier und Jetzt.
- Beziehungen sind dazu da, das zum Ausdruck zu bringen, was du gewählt hast zu sein.
- Eine Beziehung ist eine Gelegenheit, das Höchste in dir selbst zum Ausdruck zu bringen.
- Lass deinen Partner der sein, der er sein will.
- Du kannst nichts verlieren, was du Inneren besitzt.
- Wenn du die beste Seite eines anderen in Erscheinung bringen willst, so sehe nur das Beste in ihm.
- Wenn du die Welt verändern möchtest, ändere dich selbst.

Imprägnierungen

Manchmal glauben wir, wenn wir einen anderen Menschen berühren, zum Beispiel den Papst, würde sich etwas von diesem Menschen auf uns übertragen. Ich habe sogar mal ein Armband getragen, weil ein Schauspieler, den ich bewundere, es berührt hat.

Vorletztes Jahr war ich auf einem Konzert der Toten Hosen im Fußballstadion von Kassel. Der Sänger Campino trug eine halbvolle Bierflasche auf die Bühne. Aus dieser Flasche hatte er getrunken, während sich sein Lieblingsverein Fortuna Düsseldorf den Aufstieg sicherte. Er schloss die halbvolle Flasche und nahm sie mit. In Kassel öffnete er diese Flasche wieder und versprühte etwas von dem Bier, damit der Kasseler Fußballverein auch wieder aufsteigen kann. Er versprühte somit den Düsseldorfer Sieg in Kassel.

Es gibt Wissenschaftler, die Insekten dadurch vernichten, dass sie ein Foto des betroffenen Gebiets bestrahlen. Japanische Männer essen Nashornpulver, um sich die Kraft dieser Tiere einzuverleiben. In manchen afrikanischen Stämmen dürfen Männer vor der Jagd keine Frau berühren, weil man befürchtet, dass sich die Schwäche der Frau auf den Mann übertragen könnte. Witwenverbrennungen entstanden, weil die Menschen glaubten, dass der Tod durch die Witwe übertragen werden könnte. In der katholischen Kirche muss jeder geweihte Altar Reliquien, also ein Körperteil eines Heiligen, oder einen Gegenstand, der von einem Heiligen berührt wurde, enthalten. Man glaubt, dass der Heilige so weiter wirken kann. Pilger nehmen Gegenstände von Wallfahrtsorten mit nach Hause, um die positive Wirkung des Ortes mitzunehmen. Um einen römischen Kaiser loszuwerden, verbrannte man seine Bilder. Auch die Statuen von Lenin und Stalin wurden nach der Auflösung der Sowjetunion vernichtet. Papst Johannes Paul II. hielt im Berliner Olympiastadion eine dreistündige Messe, um diesen Ort von seiner Nazi-Vergangenheit zu entweihen.

Ist da etwas dran? Können Gegenstände oder Menschen Eigenschaften übertragen? Können Energien eingefangen werden? Haben Gegenstände ein Gedächtnis?

Auch Gegenstände und Orte haben eine Art Gedächtnis. Es ist dem menschlichen Gedächtnis jedoch nicht ähnlich. Ein Stuhl kann sich keine binomische Formel merken. Dennoch kann ein Gegenstand von seiner Vergangenheit imprägniert sein.

Ich kann mir manchmal auch keine binomischen Formeln merken, haha. Aber ein Stuhl hat kein Gehirn. Wo speichert er dann die Imprägnierungen? Und was genau sind überhaupt Imprägnierungen?

Auch euer Gedächtnis ist nicht in eurem Gehirn gespeichert.

Wie bitte? Wo ist es denn gespeichert?

Euer Gedächtnis ist in Feldern gespeichert. Alle Geschehnisse, die auf eurem Planeten stattfinden, stattfanden und stattfinden werden, sind in Feldern gespeichert. Euer Gehirn hat lediglich die Fähigkeit, bestimmte Geschehnisse zu präsentieren. Es holt die Ereignisse aus einem bestimmten Feld in euer Bewusstsein.

Euer Gehirn ist wie ein Fernseher. In ihm sind keine Geschehnisse gespeichert, aber mit Hilfe des Fernsehers könnt ihr bestimmte Ereignisse in euer Wohnzimmer/Bewusstsein holen.

Das erklärt vielleicht auch Hellsichtigkeit. Wenn ich hellsichtig bin, habe ich einen Fernseher, der mehr und andere Programme empfangen kann als üblich.

So kannst du dir es vorstellen.

Und wie ist das mit den Stühlen? Stühle haben kein Bewusstsein. Glaube ich zumindest.

Alle Gegenstände und Orte sind von den Ereignissen und Personen imprägniert, die jemals mit ihnen in Kontakt waren.

Wenn ich mich also an manchen Orten unwohl fühle, dann deshalb, weil er von unschönen Ereignissen imprägniert ist?

Hast du Beispiele für ein solches Empfinden?

Immer, wenn ich auf einer Messe bin, bin ich total müde und erschöpft. Erschöpfter, als ich eigentlich sein sollte. Vielleicht ist eine Messehalle von Müdigkeit und Erschöpfung imprägniert, so dass man automatisch müde wird.

In Kirchen habe ich häufig ein heiliges Gefühl. Vielleicht wurden hier so viele erhabene Gedanken gedacht, dass mein Gefühl sich daran anpasst.

Einmal ging ich mit einer Freundin an einem stillgelegten Hospital entlang. Wir hatten beide ein gruseliges Gefühl und sind schnell weiter gegangen. Später haben wir dieses Spital gegoogelt. Es war einmal eine psychische Heilanstalt, in der es wohl schreckliche Missbrauchsfälle gab.

Wie können Orte und Gegenstände denn imprägniert werden? Ich kann mir das nicht so richtig vorstellen.

Die stärkste Imprägnierung geschieht durch Gefühle. Je stärker die Gefühle sind, denen ein Gegenstand oder Ort ausgesetzt ist, desto stärker ist er davon imprägniert. Ein Ort kann so stark imprägniert sein, dass einige Menschen die Vergangenheit an diesem Ort sogar sehen können. Die Geschehnisse, die nicht in der Gegenwart passie-

ren, werden als real wahrgenommen. Dieser Ort ist dann so stark von einem vergangenen Ereignis imprägniert, dass er Erscheinungen in der Gegenwart erschafft.

Es wird berichtet, dass die Gefechte auf einem Schlachtfeld bei Rom, im Kampf Attilas gegen die Hunnen, noch drei Tage nach Beendigung der Schlacht zu sehen waren.

Auf dem ausgemusterten Ozeandampfer *Queen Mary* wird immer wieder ein Mädchen in einem altmodischen Badeanzug gesichtet. Auch kann man Gelächter und Geräusche hören, als würde jemand ins Wasser springen. Man sieht nasse Fußspuren auf dem Boden, ohne dass Badegäste gesehen werden.

Woher weiß man, dass dies Imprägnierungen der Vergangenheit sind und nicht irgendwelche anderen Geister? Wie kann ich Geister von Imprägnierungen unterscheiden?

Wenn ein Ort stark von seiner Vergangenheit imprägniert ist und es deshalb zu wahrnehmbaren Erscheinungen kommt, wiederholen sich immer die gleichen Szenen. Es sind genau die Ereignisse zu sehen, die dort tatsächlich stattgefunden haben.

Und wenn ihr nun einen Geist, um bei deiner Formulierung zu bleiben, wahrnehmt, so ist dieser Geist nicht berechenbar, und ihr nehmt auch stets ganz unterschiedliche Szenen wahr. Die meisten von euch erfahren die Geschichte eines Ortes oder eines Gegenstandes eher in Form einer Ahnung.

Aber wenn ich zum ersten Mal so etwas sehe, weiß ich ja nicht, ob es eine Wiederholung ist. Das ist mir so richtig klar geworden, als ich an einem Wochenende an zwei Orten gleichzeitig gesehen wurde. Ich hatte an diese Orte zwar gedacht, war jedoch nicht dort gewesen ...

Eine Freundin holte eine Bekannte am Hauptbahnhof in Dortmund ab. Sie sah mich dort in meinem roten Mantel, den ich an diesem Tag tatsächlich trug. Ich war an diesem Tag nicht am Bahnhof, habe aber aus irgendeinem Grund an den Bahnhof gedacht. Sie war kurz abgelenkt, und als sie wieder hinsah, war ich verschwunden.

Eine meiner Auszubildenden hat mich in einem Café am Phoenix See gesehen. Ich trug den Pullover, den ich an diesem Tag tatsächlich trug. Ich saß auch schon mal in dem Café, nicht jedoch an diesem Tag. An dem Tag hatte ich allerdings an dieses Café gedacht.

Sie ging nur an dem Café vorbei, hat mich also nur kurz dort sitzen sehen. War ich als Geist da? Oder habe ich den Ort imprägniert, so dass sie es wahrnehmen konnte? Stimmt möglicherweise etwas mit ihrer Wahrnehmung nicht, oder habe ich womöglich eine Doppelgängerin, die zufällig auch noch den gleichen Pullover und den gleichen Mantel hat wie ich? Vielleicht bin ich ja in Wahrheit ein Zwilling und die andere wurde bei der Geburt zur Adoption freigegeben?

Es wird zunehmend so sein, dass ihr an Orten, an die ihr denkt, energetisch oder visuell wahrnehmbar seid. Die Realität, die ihr wahrnehmt, und die Welt, die ihr aus euren Gedanken baut, überschneiden sich immer stärker.

Gilt das auch umgekehrt? Wenn ich an etwas denke, hole ich es in meine Realität?

Es gilt in beiden Richtungen. Wenn du etwas denkst, kann ein Teil oder das Ganze deiner Realität in die gedachte Welt einfließen. Die Gedankenwelt wird realer. Umgekehrt kann das, was du denkst oder glaubst, in deine Realität einfließen.

Ihr werdet feststellen, dass Realität und Gedanken eine starke Wirkung aufeinander haben. Am Ende werdet ihr wissen, dass diese Welten zusammen gehören. Sie sind sowohl Illusion als auch real. Sie sind identisch.

Gedanke und Realität sind identisch. Und eigentlich existieren sie beide nicht, aber eigentlich existieren sie beide. Ich verstehe es ein bisschen.

Wie kann ich mich davor schützen, an einem imprägnierten Ort gruselige Wahrnehmungen zu haben?

Auch hier habt ihr die Wahl, was ihr wahrnehmen möchtet. Wenn ihr euren Fokus darauf richtet, nur das wahrzunehmen, was euch angenehm ist, so werdet ihr auch nur angenehme Imprägnierungen wahrnehmen.

Das wäre dann so, als wenn ich mit dem Fernseher nur die Sendungen empfangen könnte, die meiner eigenen Schwingung entsprechen.

So kannst du es dir vorstellen.

Oder ein anderes Beispiel: In der Kirche wird das Abendmahl in Erinnerung des letzten Mahls Jesu mit seinen Jüngern gefeiert. Es soll das Gefühl vermitteln, als sei man irgendwie dabei gewesen. Kinder werden bei der Taufe mit Wasser beträufelt, weil es einen Bezug zur Taufe Jesu durch Johannes im Jordan herstellen soll.

Ist es möglich, dass man durch Rituale und Gedanken die Energie eines vergangenen Ereignisses in die Gegenwart holt? Ist die Taufe von Jesus gegenwärtig, wenn in der Kirche Kinder mit Wasser beträufelt werden? Speisen wir gemeinsam mit Jesus, wenn wir das Abendmahl feiern?

Gibt es in deinem Leben Rituale?

Ja. Weihnachten zum Beispiel. Das letzte Lied in der Kirche ist immer »Oh du Fröhliche«. Dabei steht die gesamte Gemeinde auf, und die Lichter werden ausgeschaltet. Es leuchtet nur noch der Christbaum. Dabei bekomme ich jedes Jahr eine Gänsehaut. Ich weiß dann: »Jetzt ist Weihnachten.«

Letztes Jahr haben sie das letzte Lied gegen irgendein anderes ausgetauscht. Ich bin gar nicht in Weihnachtsstimmung gekommen.

Und glaubst du, dass du eine Gänsehaut und Weihnachtsstimmung bekommst, weil dieses Lied so eine Macht besitzt, oder könnte es nicht vielleicht sein, dass du so viele Weihnachtserinnerungen an dieses Lied geheftet hast?

Ich vermute mal, wenn ich irgendeinem dreijährigen Kind in Afrika »Oh du Fröhliche« vorspiele, wird es keine Gänsehaut bekommen. Folglich bekomme ich das Gefühl von »Jetzt ist Weihnachten« durch all das, was ich mit diesem Lied verbinde. Und so sind bei diesem Lied an diesem Ort alle Weihnachten gegenwärtig, die ich bereits erlebt habe.

Ihr meint also, wenn ich das Abendmahl sehr bewusst zu mir nehme und wirklich an Jesus und sein letztes Essen mit den Jüngern denke, dann hole ich die Energie von damals in die Gegenwart, ja?

So meinen wir es. Ereignisse und Gefühle werden im Möglichkeitsraum nicht gelöscht. Sie sind stets abrufbar, wenn ihr euch darauf konzentriert. Und so könnt ihr euch mit Gefühlen aus der sogenannten Vergangenheit verbinden.

Ihr meint also, wenn ich mich bewusst mit den Ereignissen des Berliner Mauerfalls verbinde, kann ich wieder die gleichen Gefühle empfinden wie damals? Wenn ich absichtlich die Energie einer bestimmten Party herbeihole, kann ich wieder die gleichen Gefühle haben? Ich habe es gerade versucht. Es klappt.

Wäre das auch mit einem zukünftigen Ereignis möglich? Könnte ich zum Beispiel feiern, dass ich dieses Buch beendet habe und viele Menschen sich darüber freuen? Könnte ich die Zukunft imprägnieren?

Kannst du dir selbst die Antwort geben?

Ich versuche es mal. Zum einen wäre das ja »So tun als ob«, und damit erhöhe ich die Wahrscheinlichkeit, dass es wirklich passiert. Zum anderen gibt es ja eigentlich keine Zeit, und deshalb kann ich auf jeden Fall die Zukunft imprägnieren. Ich müsste halt immer das gleiche Ritual vollziehen – so etwas wie ein Abendmahl oder eine Taufe. Ich müsste immer wieder den gleichen Akt vollziehen, um das Gelingen dieses Buches zu feiern.

Du hast dir gut geantwortet. Ihr seid in der Lage, eure Zukunft zu imprägnieren. Viel Freude dabei.

Ich glaube, ich werde wirklich Freude daran haben. Vielleicht habe ich auf diese Weise auch meine gute Mathematik-Note im Studium erhalten.

Wie hast du deine Zukunft dabei imprägniert?

Im Abitur hatte ich eine schlechte Vier in Mathematik. Ich war froh, dass es keine Fünf war. Im Studium war ich verpflichtet, als Nebenfach Mathematik zu wählen. Ich habe dann auf meinen Büroklammern-Spender geschrieben: »Danke, dass ich mein Mathematik-Studium mit Eins abgeschlossen habe.« Diesen Satz habe ich vier Jahre lang täglich gelesen. Jedes Mal habe ich mir vorgestellt, das Zeugnis zu bekommen und ein »Sehr gut« bei Mathematik zu lesen. Ich habe dann bei der Zeugnisvergabe wirklich ein »sehr gut« in Mathematik bekommen. Den Büroklammern-Spender habe ich heute noch. Jedes Mal, wenn ich den Satz lese, erinnere ich mich an die Zeugnisvergabe. Habe ich so die Zukunft imprägniert?

Dadurch, dass du das Ritual, auf den Büroklammern-Spender zu schauen, immer wieder mit dem Ereignis der Zeugnisvergabe verknüpft hast, hast du dieses zukünftige Ereignis erschaffen. Es war somit fast nicht möglich, etwas anderes als ein »Sehr gut« zu bekommen.

Hätte ich den Büroklammern-Spender ausgetauscht oder weggeworfen, wäre es dann anders verlaufen? Jedenfalls hatte ich wohl wirklich eine tolle Idee. Ich könnte nun immer aus der gleichen

Tasse trinken, um etwas vor-zu-feiern. Am besten lasse ich eine Tasse mit genau dem beschriften, was ich will. Und am besten trinke ich immer das gleiche Getränk daraus.

Das ist ja wirklich eine sehr einfache Methode, die Zukunft zu einem Erfolg zu machen. Kann ich einen Ort oder Gegenstand auch neu imprägnieren?

Ihr imprägniert stets eure Umgebung. Ihr besprecht Steine und ladet euer Wasser auf. In euren Kirchen segnet ihr Brot, Wein und Taufwasser und weiht eure Altäre.

Je stärker euer Gefühl ist, desto stärker imprägniert ihr eure Umgebung.

Steine besprechen ist also tatsächlich wirksam?

Ihr imprägniert durch Gefühle. Wenn Steine in einem Raum sind, in dem ihr schöne Gefühle erlebt, könnt ihr die Steine als Träger dieses Gefühls bei euch tragen. Aufgeladene Energien werden auch wieder abgegeben. Je stärker die Gefühle sind, desto stärker sind die Imprägnierungen.

Dennoch wisst, dass ihr all dies nicht machen müsst. Ihr könnt euch frei entscheiden, welche Gefühle ihr erleben möchtet. Ihr bedürft dafür keiner Steine oder anderer Gegenstände. Wenn ihr an einem Ort ein beklemmendes Gefühl habt, könnt ihr diesen Ort verlassen oder beschließen, ein anderes Gefühl zu empfinden. Eure bewusste Entscheidung ist stärker als jede Imprägnierung.

Ich habe im letzten Jahr alle Möbel, die nicht neu von mir erworben waren, weggegeben. Ich wollte nicht die Energie von fremden Menschen in meiner Wohnung haben. Dass meine bewusste Entscheidung stärker gewesen wäre, wusste ich nicht. Kann ich einem Stuhl, dessen Energie mir nicht gefällt, eine andere Schwingung geben?

Du kannst den Stuhl besprechen, du kannst ihn beräuchern, du kannst jederlei erdenklichen Zauber an ihm ausprobieren. Wenn du an deine Zeremonie glaubst, wird die Energie, die der Stuhl fortan für dich ausstrahlt, so sein, wie du es dir wünscht.

Du kannst auch ohne jedes Ritual einfach beschließen, welches Gefühl dieser Stuhl fortan für dich ausstrahlt. Wenn du beschließt, dass dies ein Stuhl der Freude ist, wirst du Lebensfreude empfinden, wenn du mit dem Stuhl physisch oder mental in Kontakt kommst. So einfach ist das. Du kannst die Wirkung der Gegenstände und Orte auf dich selbst bestimmen.

Das gefällt mir. Benötige ich dafür ein Ritual? Wie bestimme ich, dass ein Stuhl eine bestimmte Energie trägt?

Wenn du an die Wirkung besser glauben kannst, wenn du ein Ritual verwendest, kannst du ein Ritual verwenden. Wenn du daran glaubst, dass du kein Ritual benötigst, wird es ohne Ritual wirksam sein.

Deine bloße Absicht reicht.

Wie ist das bei Organtransplantationen oder Bluttransfusionen? Ich habe mal über einem jungen Mann gelesen, der eine Spenderniere von einer älteren Frau bekam. Danach wurde er häuslich und hat gerne gebügelt.

Auch euer Körper ist von euren Gefühlen imprägniert. Wenn ihr einen Teil eures Körpers in einen anderen Körper integriert, kann dieses Organ den anderen Menschen beeinflussen. Doch auch hier habt ihr die Wahl. Es gibt nichts, dem ihr ausgeliefert seid. Ihr habt immer die Wahl, was ihr fühlen und erleben wollt.

Ist das auch so, wenn Menschen in meiner Nähe sind, deren Energie mir nicht gefällt?

Ihr könnt immer entscheiden, welche Energien ihr wahrnehmt. Wenn euch die Energie eines anderen stört, könnt ihr gehen oder euren Fokus verändern. Ihr seid keiner Energie ausgeliefert. Ihr habt immer die Wahl, durch euren Fokus das zu eliminieren, was euch nicht gefällt, und das anzuziehen, was euch gefällt.

Wie richte ich am besten den Fokus auf das, was ich erleben möchte? Man könnte ja auch denken, wenn man in blöden Situationen nach schönen Dingen Ausschau hält, verlängert man damit die blöden Situationen. So, als ob man das Unschöne verdrängt und nicht verändert.

Wenn ihr in einer Situation seid, an der ihr hundert unschöne und bloß ein einziges schönes Detail entdecken könnt, dann achtet nur auf dieses eine. Wir versprechen euch, dass ihr von dem Schönen dadurch viel mehr bekommt und die unschönen Details verschwinden oder irrelevant werden.

Niederlagen kommen in meinem Denken nicht vor.

– Jürgen Klopp, Trainer der Bundesligamannschaft BVB –

Wenn ihr negativ über etwas denken könnt, könnt ihr auch positiv darüber denken. Ihr könnt an eurem Körper die Stellen ablehnen, die euch nicht gefallen, oder ihr könnt euch über die Stellen freuen, die ihr schön findet. Sobald ihr eure Aufmerksamkeit darauf richtet, was ihr schön findet, erschafft ihr noch mehr von dem, was euch gefällt.

Eine Freundin will seit mehr als zehn Jahren schwanger werden. Sie sagte einmal: »Jeden Monat sehe ich, dass es wieder nicht geklappt hat.« Sie kann ja nicht den Fokus auf ein Kind richten, das sie nicht hat.

Wie könnte sie ein Kind fokussieren?

Wenn ihr euch ein Kind wünscht, freut euch, wenn ihr ein Kind seht. Wenn ihr ein Kind seht und daran denkt, dass ihr keines habt, erschafft ihr, dass ihr weiterhin keines habt. Ein Kind könnt ihr auch durch »So tun als ob« erschaffen.

Verstehe. Aber bei dem Wunsch nach einem Kind taucht bei mir auf, dass Wiege und Strampler gekauft und Namen ausgedacht werden müssen und sich um Kita-Plätze gekümmert wird. Oder etwa nicht?

Einer Freundin wurde vom Arzt mitgeteilt, dass sie keine Kinder bekommen kann. Sie ist eine sehr resolute Frau und weigerte sich, dies zu akzeptieren. Daher schrieb sie auf einen Zettel: »Danke, lieber Gott, für meinen Sohn.« Den Zettel legte sie auf ihren Hausaltar. Jeden Tag zündete sie dort ein Räucherstäbchen an und bedankte sich für ihren Sohn. Einige Wochen später war sie schwanger. Inzwischen ist ihr Sohn fünf Jahre alt.

Wieso richten wir immer zuerst unser Augenmerk auf das, was nicht so gut läuft? Ist das Erziehung oder der Einfluss der Gesellschaft?

In eurer menschlichen Entwicklung war es wichtig, dass ihr Gefahren schnell erkennt. Damit konntet ihr euer Leben schützen. Diese Fähigkeit habt ihr beibehalten. Das ist sinnvoll. Gefahren und Unschönes erkennt ihr automatisch. Nun seid ihr mit eurer Entwicklung so weit, dass ihr mit euren Gedanken und Gefühlen immer schneller eure Realität beeinflussen könnt.

Das heißt, die negativen Gedanken haben wir automatisch, für die positiven müssen wir etwas tun?

So, wie ihr negative Gedanken automatisiert habt, werdet ihr nun schöne Gedanken automatisieren. Je häufiger ihr absichtlich etwas Schönes denkt, desto häufiger werdet ihr dann automatisch etwas Schönes denken.

Das gefällt mir. Das klingt so, wie Autofahren lernen. Am Anfang muss man noch überlegen, wann man die Kupplung oder das Gaspedal drücken muss, und irgendwann macht man es automatisch.

Wäre es hilfreich, sich nur mit Menschen zu umgeben, die positiv sind?

Wenn ihr eure Aufmerksamkeit darauf richtet, dass euer Gegenüber auf Unschönes fokussiert ist, seid ihr selbst auf etwas Unschönes ausgerichtet, nämlich darauf, dass jemand anderes auf etwas Unschönes ausgerichtet ist. Wenn euch die Ausrichtung eines anderen missfällt, zieht eure Aufmerksamkeit davon ab.

Das ist gar nicht so leicht, wenn es Freunde sind. Ich hatte eine Freundin, die um die Wirkung von Worten und Gedanken weiß. Vor einigen Monaten habe ich sie entfreundet, weil sie nicht aufhörte, negativ zu reden. Sie hatte ein paar Monate zuvor damit angefangen, und es wurde immer mehr.

Manchmal ist es klug, einen anderen Weg als eure Freunde einzuschlagen. Manchmal reicht es aus, wenn ihr euch auf das konzentriert, was ihr hören wollt. Wenn ihr eure Aufmerksamkeit auf das Negative im anderen richtet, wird er euch noch mehr davon zeigen.

Ich habe nicht daran gedacht, meinen eigenen Fokus anders auszurichten. Jetzt tut es mir leid.

Ich habe gelesen, dass das Positive im rechten Frontallappen in unserem Gehirn gespeichert wird, das Negative im linken. In der westlichen Welt ist die positive Seite kleiner, in südlichen Ländern ist die negative Seite kleiner. Kein Wunder, bei denen scheint ja auch immer die Sonne.

Die Größe der Frontallappen ist jedoch veränderbar. Wenn es neue Impulse gibt, dann entscheidet das Gehirn nach ungefähr drei Wochen, ob es die neuen Neuronenverbindungen nutzen wird. Wenn ich weiterhin neue Impulse sende, also beispielsweise weiterhin positiv denke, dann wächst nach und nach der rechte Frontallappen, während der linke kleiner wird.

Ich kann somit entscheiden, welche Energie eines Ortes, Menschen oder Gegenstandes ich wahrnehme, und ich kann sogar entscheiden, welche Wirkung jemand oder etwas auf mich hat. Ich kann entscheiden, welche Gefühle ich haben möchte, und wenn ich dranbleibe, kommen diese Gefühle nach drei Wochen fast automatisch. So kann ich meine gesamte Realität verändern.

Imprägnierungen – konkret

- Ein Gegenstand ist von seiner Vergangenheit imprägniert.
- Die stärkste Imprägnierung geschieht durch Gefühle.
- Deine Gedanken und deine Realität überschneiden sich immer stärker.
- Du kannst entscheiden, welche Gefühle du hast.
- Deine bewusste Entscheidung ist stärker als jede Imprägnierung.
- Es gibt nichts, dem du ausgeliefert bist.
- Wenn du negativ über etwas denken kannst, kannst du auch positiv darüber denken.
- Wenn du negativ über etwas fühlen kannst, kannst du auch positiv darüber fühlen.
- Je häufiger du absichtlich etwas Schönes denkst und fühlst, desto häufiger wirst du automatisch etwas Schönes denken und fühlen.
- Du kannst deine Zukunft imprägnieren.

Realität

Ihr habt gesagt, dass sich Realität und Gedanken immer mehr überschneiden. Was genau ist denn Realität? Ich bin verunsichert. Bislang dachte ich immer, alles, was ich sehen, hören und fühlen kann, ist real, alles andere nicht. Wenn ihr sagt, dass Gedanken sich mit der Realität überschneiden, weiß ich nicht mehr, wo die Grenze ist. Ich weiß dann nicht mehr, was Gedanken sind und was Realität ist.

Ihr habt gelernt, dass die Realität etwas Konstantes ist, etwas, was entdeckt werden muss, etwas Unveränderbares, Gegebenes, Unumstößliches, etwas, dem ihr ausgeliefert seid.

Ihr habt ebenso erlebt, dass ihr die Variablen seid, die, die die Realität entdecken, die sich den Gegebenheiten anpassen und einer unveränderbaren Wirklichkeit ausgesetzt sind.

Ist das ein Irrtum?

Ihr habt an diese Wahrheit geglaubt, und so erschien sie euch wahr. In eurer Wahrheit habt ihr euch an dem orientiert, was ihr physisch in eurer Welt vorgefunden habt. Ihr habt vergessen, dass die physische Welt zu dem Zweck erschaffen wurde, dass ihr das, was ihr als Seele bereits wisst, körperlich erfahren wollt. Ihr habt geglaubt, dass etwas Physisches stärker als ein Gedanke ist. Und doch ist es dasselbe. Was physisch vorhanden ist, ist nur ein manifestierter Gedanke. Sobald ihr eure Gedanken ändert, ändert sich das, was ihr in der physischen

Welt wahrnehmt. Alles Physische ist ein Gedanke, und so ist jeder Gedanke auch physisch.

Gedanken und Realität werden sich immer stärker überschneiden. Ihr macht immer häufiger die Erfahrung, dass ihr durch einen Gedanken etwas Physisches erschaffen oder verändern könnt.

Der Inder Sai Baba konnte angeblich Gegenstände durch Gedankenkraft in seinen Händen materialisieren.[17] An der Universität von Princeton gab es ebenfalls erfolgreiche Versuche dazu. Ich bin skeptisch, ob so etwas tatsächlich funktioniert. Manchmal komme ich mir wie ein Realitätsflüchter vor, wenn ich an so etwas glaube.

Ihr flüchtet nicht aus eurer Realität, ihr verändert sie. Je stärker euer Glaube daran wird, dass ein bloßer Gedanke ausreicht, um etwas zu manifestieren, desto umgehender wird er sich in eurer physischen Welt manifestieren.

Manchmal geht es ja wirklich sehr schnell. Man braucht nur zu denken »Hoffentlich bekleckere ich mich nicht, ich habe ja eine weiße Bluse an«, und schon schüttet man sich den Tee über den Ärmel. Vielleicht sollte ich mal denken: »Hoffentlich gewinne ich nicht den Lotto-Jackpot, ich bin noch gar nicht vorbereitet.«

Wenn ihr an einen Lottogewinn glaubt, werdet ihr einen Lottogewinn manifestieren.

Oh, dann glaube ich wohl nicht daran.

Wenn ihr wissen wollt, woran ihr glaubt, schaut euch euer Leben an. Euer Leben entspricht genau dem, was ihr glaubt.

---

17 Der AMRA Verlag hat ein gechanneltes Buch mit wertvollen Botschaften von Sai Baba herausgebracht, das nach wie vor lieferbar ist. Es heißt *Habe keine Angst, mein Kind, ich beschütze dich.* Ute Prema Kanthak legte es vor, als Paperback und als eBook, Hanau 2006/2013.

An einen Lottogewinn zu glauben, nimmt der Schöpferkraft die Möglichkeit, euch das Geld auf einem anderen Weg zukommen zu lassen. Der Gedanke an einen Lottogewinn schränkt eure Möglichkeiten ein. Auch steht ihr dabei in Konkurrenz zu vielen anderen. Nur einer von euch bekommt den Jackpot. Und bist du derjenige, der am stärksten daran glaubt?

Herrje.

Wenn ihr etwas in der physischen Welt erleben möchtet, konzentriert euch nicht auf das, was ihr nicht sehen wollt. Fokussiert euch auf das, was ihr manifestieren möchtet!

Ihr habt im Außen viele Angebote. Ihr könnt Wohlstand oder Armut, Liebe oder Hass, Sicherheit oder Angst beobachten. Ihr habt die Wahl, das zu ignorieren, was ihr nicht erleben möchtet.

Wenn ihr etwas erleben möchtest, was bislang physisch noch nicht existiert, verfallt nicht in den Glauben, dass es deshalb nicht möglich ist, es zu erschaffen. Glaubt daran, und es wird sich manifestieren. Manifestiert es mit euren Gedanken. Es spielt keine Rolle, ob ihr eure Aufmerksamkeit auf etwas richtet, was bereits existiert, oder auf etwas, was bislang nur in euren Gedanken existiert. Glaubt und denkt das, was ihr erleben möchtet, und so wird es geschehen. Ihr erschafft eure Realität.

Wenn ihr absolut daran glauben könnt, den Jackpot zu bekommen, wird es euch gelingen. Doch bedenkt, dass es einfacher ist, genau das zu erschaffen, was ihr mit dem Geld machen würdet. Geld kommt zu denen, die wissen, was sie damit anfangen werden. Wünsche könnt ihr auch ohne Geld in Erfüllung bringen. Wenn ihr ein negatives Gefühl mit Geld verbindet, ist der Erschaffungsweg über Geld ein blockierender Umweg. Erschafft euch gleich das, was ihr euch wünscht. Oder glaubt daran, das Geld zu bekommen, das ihr euch wünscht.

Was ist mit Ereignissen, die ganz viele Menschen betreffen? Erdbeben oder Kriege? Wenn ich der einzige Mensch bin, der an Frieden glaubt, habe ich wohl keine Schöpferkraft, wenn alle anderen an Krieg glauben.

Umstände, die viele Menschen betreffen, werden von vielen Menschen erschaffen. Ihr habt eine kollektive Schöpferkraft. Jeder von euch, der keinen Fokus auf Krieg hat, der nicht hinhört, wenn darüber berichtet wird, trägt dazu bei, dass Krieg geringer in eurem kollektiven Erleben manifestiert ist.

Da beißt sich die Katze ja in den Schwanz. Es gibt Krieg, also berichten die Medien darüber. Millionen Menschen konsumieren die Nachrichten und glauben nun an Krieg. Und weil so viele Menschen daran glauben, manifestiert sich Krieg erneut. Man sollte wirklich alle Medien meiden.

Ihr habt neue Medien erschaffen, in denen ihr wählen könnt, welche Nachrichten ihr empfangen möchtet.

Ihr meint das Internet? Ja, stimmt. Auf Facebook habe ich nur Seiten abonniert, die mir gefallen und bei denen ich fast sicher sein kann, dass mich deren Nachrichten entweder interessieren oder positiv beeinflussen.

Ich bin frei, denn ich bin
einer Wirklichkeit nicht ausgeliefert,
ich kann sie gestalten.

– Paul Watzlawick –

Realität ist eine Illusion,
allerdings eine sehr hartnäckige.

– Albert Einstein –

Ihr habt gesagt, dass wir neue Medien erfunden haben, damit wir auswählen können, welche Nachrichten wir empfangen möchten. Wir haben damit die Möglichkeit, Informationen nach Interesse und Wirkung zu selektieren. Als das Internet aufkam, waren viele Menschen dagegen. Einige waren der Meinung, dass www im hebräischen Alphabet 666 bedeutet und somit ein Werk des Teufels sei. Welche Bedeutung hat das Internet für unsere Entwicklung?

So etwas wie einen Teufel oder eine Hölle gibt es nicht. Alles, was ihr erlebt, ist eure eigene Schöpfung. Einiges davon habt ihr kollektiv erschaffen.

Ihr habt einen Teufel erfunden, weil ihr nicht wahr haben wolltet, dass eure Realität von euch selbst erschaffen wurde. Ihr habt euch entschieden, Opfer zu sein, und gabt die Verantwortung für eure Schöpfung ab. Ihr wolltet nicht schuld an dem sein, was ihr gemeinsam erschaffen habt. Und so habt ihr euch selbst der Macht beraubt, euer Leben in die Hand zu nehmen. Ihr habt euch damit begnügt, dass ihr Opfer der Umstände seid. Wenn es einen Teufel gibt, dann ist es der Teil in euch, der ablehnt, ein Schöpfer zu sein.

Das Internet und andere neue Techniken dienen dazu, dass ihr stärker in eure Schöpferkraft kommt.

Wie meint ihr das?

Ihr werdet lernen, dass ihr, ohne in physischem Kontakt zu sein, eine Gedankenverbindung zu einer anderen Person aufbauen könnt. Die neuen Techniken ermöglichen euch visuellen und akustischen Kontakt zu weit entfernten Personen. Eure Technik wird sich weiter entwickeln, und ihr werdet irgendwann keinen Unterschied mehr feststellen, ob ihr über ein technisches Gerät kommuniziert oder die Verbindung im Inneren aufbaut.

Ihr werdet lernen, euch mit der Schwingung einer anderen Person zu verbinden und auf dieser Ebene Informationen auszutauschen oder euch sogar physisch am Ort der anderen Person zu manifestieren.

Eure Computer und Handys sind die Stützräder, die ihr später nicht mehr benötigen werdet.

Manche Technik kommt mir vor wie pure Magie. Wie kann es sein, dass man ein Geschehnis auf einem anderen Kontinent in Echtzeit beobachten kann?

In eurer Zukunft werdet ihr mit eurem Geist und später auch mit eurem Körper, allein durch eure Gedanken, zu diesem Ereignis auf dem anderen Kontinent reisen können. Was die Technik heute schon vermag, werdet ihr in Zukunft ebenfalls können.

In diesem Zusammenhang hat auch das Internet eine bestimmte Aufgabe. Ihr trainiert damit, eure Wünsche zu präzisieren.

Ihr meint, wenn ich mir neue Schuhe wünsche und bei Google oder Amazon »Schuhe« eingebe, bekomme ich unzählige Treffer. Wenn ich jedoch »Pumps, rot, Absatzhöhe 8 cm, Schuhgröße 41, Wildlederoptik« eingebe, erhalte ich die Suchergebnisse, die meinem Wunsch entsprechen?

Wenn ihr eure Realität aktiv gestaltet, ist es wichtig, dass ihr lernt, euch genau auf das zu konzentrieren, was ihr tatsächlich erleben wollt. Das Internet hilft euch, euch über eure Wünsche klar zu werden und sie genau benennen zu können.

Ihr werdet von euren Medien mit Bildern und Worten überflutet. Wählt weise, welche Bilder ihr anschaut, denn auch das, was ihr betrachtet, erschafft eure Realität.

Bedenkt, dass ihr auch kollektiv erschafft. Je häufiger die Schwingung bestimmter Bilder und Worte in eure Medien eingespeist wird, desto stärker ist deren Wirkung.

Ihr meint, wenn alle dreißig Millionen Facebook-Nutzer weltweit an einem Tag ausschließlich das Wort *Liebe* posten würden, gäbe es die Schwingung von Liebe auf unserem Planeten?

Es würde funktionieren. Ihr habt die virtuelle Welt erschaffen, damit ihr euch daran gewöhnt, dass ihr mit möglichst wenig Aufwand und ohne physischen Kontakt etwas erschaffen könnt.

Vor einiger Zeit hat Facebook für eine Studie den Nachrichtenstorm Hunderttausender Nutzer manipuliert. Dabei wurden die Einträge ihrer Facebook-Freunde vorgefiltert. Das Ergebnis war, dass Nutzer, die überwiegend positive Nachrichten sahen, eher dazu neigten, selbst auch positive Inhalte zu veröffentlichen. Menschen, die mehr negative Nachrichten ihrer Freunde sahen, posteten selbst ebenfalls mehr Mitteilungen mit negativem Inhalt.

Doof ist vielleicht nur, dass im Internet nichts verloren geht. Man wird seine Vergangenheit nicht los. Es gibt sogar Spy-Apps, mit denen man herausfinden kann, wo sich jemand gerade befindet. Gespräche und Nachrichten werden ausspioniert und mitgelesen. Ist das nicht doch ein bisschen Teufelswerk?

All dies hat seinen Sinn. So, wie ihr Zugang zur Akasha-Chronik haben werdet, in der alles, was je auf eurem Planeten geschehen ist und im Möglichkeitsraum geschehen wird, gespeichert ist, werdet ihr euch daran gewöhnen, dass ihr nichts verheimlichen könnt. All eure Gedanken und Worte werden für andere zugänglich sein. Und so werdet ihr euch selbst dazu erziehen, nur noch das zu sagen und zu denken, was ihr auch öffentlich sagen würdet.

Die NSA-Affäre als Teil unserer Entwicklung. Krass.

Die Aborigines, die Ureinwohner Australiens, haben ein kollektives Gedächtnis. Sie müssen sich nicht gegenseitig erzählen, was sie erlebt haben; die anderen können es aus dem kollektiven Gedächtnis abrufen.

Ihr könnt das Internet dazu nutzen, euren Fokus auszurichten.

Wie meint ihr das?

Vertrödelst du Zeit im Internet? Lässt du dich von dem, was du eigentlich suchst, ablenken und findest dich auf Seiten wieder, die dich nicht interessieren? Lässt du dich unterhalten und dir deine Zeit vertreiben oder nutzt du das Internet als Inspiration?

Ähem. Beides. Ich vertrödele Zeit, ich schaue mir Essensfotos von Menschen an, die ich kaum kenne, ich lese Sprüche, die ganz nett sind, ich gucke Katzenvideos. Allerdings machen Katzenbabies mich glücklich, und Glück ist sinnvoll.

Aber ich google auch Dinge, die mich interessieren, oder bilde mich bei Wikipedia, wenn ich etwas nicht kenne.

Beobachtet euer Verhalten im Internet. So, wie ihr euch im Internet verhaltet, so sind auch eure Fokussierungen.

Demnach bin ich zerstreut, nicht fokussiert und leicht ablenkbar. Nun verstehe ich, warum sich meine Wünsche nicht alle sofort erfüllen. Ach herrje. Man kann ja jetzt nicht seinen Facebook-Account löschen. Das habe ich schon drei Mal gemacht. Allerdings habe ich in der gewonnenen Zeit in Illustrierten geblättert, Handy-Spiele gemacht oder Filme geguckt.

Es kommt nicht darauf an, die Medien zu meiden. Achtet auf euren Umgang damit. Nehmt euer Verhalten als Hinweis darauf, ob ihr fokussiert seid, auf das, was ihr wirklich wollt, oder ob ihr eure Aufmerksamkeit optimieren könnt.

Okay. Ich könnte also theoretisch den ganzen Tag bei Facebook eingeloggt sein, wenn ich mir nur Bilder von reichen, schönen und glücklichen Menschen anschauen würde. Es kommt nicht darauf an, ob wir das Internet oder ein anderes Medium nutzen, sondern wie wir es nutzen, ob wir es für unsere Wünsche einsetzen oder nicht.

Aber warum benötigen wir immer neue Geräte? Man hätte auch mit alten Handys oder alten Computern Schwingungen der Liebe senden können.

Erinnerst du dich, dass Gegenstände imprägniert sein können?

Ach so! Wenn ich auf dem Fernseher von 1970 einen Film gucke, dann ist in ihm noch die Energie des kalten Krieges und der DDR gespeichert. Ich könnte auch bestimmen, dass das alte Gerät eine neue Schwingung hat, aber weil das kaum einer weiß, ist es besser, wenn alle immer neue Geräte kaufen.

Und weil es Umweltverschmutzung und Resourcenverbrauch nur gibt, wenn wir unsere Aufmerksamkeit darauf lenken, ist das eigentlich auch kein Problem.

Wenn ich neue Geräte habe, habe ich die Chance, dass sich neue Energien manifestieren. Ach ja, und natürlich, weil die Kommunikation immer kabelloser und magischer wird, daran sollen wir uns ja gewöhnen.

Ein Freund ist Netzwerkadministrator oder so etwas Ähnliches. Wenn seine Kollegen Probleme mit ihren Computern haben, nimmt er innerlich Kontakt zu diesen Rechnern auf und sendet ihnen Ordnung, versteht ihr? Ordnung. Die Probleme sind dann meist umgehend behoben. Seine Kollegen lässt er jedoch in dem Glauben, dass er irgendetwas Kompliziertes auf dem Zentralrechner macht.

Du hast selbst schon so etwas gemacht.

Ich?

Erinnerst du dich nicht mehr?

Mit der Heizung?

Das meinen wir, ja. Magst du das erzählen?

Es war im vorletzten Winter, abends, als plötzlich meine Wohnung ganz kalt wurde. Ich ging in den Keller, um nach der Heizungsanlage zu schauen. Sie lief nicht. Meine übliche Methode, das Gerät aus- und wieder einzuschalten, funktionierte diesmal nicht. Um diese Uhrzeit hätte mir auch keiner helfen können. Bis zum nächsten Morgen zu frieren erschien mir jedoch nicht akzeptabel. Da habe ich die Heizungsanlage mit beiden Händen angefasst und ihr Liebe gesendet, fast so, als würde man einen Baum umarmen. Etwas Besseres ist mir nicht eingefallen. Es hatte tatsächlich funktioniert. Die Heizung sprang wieder an und läuft bis heute fehlerfrei.

Wenn das so einfach ist, brauchen wir ja gar keine Reparaturdienste mehr. Einfach den Geräten Ordnung und Liebe senden. So einfach?

So funktioniert es.

Auch, wenn zum Beispiel bei einer Waschmaschine ein Schlauch kaputt ist?

Du Liebe, wenn bei einem Gerät ein Schaden entsteht, so habt ihr auch den erschaffen.

Ach ja, stimmt. Durch schlechte Gedanken oder doofe Stimmung oder so. Hm. Aber ein mechanischer Fehler kann sich nicht von alleine reparieren.

Wenn ihr daran glauben könntet, würde auch das funktionieren.

Wirklich? Dann wäre das ja so wie mit der Neurodermitis und den Falten?

Wirklich. Wenn ihr nicht glauben könnt, dass ein defekter Schlauch wieder wie neu ist, werdet ihr es nicht erleben.

Aber wir können glauben, dass Geräte wie Laptops, von deren Aufbau wir sowieso keine Ahnung haben, durch Gedankenkraft repariert werden können. So nach dem Motto: Er hat dem Gerät zwar Ordnungsenergie gesendet, aber vielleicht hätte es auch von alleine wieder funktioniert, es war ja vielleicht nur ein Wackelkontakt. Bei einem kaputten Schlauch können wir das (noch) nicht glauben.

Wir können alles durch Gedankenkraft erschaffen, vorausgesetzt, wir können daran glauben.

So ist es.

Niemand flickt ein altes Kleid mit einem Lappen von neuem Tuch; denn der Lappen reißt doch wieder vom Kleid ab, und der Riss wird ärger. Man füllt auch nicht neuen Wein in alte Schläuche; sonst zerreißen die Schläuche, und der Wein wird verschüttet und die Schläuche verderben. Sondern man füllt neuen Wein in neue Schläuche, so bleiben beide miteinander erhalten.

– Matthäus 9, 16-17 –

Es ist aber nichts verborgen, was nicht offenbar wird, und nichts geheim, was man nicht wissen wird. Darum, was ihr in der Finsternis sagt, das wird man im Licht hören; und was ihr ins Ohr flüstert in der Kammer, das wird man auf den Dächern predigen.

– Lukas 12, 2-3 –

Realität – konkret

- Alles, was du physisch wahrnehmen kannst, ist nur ein manifestierter Gedanke.
- Wenn du deine Gedanken änderst, ändert sich deine Realität.
- Dein Leben entspricht genau deinen Gedanken.
- Alles, was du erlebst, ist deine eigene Schöpfung.
- Du kannst ohne physischen Kontakt eine Verbindung zu einer anderen Person haben.
- Die moderne Technik zeigt dir, wozu auch du fähig sein wirst.
- Das Internet unterstützt dich, deine Wünsche zu präzisieren.
- Wähle weise, welche Bilder und Worte du in dein Bewusstsein lässt.
- Sage, denke und schreibe nur das, was du auch öffentlich sagen würdest.

Entscheidungen

Also, ich finde, der Wunsch nach Geld unterscheidet sich von den anderen Wünschen. Bei den anderen Wünschen sollte ich sein, was ich mir wünsche. Aber ich kann ja nicht so tun, als wäre ich Geld. Oder muss ich meinen Wunsch von viel Geld *haben* in viel Geld *sein* ändern?

Viele von euch haben Geld mit ihrem Selbstwert verbunden. Je mehr Geld sie haben, desto wertvoller fühlen sie sich.

Ich könnte mich also wertvoll fühlen. Hm, stimmt. Wie macht man das?

Viele Gefühle sind leichter herzustellen, wenn ihr sie begründen könnt. Fragt euch, warum ihr ein wertvoller Mensch seid.[18]

Okay, das kann ich machen. Aber das ist sicher doch nicht alles. Es muss noch mehr geben als einen Zusammenhang zum eigenen Selbstwert.

Was bedeutet dir Geld?

Geld ist für mich der Inbegriff von Freiheit. Je mehr Geld ich zur Verfügung habe, desto mehr Möglichkeiten stehen mir zur Verfügung. Das ist Freiheit. Ach so, also ändere ich meinen Wunsch von viel *Geld* haben in viel *Freiheit* sein?

---

[18] Siehe Übung 21: Warum ich ein wertvoller Mensch bin.

Wie könntest du das umsetzen?

Ich könnte mich einfach mit dem Gefühl der Freiheit identifizieren. Aber wenn man sich in der Welt umschaut, dann sind die Menschen entweder frei oder reich. Selten ist jemand frei und gleichzeitig reich.

Ihr könnt beides sein. Ihr könnt sowohl frei als auch reich sein. Wenn ihr daran glauben könnt. Wenn nicht, tut so als ob. Und wenn auch das nicht klappt, übt es in kleinen Schritten. Wir helfen euch dabei. Wie kannst du dein Gefühl von Freiheit verstärken?

Darüber habe ich mir bereits Gedanken gemacht. Ich habe eine Entscheidungsfreiheit, eine Meinungsfreiheit und eine Willensfreiheit. Ich habe so gut wie immer mindestens zwei Wahlmöglichkeiten, das ist meine Entscheidungsfreiheit. Ich muss zwar meistens die Konsequenzen meiner Entscheidung tragen, aber ich kann mich frei entscheiden. Ich könnte auf der Autobahn mit 180 Stundenkilometern fahren, wenn dort eine Geschwindigkeitsbegrenzung von 100 ist. Wenn ich weiß, dass ich frei entscheiden kann, fühle ich mich frei. Ich habe die Wahl, mich nach dem Verkehrsschild zu richten und 100 zu fahren, oder ich kann entscheiden, 180 zu fahren, und bereit sein, die möglichen Konsequenzen zu tragen.

Ich kann zu allem meine eigene Meinung haben, unabhängig davon, ob ich sie mitteile oder nicht. Wenn ich mir klar mache, dass das ein Teil meiner Freiheit ist, dann fühle ich mich auch frei. Außerdem habe ich die Willensfreiheit. Ich kann *wollen*, was ich will.

Doch solange ich darauf achten muss, dass ich frei bin, fühle ich mich nicht frei. Dann bin ich ein Sklave meiner Freiheit. Das ist so, als wenn man ständig darauf achtet, auch zurück geliebt zu werden. Aber das ist keine richtige Liebe, sondern Angst, die Liebe des anderen zu verlieren. Wenn ich ständig darauf achte, meine Freiheit zu behalten, ist das nicht die Freiheit, die ich eigentlich will. Ich will ja frei sein vom Beschützen meiner Freiheit.

Freiheit müsste doch eigentlich sein, ohne Erwartungen, ohne ein Bedürfnis nach bestimmten Resultaten zu leben. Bedingungslos. Wie bei bedingungsloser Liebe. Bedingungslose Freiheit. Und das würde wiederum bedeuten, dass wahre Freiheit nicht die Unabhängigkeit von Umständen, sondern ein inneres Gefühl ist. So, wie bedingungslose Liebe eben etwas Inneres ist. Dann könnte man sich selbst im Gefängnis bedingungslos frei fühlen ...

Aber so eine Freiheit meine ich nicht. Ich will die äußere Freiheit. Ich will unabhängig von Geld und anderen Umständen sein. Ich will aus dem Maximum an Möglichkeiten wählen können.

Ich merke gerade, dass ich dann Geld nicht für meine Freiheit benötige. Aber anscheinend bietet viel Geld dieses Maximum an Möglichkeiten ...

Und wie glaubst du, äußere Freiheit erreichen zu können?

Innerlich? Ihr meint, wenn ich mich richtig frei fühle, erschaffe ich mir auch die Freiheit im Außen? Wenn ich mich bedingungslos frei fühle, wachsen die Möglichkeiten, aus denen ich auswählen kann?

Du könntest es einmal ausprobieren. Wir versprechen dir, dass es klappt, wenn du Freiheit BIST.

Es ist ganz schön viel, was ich jetzt alles SEIN muss, damit meine Wünsche in Erfüllung gehen. Ich muss so tun, als hätte ich eine Topfigur, ich muss daran glauben, dass Falten auch wieder verschwinden können, ich muss ein toller Partner sein, und ich muss auch noch die personifizierte Freiheit sein. Kann ich das alles denn überhaupt gleichzeitig sein und erschaffen?

Genau das ist eure zentrale Lernaufgabe auf dem Weg zu eurer universellen Schöpferkraft. Zunächst seid ihr abwechselnd das eine oder das andere. Zunehmend seid ihr dann aber alles gleichzeitig, was ihr zu sein wünscht.

Das einzig Tragische an der Freiheit ist vielleicht, dass man falsche Entscheidungen treffen kann. Wenn man von anderen bestimmt wird und nur einen kleinen Handlungsspielraum hat, muss man keine eigenen Entscheidungen treffen. Man hat keine Verantwortung. Wenn es falsche Entscheidungen gibt, ist man wenigstens nicht schuld, man ist zwar irgendwie das Opfer, aber man ist niemals schuld. Man kann kaum falsche Entscheidungen treffen.

Eure Angst, etwas Falsches zu tun, hindert euch daran, Freiheit zu sein. Ihr habt Angst vor den Konsequenzen eurer Entscheidungen. Ihr glaubt, dass eure Wahl falsch sein könnte. Ihr haltet die Folgen eurer Entscheidungen für ungewiss. Doch ihr selbst bestimmt, wie die Auswirkung eurer Entscheidung ist. Ihr seid der Schöpfer.

Es fällt euch schwer, eine Entscheidung zu treffen, weil ihr eure Aufmerksamkeit auf das Scheitern lenkt. Und so wählt ihr das, was euch am Sichersten erscheint.

Kann ich dafür ein Beispiel haben?

Nehmen wir nur einmal eure Berufswahl. Was wolltest du zum Beispiel als Kind gerne werden?

Ach, so Einiges. Floristin zum Beispiel.

Warum bist du es nicht geworden?

Man hat mir gesagt, dass man damit nicht viel verdienen kann und dass ich mit Abitur etwas Besseres finden könnte.

Wer hat die Entscheidung getroffen, nicht Floristin zu werden?

Ich.

Was waren deine Gedanken und Gefühle dabei?

Ich dachte, wenn man damit nicht viel verdienen kann, ist es ja blöd. Und dann dachte ich, dass man über mich sagen könnte: »Sie hat aus ihrem Abi einfach nichts gemacht.«

Du bist also von zwei unerwünschten Möglichkeiten ausgegangen.

Stimmt. Ich wollte vermeiden, wenig zu verdienen, und ich wollte vermeiden, dass man schlecht über mich redet.

Hast du jemals in Erwägung gezogen, als Floristin viel Geld zu verdienen, ein eigenes florierendes Blumengeschäft zu eröffnen, eine Führungsposition in einem Blumengroßhandel zu bekleiden oder auch ganz einfach Floristin zu sein und aus einer anderen Quelle Geld zu bekommen?

Damals nicht. Vor ein paar Jahren kam mir dieser Gedanke mal. Ich glaube, es hätte mir Spaß gemacht, Floristin zu sein.

Freiheit ist, wenn ihr eure Entscheidungen so trefft, dass ihr von den positiven Konsequenzen eurer Entscheidungen ausgeht.

Freiheit bedeutet, dass ihr im Vertrauen seid, das Ergebnis beeinflussen zu können. Freiheit bedeutet, die Wahl zu treffen, die euch Freude bereitet, die Wahl, die euch glücklich macht und die eurer inneren Stimme entspricht.

Ich glaube, ich habe die meisten Entscheidungen in meinem Leben aus Angst und nicht im Vertrauen getroffen.

Ihr kommt jetzt in die Zeit des Vertrauens. Ihr vertraut eurer Schöpferkraft immer stärker, und so werdet ihr immer häufiger Entscheidungen treffen, die euren Herzenswünschen entsprechen.

Die wichtigsten Entscheidungen, die ihr im Leben trefft, sind die Entscheidungen, wie ihr über eine Sache denkt. Seid überzeugt davon, dass eure Entscheidungen die gewünschten Ergebnisse bringen, und trefft dann die Entscheidungen, die eurem Herzenswunsch entsprechen.

Bestimmt zuerst die Konsequenzen eurer Entscheidungen. Glaubt daran, lasst keine andere Möglichkeit zu und trefft dann eure Wahl.

Meine innere Stimme hätte mich dahin geführt, Floristin zu werden. Ich hätte dann bestimmen können, dass ich dennoch genug Geld verdiene und die Leute gut über mich reden. Vielleicht hätte ich erschaffen können, dass sie sagen: »Sie hat den bezauberndsten Blumenladen in der ganzen Stadt.«

Wenn wir zunehmend in die Schöpferkraft kommen, dann spielt es ja keine Rolle mehr, dass wir früher Entscheidungen aus Angst getroffen haben. Wir können die Konsequenzen und Umstände doch stets neu erschaffen. Mit unserer Schöpferkraft können wir jeden Tag unser Leben ändern.

Ihr seid in der Lage, euer gesamtes Leben zu ändern. Aber hütet euch davor, bei euren Entscheidungen zu überlegen, bei welcher Wahl ihr am wenigsten verlieren oder am meisten gewinnen könnt. Nehmt als Entscheidungskriterium eure innere Stimme. Wählt stets euren Herzenswunsch und erschafft die Konsequenzen eurer Wahl.

Verstehe. Es geht nicht darum, zu entscheiden, mit welchem Beruf ich am meisten Geld verdiene. Es geht darum, den Beruf zu wählen, der meinem Herzenswunsch entspricht, und um die Bestimmung der Konsequenzen dieser Wahl. Ich selbst bestimme, welche Konsequenzen meine Wahl hat.

Ich stelle mir gerade vor, wie eine Welt wäre, in der jeder stets seinen Herzenswunsch wählen und die politischen und religiösen Entscheidungen von glücklichen angstfreien Menschen getroffen würden. Das wäre ja das Paradies auf Erden.

Und es kommt die Zeit, in der ihr das erleben werdet. Fangt heute damit an.

Manchmal trifft man aber Entscheidungen aufgrund von Erfahrungen. Da weiß man dann ganz einfach, dass manches nicht gut ausgehen kann.

Wenn ihr aufgrund einer Beobachtung aus der Vergangenheit entscheidet, vergesst ihr, dass ihr in der Vergangenheit nicht die Konsequenzen eurer Wahl erschaffen habt. Ihr habt eurer Angst mehr Aufmerksamkeit geschenkt als eurem Herzenswunsch. Eure Erfahrungen beruhen auf Entscheidungen, die ihr aus Angst getroffen habt. Trainiert euch darin, nur das für möglich zu halten, was ihr wünscht. Lasst keine anderen Gedanken und Gefühle zu.

Daran habe ich nicht gedacht. Ja, meine Erfahrungen beruhen auf Entscheidungen, die ich aus Angst getroffen habe. Nun ist es an der Zeit, Entscheidungen zu treffen, die meinem Herzenswunsch entsprechen.

Es ist an der Zeit, nur an das zu glauben, was ich mir auch wirklich wünsche.

Meine Freunde halten mich für einen Irren. Aber das bin ich nicht. Ich bin nur so, wie sie auch wären, wenn sie nicht so viel Angst hätten.

– Johnny Depp –

Entscheidungen – konkret

- Gehe von den positiven Konsequenzen deiner Entscheidungen aus.
- Treffe die Wahl, die dir Freude bereitet.
- Treffe die Wahl, die deiner inneren Stimme entspricht.
- Wähle deinen Herzenswunsch.
- Bestimme die Konsequenzen deiner Wahl. Halte keine andere Konsequenz für möglich.
- Du kannst die Konsequenzen deiner Entscheidungen jederzeit neu erschaffen.

Geld

Manchmal glaube ich, die ganze Welt dreht sich nur um Geld. Geld bekommen, Geld verlieren.

Menschen und Länder bekriegen sich, um an die Geldquellen des jeweils anderen heranzukommen. Menschen verrichten unliebsame Aufgaben, um Geld zu erhalten. Alles in unserer Gesellschaft kostet Geld.

Und so blöd man das auch findet, man macht ja irgendwie doch mit, oder etwa nicht?

Es geht ja auch nicht ohne Geld. Man hängt mit drin, macht mit und wünscht sich dennoch eine Welt, in der Geld nicht die Welt regiert.

Ist das zu viel geträumt?

Ihr werdet lernen, das, was ihr euch wünscht, auch ohne Geld zu erschaffen. Später werdet ihr dann sogar entscheiden, dass ihr Geld nicht mehr benötigt.

Ihr glaubt, dass Geld schlecht ist. Aber nichts kann gut oder schlecht sein. Es IST. Einzig eure Bewertungen über Geld sind schlecht. Ihr wünscht euch Geld, aber ihr sagt, dass ihr Geld nicht wichtig findet und dass Geld schlecht ist. Glaubst du, dass ihr so Geld anziehen könnt?

Na ja, wenn mir jemand sagen würde, dass er mich nicht wichtig findet und dass ich schlecht sei, würde ich ihm auch nicht gerade um den Hals fallen.

Was müsste jemand über dich denken und sagen, dass du ihm um den Hals fallen würdest?

Er müsste mich wertschätzen. Er müsste mich so annehmen, wie ich bin, und akzeptieren, was ich mache. Aber wir verurteilen und bewerten. Wir sagen, dass Geld schlecht ist und den Charakter verdirbt, wir sagen, Geld sei der Ursprung allen Übels. Wir verachten Leute mit viel Geld, weil wir glauben, dass sie es sich unrechtmäßig angeeignet haben. Herrje.

Wenn ich Geld wäre, würde ich auch nicht zu jemandem mit solchen Gedanken kommen. Ich würde sogar alles daran setzen, das zu vermeiden. Wer hält sich schon gerne dort auf, wo er nicht wertgeschätzt wird.

Genau. Ihr glaubt nämlich, Geld sei daran schuld, dass eure Wünsche nicht erfüllt sind. Ihr glaubt, weil das Geld nicht bei euch ist, seid ihr nicht in der Lage, das Leben zu führen, das ihr euch wünscht. Aber wisst ihr, was ihr damit tut? Ihr ladet das Geld aus eurem Leben aus. Gleichzeitig demonstriert ihr, dass ihr nicht selbst dafür verantwortlich seid, eure Wünsche zu realisieren.

Wenn ihr die gesamte Geldmenge gleichmäßig auf alle Menschen verteilen würdet, so wären nach kurzer Zeit wieder die gleichen Menschen reich und die gleichen Menschen arm wie jetzt auch. Ihr sagt, die Verteilung des Geldes sei nicht gerecht. Doch ihr vergesst, dass sich Geld euren Gedanken und Gefühlen entsprechend verteilt. An dem Tag, an dem alle Menschen das gleiche Geldwertgefühl haben, werden alle Menschen gleich viel Geld haben.

Auch seid ihr nur auf eine Seite des Geldes fixiert. Ihr konzentriert euch darauf, möglichst viel Geld zu bekommen. Ihr vergesst, dass, wenn ihr Geld bekommt, ein anderer Geld geben muss. Wenn ihr empfangen wollt, müsst ihr die Quelle sein. Eine Rechnung für euch bedeutet eine Gutschrift für jemand anderen.

Ihr seid so sehr darauf konzentriert, Geld zu bekommen, dass ihr die Fülle und den Wohlstand, den ihr bereits habt, nicht seht. Ihr lebt in ständiger Angst, das, was ihr habt, wieder zu verlieren, oder dass das, was ihr bekommt, nicht reicht.

Das stimmt. Wenn ich Geld bekomme und noch einen Stapel Rechnungen zu bezahlen habe, habe ich immer Angst, dass es nicht reicht. Ich freue mich, wenn ich Geld bekomme, aber nicht, wenn ich es ausgebe. Am schlimmsten sind offene Rechnungen. Damit verpflichte ich mich schon für die Zukunft.

Eure Angst, dass das Geld nicht reicht, beruht auf eurer Erfahrung und euren Glaubenssätzen. Wir sagen euch: Ändert eure Glaubenssätze, denkt nur noch daran, was ihr erleben wollt, glaubt daran, dass ihr immer mehr Geld habt, als ihr braucht, und ihr werdet andere Erfahrungen machen.

Freut euch, wenn ihr jemanden seht, der reich ist. Wenn ihr ihn verurteilt für die Art, wie er an Geld gekommen ist, oder dafür, dass er bereits reich geboren wurde, stoßt ihr das Geld von euch fort. Freut euch, wenn ihr hört, dass jemand zu Geld gekommen ist, auch wenn ihr glaubt, dieses Geld hätte euch zugestanden. Immer, wenn ihr euch über Wohlstand und Reichtum freut, zieht ihr Geld an. Immer dann, wenn ihr Geld, Wohlstand und Reichtum verurteilt, stoßt ihr es ab. Wenn ihr eine Rechnung begleicht, dann freut euch über die Gutschrift für den anderen. So, wie ihr geliebt werden möchtet, wenn ihr kommt, wenn ihr geht, wenn ihr lacht und wenn ihr weint, so liebt auch das Geld. Liebt das Geld, oder lasst es los. Hört auf, Bedingungen an das Geld zu stellen.

Wenn der Zuhälter reich ist, freue ich mich über seinen Wohlstand und verurteile nicht den Menschenhandel, mit dem er das Geld erwirtschaftet? Das ist schwer.

Wenn ihr eure Aufmerksamkeit auf den Menschenhandel lenkt, erschafft ihr Menschenhandel. Nichts kann in eurer Welt existieren, an das niemand glaubt oder denkt. Freut ihr euch über den Reichtum eines anderen, erschafft ihr Reichtum für euch und durch eure Verbundenheit für alle Menschen.

Wenn ihr mit Geld ein schlechtes Gefühl verbindet, wird es entweder nicht kommen oder nicht bleiben. Wenn Rechnungen eure Aufmerksamkeit auf sich ziehen, werdet ihr noch mehr Rechnungen bekommen. So einfach ist das.

Ja, aber sie sind doch nun mal da, verflixt. Wie kann ich sie denn ignorieren?

Wenn ihr eure Aufmerksamkeit nicht von den Rechnungen abwenden könnt, betrachtet eure Rechnungen als Gutschrift für jemand anderen. Freut euch für ihn.

Ihr glaubt, wenn jemand etwas Gutes tut, müsse er es ohne Lohn machen. Ihr glaubt, wenn jemand Geld für eine gute Tat nimmt, sei das nicht in Ordnung. Ihr glaubt, wenn jemand Geld hat, hat er es durch etwas Ungerechtes bekommen. Ihr lehnt es ab, Geld für etwas Gutes zu bekommen.

Langsam erkenne ich den Denkfehler. Wenn Geld nur für etwas Schlechtes bezahlt wird, dann stoßen wir Geld ab, weil wir ja nicht schlecht sein wollen. Deshalb nehmen wir kein Geld für gute Taten. Wenig Geld zu haben ist ein Ausdruck dafür, dass wir gute Menschen sind. Das ist ja völliger Quatsch. Wenig Geld zu haben ist doch nur ein Ausdruck dafür, dass wir schlecht über Geld denken.

Vielleicht glauben wir ja, dass wir von unseren Freunden verstoßen werden, wenn wir plötzlich reich sind, denn viele Reiche werden von uns nicht gemocht.

Ihr findet es in Ordnung, für etwas, was euch nicht gefällt, oder für das ihr euch quält, Geld zu bekommen. Und so geht ihr mühsam eurer Arbeit nach, um dafür bezahlt zu werden. Ihr findet es nicht in Ordnung, euren Herzenswünschen zu folgen und dennoch Geld zu bekommen. Ihr habt Angst, dass die Welt aus ihrer Ordnung geraten könnte. Und so erzieht ihr eure Kinder in dem Glauben, dass Leistung zählt und die innere Stimme kein Gewicht hat.

Ja, der Teufelskreis ist mir bestens bekannt. Wie kommt man denn da wieder heraus?

Glaubt daran, dass euch Geld zusteht. Freut euch an jedem Reichtum, den ihr seht. Freut euch an dem, was ihr selbst bereits habt. Fangt an, euch über Geld zu freuen. Hört auf eure innere Stimme und verwirklicht eure Herzenswünsche. Das Geld kommt zu euch, wenn ihr eure Gedanken und Gefühle ändert.

Lasst das Geld fließen. Wenn ihr Geld für Notzeiten spart, werdet ihr Notzeiten erleben. Natürlich könnt ihr auf etwas sparen, was euch Freude bereitet. Wenn ihr Geld ansammelt, dann nur aus einem Grund, der euch Freude bereitet. Wenn ihr aus einem anderen Grund Geld ansammelt, demonstriert ihr eure Angst, dass nicht genug Geld nachfließt. Und so wird auch nicht genug nachfließen.

Ihr seid erst dann wirklich reich, wenn ihr keine Angst mehr habt, andere an eurem Reichtum teilhaben zu lassen. Gebt! Wenn ihr gebt, wird sich euer Gefühl von Wohlstand mehren. Doch wenn ihr gebt, um etwas zu bekommen, um euch beliebt zu machen oder weil ihr dadurch Reichtum erschaffen wollt, handelt ihr nicht aus dem Gefühl von Wohlstand und Fülle heraus. Fühlt den Wohlstand und gebt. Es gibt keine bessere Quelle für Geld, als aus einem Gefühl der Fülle heraus zu geben.

Wenn es euch schwer fällt, ein Gefühl der Fülle zu empfinden, stellt euch vor, die Person, die ihr zufällig auf der Straße trefft, ist reich. Stellt euch ihr Leben in Fülle und Wohlstand vor. Seht überall Fülle und Wohlstand. Verbindet euch mit diesem Gefühl.

Es geht nicht darum, was ihr bekommt. Es geht darum, was ihr gebt. Wer gibt, wird bekommen.

Erschafft diese Realität. Ihr habt die Macht dazu. Erschafft eine Welt, in der Geld die Quelle von Freude von Fülle ist. Und sobald ihr erkennt, dass ihr diese Freude auch ohne Geld erschaffen könnt, dass ihr Wohlstand und Reichtum ohne Geld erschaffen könnt, werdet ihr euch darüber einig sein, dass ihr Geld in eurer Welt nicht mehr benötigt.

Wenn ihr gebt, dann gebt, ohne dass ihr eine Gegenleistung erwartet. Wenn ihr nehmt, dann nehmt, ohne dass ihr euch verpflichtet fühlt, zurückgeben zu müssen. In dem Fall wäre es ja ein Tausch. Lernt zu geben. Lernt zu nehmen. Wenn ihr glaubt, ihr müsst ein Geschenk, das ihr erhaltet, ausgleichen, so befindet ihr euch in der Schuld. Wenn ihr eure Geschenke mit Schuld beladet, werdet ihr keine Geschenke anziehen. Wie könnt ihr erwarten, dass euch jemand eine große Summe Geld schenkt, wenn euer Schuldgefühl dadurch unermesslich groß werden würde?

Um euch dieser Schuld zu entledigen, habt ihr Lotterien erfunden. Doch die meisten von euch, die eine große Summe Geld gewinnen, verlieren diese Summe auch wieder. Ihr habt euch vielleicht vorgestellt, wie es ist, Geld zu gewinnen, und ihr habt tatsächlich gewonnen. Wenn ihr nicht gelernt habt, Wohlstand und Reichtum zu fühlen, werdet ihr das Geld wieder verlieren.

Seht den Reichtum in allem, was euch umgibt. Eure Freunde, eure Mahlzeiten, dem Stromanschluss, fließendem Wasser, den Sonnenstrahlen, eurem Bett. Wertschätzt und beachtet euren Wohlstand, und ihr zieht noch mehr davon in euer Leben. Fühlt euch reich, und ihr werdet Reichtum anziehen. Lernt zu geben ohne Erwartung. Lernt zu nehmen ohne Schuld. Wenn ihr frei von Schuld nehmt, demonstriert ihr, dass ihr wertvoll seid. Ihr seid wertvoll, Geschenke zu bekommen. Wenn ihr ohne Erwartungshaltung gebt, demonstriert ihr den Wert eines anderen. Er ist es wert, Geschenke zu bekommen. Je leichter ihr Geschenke annehmen könnt, umso mehr Geschenke hält das Leben für euch bereit.

Geldmangel ist das Symptom, nicht die Ursache. Der Geldfluss demonstriert euer Wohlstandsgefühl. Stagniert der Geldzufluss, stagniert euer Wohlstandsgefühl. Fließt weniger Geld zu euch, als ihr benötigt, glaubt ihr an Mangel.

Tatsächlich jedoch existiert kein Mangel, weder an Geld, an Rohstoffen, noch an Gesundheit oder sonst irgendetwas. Ihr vergesst, dass IHR der Schöpfer seid. Ihr könnt so viel Geld, Schönheit und Erdöl erschaffen, wie ihr wollt. Glaubt an eure Schöpferkraft, glaubt an die

Fülle, und ihr erschafft ein Leben, in dem Geld und Rohstoffe im Überfluss vorhanden sind.

Wenn ihr etwas tut, um den Mangel zu bekämpfen, werdet ihr noch mehr Mangel anziehen. Tut ihr jedoch etwas, um eure Fülle zu mehren, so erschafft ihr noch mehr Fülle.

Agiert nicht, um bestimmte Resultate zu erleben. Spürt die Resultate, bevor ihr agiert.

Alles ist im Überfluss vorhanden. Es ist leichter, die Fülle des Lebens anzunehmen, als sich vor ihr zu verschließen. Konzentriert euch auf die Fülle in eurem Leben. Freut euch an der Fülle und dem Wohlstand anderer, und ihr werdet die Fülle auch in eurem Leben erschaffen.

Klammert euch nicht an das Geld, lasst es fließen. Wenn ihr das Geld nicht hergeben wollt, wird es nicht zu euch kommen. Ihr wollt auch niemanden besuchen, der euch gefangen hält. Lasst los. Gebt eurer Geld für eure Herzenswünsche aus. Ihr werdet sehen, es wird immer mehr Geld in euer Leben fließen.

Vielen von euch geht es nicht gut, wenn ihr an Geld denkt. Um euch vor diesem schlechten Gefühl zu schützen, schützt ihr euch unbewusst vor Geld. Ihr glaubt, wenn Geld ein schlechtes Gefühl verursacht, ist es besser, kein Geld zu haben. Dadurch schneidet ihr euch vom Geldstrom ab.

Ach so! Unser Unterbewusstsein will uns vor einem schlechten Gefühl bewahren und trennt uns von der vermeintlichen Ursache. Das ist ja eigentlich ganz nett vom Unterbewusstsein. Schade, dass es nicht versteht, dass das schlechte Gefühl daher rührt, dass wir vermeintlich zu wenig Geld haben und dass viel Geld ein gutes Gefühl machen würde.

Bist du sicher, dass viel Geld ein gutes Gefühl machen würde?

Mal überlegen. Vielleicht hätten wir dann Angst, dass wir es wieder verlieren, oder wir müssten uns schützen, damit es keiner klaut. Wir müssten einen vertrauenswürdigen Anlageberater finden und vielleicht Immobilien kaufen und uns mit Mietnomaden herumschlagen. Vielleicht würden wir darum kämpfen, gute Zinsen zu bekommen, und wüssten nicht, ob unsere Freunde nur unseren tollen Swimming Pool oder auch uns selbst mögen. Herrje. Vielleicht würde viel Geld auch *kein* gutes Gefühl machen.

Solange euer Geldgefühl nicht rein und gut ist, ist es einfacher für euch, euch die Dinge, die ihr mit Geld kaufen wollt, direkt zu wünschen und zu erschaffen.

Gute Idee. Das Geld würden wir ja wieder für die Erfüllung unserer Wünsche ausgeben. Und wenn ich ein schlechtes Gefühl gegenüber Geld habe, aber ein gutes Gefühl gegenüber einer Ayurveda-Reise, dann ist es sicherlich leichter, mir die Reise direkt zu erschaffen.

Außerdem ist Geld wünschen so abstrakt. Wie soll das gehen? Stelle ich mir ein volles Portemonnaie vor? Oder einen Brief von der Lotterie? Vielleicht einen bestimmten Kontostand? Oder einen Koffer voller Geld? Das habe ich alles schon gedanklich durchgespielt, und jedes Mal wird aus dem Koffer voller Geld eine illegale gefährliche Angelegenheit. Illegale gefährliche Situationen will ich aber nicht erschaffen. Ich will lieber eine Ayurveda-Reise.

Sich Geld zu wünschen ist eigentlich ein komplizierter Umweg. Ich erschaffe mir jetzt das, was ich mit dem Geld machen würde. Dann habe ich auch ein Gefühl von Wohlstand, und das Geld kommt vielleicht sogar automatisch. Obwohl es dann ja gar nicht mehr kommen muss, weil ich alle meine Herzenswünsche auch ohne Geld erschaffen habe.

Ich habe mal gelesen, dass Menschen, die ihr Geld für Erlebnisse ausgeben, glücklicher sind, als Menschen, die ihr Geld für Gegenstände ausgeben.

Achtet auf euren Geldfluss. Gebt ihr euer Geld wirklich für das aus, was euren tiefsten Wünschen entspricht? Gebt ihr euer Geld für das aus, was euch Freude bereitet? Ist eure Aufmerksamkeit auf das gerichtet, was euren Herzenswünschen entspricht?

Wenn man seine Aufmerksamkeit auf Steuern richtet, muss man noch mehr Steuern zahlen.

Wenn ihr Steuern zahlt, unterstützt ihr den Staat, in dem ihr lebt. Wenn ihr einen anderen Staat als neue Heimat wählt, akzeptiert dessen Bedingungen.

So habe ich das noch gar nicht betrachtet. Wenn ich in Deutschland wohnen bleiben möchte, ist es gut, die Bedingungen hier zu akzeptieren. Wenn mir das nicht gefällt, kann ich ja umziehen und andere Bedingungen akzeptieren. Und weil ich nur noch an das denken will, was mir gefällt, denke ich jetzt, dass mir Deutschland eigentlich ganz gut gefällt und dass wir hier in ein paar Jahren das bedingungslose Grundeinkommen haben. In der Schweiz kann man bereits jemanden in den Bundesrat wählen, der sich dafür einsetzt.

Statt über Steuern zu meckern, kann ich einfach meinen Fokus auf das richten, was mir gefällt. Oder umziehen. Deutschland hat mir einen schönen See in die Nähe meiner Wohnung gebuddelt. Außerdem lebe ich hier in Frieden und habe eine sehr gute Schulbildung. Ich kann mit meinem Auto auf befestigten Straßen fahren, und wenn es brennt, kommt die Feuerwehr. Es gibt genügend Polizisten, die mein Leben beschützen, und ich darf sogar wählen gehen. Das alles wird durch meine Steuern finanziert.

Gibst du dein Geld für deine Wünsche aus?

Teilweise. Ich habe Freude an längeren Radtouren, habe mir aber ein Fahrrad gekauft, das einfach nur schön aussieht. Wenn ich damit zum Einkaufen fahre, bin ich schon außer Puste. Ein Sportrad hätte meinen Wünschen besser entsprochen. Ich male gerne, habe aber entschieden, dass in meiner

Wohnung ein besonders großes Sofa besser aussieht als ein normal großes Sofa. So habe ich keinen Platz mehr für eine Staffelei. Ich würde gerne Klavierspielen können. Aber ich habe entschieden, dass ich lieber ein sehr großes Bett kaufe statt ein normal großes und ein Klavier. Ich hätte Spaß daran, Turnringe in der Wohnung zu haben. Allerdings habe ich an der Stelle, an der sie hängen sollten, eine besonders schöne Lampe angebracht. Ich liebe es, im Meer zu schwimmen. Ich war aber schon zwei Jahre nicht mehr am Meer.

Jemine. Es war mir nicht bewusst, wie sehr ich mein Geld *nicht* für meine Lebensfreude ausgebe.[19]

Erfüllt euch eure Herzenswünsche. Empfindet Freude. Freut euch über den Reichtum anderer. Gebt und nehmt. Folgt euren Impulsen. Vertraut darauf, dass Fülle für euch bereit steht. Fühlt Reichtum und Wohlstand.

Denn wer da hat, dem wird gegeben,
dass er die Fülle habe;
wer aber nicht hat, dem wird auch das
genommen, was er hat.

– Matthäus 13, 12 –

[19] Siehe Übung 22: Herzenswünsche.

Gebt, so wird euch gegeben. Ein volles, gedrücktes, gerütteltes und überfließendes Maß wird man in euren Schoß geben; denn eben mit dem Maß, mit dem ihr messt, wird man euch wieder messen.

– Lukas 6, 38 –

Er sprach aber auch zu dem, der ihn eingeladen hatte: Wenn du ein Mittags- oder Abendmahl machst, so lade weder deine Freunde noch deine Brüder noch deine Verwandten noch reichen Nachbarn ein, damit sie dich nicht etwa wieder einladen und dir vergolten wird. Sondern wenn du ein Mahl machst, so lade Arme, Verkrüppelte, Lahme und Blinde ein, dann wirst du selig sein, denn sie haben nichts, um es dir zu vergelten, es wird dir aber vergolten werden bei der Auferstehung der Gerechten.

– Lukas 14, 12-14 –

Geld – konkret

- Du kannst deinen Wunsch auch ohne Geld erschaffen.
- Freue dich über den Reichtum anderer.
- Geld steht dir zu.
- Lasse Geld fließen.
- Gebe. Ohne Erwartung.
- Nehme. Ohne Schuld.
- Betrachte Geld als Quelle der Freude und Fülle.
- Erwarte keine Gegenleistung.
- Sieh deinen Reichtum in allem, was dich umgibt.
- Wertschätze das, was du hast.
- Du kannst so viel Geld erschaffen, wie du willst.
- Tue nichts, um einen Mangel auszugleichen.
- Tue etwas, um deine Fülle zu mehren.
- Gib dein Geld für Erlebnisse aus.
- Erfülle dir deine Herzenswünsche.

Träume

Ich habe im Kino einen irre guten Science-fiction-Thriller gesehen. Der Film heißt *Inception*.[20] Das Thema ist Dream-Sharing. Es geht darum, dass sich gleich mehrere Personen den gleichen Traum teilen. Allerdings ist nur einigen der Träumenden bewusst, dass sie sich in einem Traum befinden.

Der Protagonist ist in der Lage, dem Unterbewusstsein von Schlafenden in der Traumphase geheime Informationen zu extrahieren. Dazu vernetzt er sich mit dem Träumenden in einem gemeinsamen Traum. Cool, was? Nur der *Extractor* weiß, dass überhaupt geträumt wird. Er allein ist sich der Tatsache bewusst, dass er sich in einem Traum befindet, und kann auf diesen Traum Einfluss nehmen.

Diese Person ist nicht nur in der Lage, eine Extraktion aus einem fremden Traum vorzunehmen, er kann auch eine *Inception* durchführen. Dabei wird das Unterbewusstsein des Träumenden manipuliert. Es wird eine neue Idee im Unterbewusstsein des Träumenden erzeugt. Diese Idee soll er mit seinem Wachbewusstsein in seiner Realität umsetzten.

Ist so etwas möglich?

Ja.

---

20 Großer Kino-Blockbuster von 2010 (148 Minuten) mit Leonardo DiCaprio in der Hauptrolle, entstanden unter der Regie von Christopher Nolan, der vier Oscars einheimste und von Kritikern besonders für seine ungewöhnlich komplexe und originelle Handlung gelobt wurde.

Ja???

Ja.

Das macht mir Angst. Wer kann denn so etwas? Und wie kann man sich vor so etwas schützen?

Zunächst einmal möchten wir dich beruhigen. Keine als Mensch geborene Seele kann das gesamte Geschehen des Traumes eines anderen beobachten oder beeinflussen.

Okay, das klingt doch schon mal eine Ecke besser. Aber wer kann sich denn in meinen Traum einklinken und Informationen herausfiltern oder – was ich noch viel schlimmer finde – mir Ideen einpflanzen?

Grundsätzlich ist beides möglich. Es ist sowohl möglich, euch in euren Träumen Informationen zu entnehmen, als auch Ideen zu integrieren. Es ist für höher entwickelte Wesenheiten leicht, sich in eure Träume einzuschleichen und diese zu manipulieren. Es ist ungefähr so leicht, wie es für euch leicht ist, in das Wachbewusstsein einer anderen Person einzutreten. Ihr könnt diese Person besuchen, anrufen oder auf der Straße treffen. Es stellt keine Mühe für euch dar.

Das Einmischen in einen fremden Traum kann gezielt oder zufällig erfolgen. Beides ist möglich. Wenn ihr jemanden besucht oder anruft, ist das geplant. Wenn ihr jemanden auf der Straße trefft, ist das von eurem Wachbewusstsein nicht geplant. Genau so funktionieren auch die Treffen in einem Traum.

Andere Wesen können gezielt in euren Träumen auftauchen und diese manipulieren. Es gibt auch Wesenheiten, die sich nicht vornehmen, in euren Träumen mitzuwirken, die euch aber irgendwo in der Welt der Träume begegnen und sich für eine begrenzte Zeit im Bereich eures Unterbewusstseins aufhalten.

Das klingt aber gruselig. Wenn ich auf der Straße an fremden Menschen vorbeilaufe und sie kurz im Wachbewusstsein habe, macht mir das nichts aus. Aber dass Wesenheiten, die an meinem Traum »vorbeilaufen«, sogar darin mitspielen dürfen, finde ich beängstigend.

Du Liebe, wir versichern dir, dass jede Wesenheit, die in euren Träumen auftaucht, den Plan eurer Seele unterstützt. So wie ihr mit eurem Wachbewusstsein den lockeren Spruch geprägt habt, dass man immer den richtigen Menschen zur richtigen Zeit begegnet, so verhält es sich auch auf anderen Ebenen. Alle Wesen kommen, damit eure Seele sich entwickeln kann.

Auch die ganz bösen Wesenheiten?

Wenn eure Seele im realen Leben bestimmte Erfahrungen machen möchte, dann tauchen in eurem Leben auch Menschen auf, die euch entsprechende Erfahrungen anbieten. Dass diese Erfahrungen nicht immer angenehm sind, hast du ja selbst erlebt.

Allerdings. Ich bin Lügnern, Verbrechern und Heuchlern begegnet. Zum Glück ist das schon lange her.

Bist du empört, dass du diesen Menschen begegnet bist?

Lange Zeit war ich das. Besonders bei einer Person konnte ich nicht verstehen, wie man so gemein sein kann.

Hast du eine Lehre aus dieser Situation gezogen?

Ja. Sogar eine sehr wichtige. Wie vorhin schon erwähnt, als ich den Mietvertrag mit dieser Person unterschreiben wollte, überkam mich ein sehr schlechtes Gefühl. Ich hörte förmlich meine innere Stimme, die mir zuschrie, dass ich den Vertrag auf gar keinen Fall unterschreiben darf.

Ich habe dann aber gedacht: »Ach, so ein Quatsch, das ist doch die perfekte Wohnung, was soll daran schon verkehrt sein?«

Dieses schlechte Gefühl ist mir im Nachhinein immer wieder eingefallen. Die Lektion war für mich sehr nachhaltig. Ich vertraue jetzt mehr auf meine Gefühle.

So kannst du es dir auch mit den Traumfiguren vorstellen. Wenn zum Beispiel »böse« Wesen in deinem Traum auftauchen, haben sie entweder eine Botschaft oder sie manipulieren in Bereichen, in denen deine Seele sich entwickeln möchte.

Okay. Aber so richtig glücklich macht mich das trotzdem nicht. Außerdem habt ihr mir noch nicht gesagt, wer sich in meine Träume einschleichen kann.

Eure Träume dienen auch dazu, eurem Unterbewusstsein Symbole und Gefühle anzubieten, anhand derer eine Entwicklung oder Erkenntnis in eurem Wachbewusstsein eingeleitet wird.

Diese Symbole und Traumsituationen werden von verschiedenen Wesen gestaltet. Zunächst müsst ihr wissen, dass die Grundstruktur eines Traumes immer von eurer eigenen Seele gebaut wird. Ihr wisst ja bereits, dass jede Seele einen Seelenplan hat. Jede Nacht macht eure Seele so eine Art Inventur eurer Entwicklung.

Damit eure Erfahrungen auch tief verankert werden, gibt es Träume, deren einziger Zweck darin besteht, das im Wachbewusstsein Erlebte zu manifestieren. Natürlich erlebt ihr die Situationen im Traum nicht genau so, wie ihr sie in eurem Leben erfahren habt. Im Traum erlebt ihr eure Erfahrungen in komprimierter und verschlüsselter Form.

Euer Unterbewusstsein versteht die Sprache der Träume. Es versteht die Bilder, die Symbole und die Gefühle der Traumszenen.

Neben Träumen, die zum Verankern von Erfahrungen dienen, habt ihr auch Träume, die das, was ihr erlebt habt, verarbeiten. Oft erlebt ihr mit eurem Wachbewusstsein viele wichtige Situationen in kurzer Abfolge. Eure Träume dienen dann dazu, das Erlebte zu sortieren und in die richtigen Bereiche eures Unterbewusstseins einzuordnen.

Desweiteren habt ihr Träume, in denen euch eure Seele auf den nächsten Entwicklungsschritt vorbereitet. Euer Unterbewusstsein bekommt dann Signale, damit es auf die nächsten Erfahrungen vorbereitet wird.

Außerdem gibt es Träume, in denen euch eure Seele auf mögliche Gefahren in den nächsten Entwicklungsstufen hinweist.

Jetzt bist du dran: Rate mal, in welche Träume sich andere Wesen einschleichen können.

Mal abgesehen von der Tatsache, dass ihr mir noch immer nicht gesagt habt, welche Wesen sich überhaupt in meine Träume einschleichen können, rate ich jetzt trotzdem mal.

Also, Träume, die zum Verankern von Erlebtem dienen ... Nein, eher nicht, das würde ja das Erlebte verfälschen, und das macht sicherlich keinen Sinn.

Träume, in denen Erlebtes verarbeitet und sortiert wird: Das macht eigentlich auch keinen Sinn. Es ist ja bereits alles erlebt und wird nur noch katalogisiert.

Dann haben wir noch Träume, die uns auf die nächsten Entwicklungsschritte vorbereiten: Ja, das könnte ich mir vorstellen. Bei neuen Schritten gibt es ja wieder neue Hürden und Hindernisse, ich könnte mir vorstellen, dass fremde Wesen in solche Träume hineinkommen können, um uns auf Neues vorzubereiten.

Träume, die uns auf mögliche Gefahren bei den nächsten Schritten hinweisen: Ja, das kann ich mir gut vorstellen.

Habe ich richtig geraten?

Prima, du hast erkannt, dass Träume, die eure bewusste Vergangenheit verankern oder verarbeiten, nicht von fremden Wesen besucht werden können. Diese Träume sind sozusagen dicht, sie sind nicht öffentlich zugänglich.

Träume, die eure bewusste Zukunft betreffen, sind für andere Wesen hingegen zugänglich.

Es war notwendig, dass ihr dies alles wisst, bevor wir euch nun berichten, welche Wesenheiten es sind, die überhaupt Zugriff auf eure Träume nehmen können.

Endlich.

Wir können dir schon mal so viel sagen: Alle Wesenheiten, die sich in der siebten oder höheren Dimensionen befinden, haben Zugriff auf eure Träume. Weißt du noch, welche Wesen sich in welchen Dimensionen aufhalten?

Ja. Ihr habt es mir im ersten Buch erklärt. Alle diese Dimensionen haben gemeinsam, dass sich dort körperlose Wesen befinden. Ihr habt gesagt, dass sich in der siebten Dimension Wesen mit unterschiedlichen Schwingungen aufhalten. Auf der achten Ebene befinden sich nur noch Gruppenseelen, die an Gruppenzielen arbeiten. In der neunten Dimension lebt ihr, die Arcturianer. Das ist die Ebene, in der nur noch Wesen existieren, die mit dem Bewusstsein der Galaxien und dem Bewusstsein jeder Lebensform verbunden sind.

Ihr habt mir gesagt, dass die zehnte Dimension die Schöpfungspläne für die unteren Dimensionen macht und dass sich in der elften Dimension die Erzengel befinden. Gibt es böse Wesen denn nur in den unteren Ebenen?

Die Wesen mit destruktiven Energien gibt es ab der zehnten Dimension nicht mehr.

Dann können also alle Wesen ab der siebten Dimension Zugriff auf meine Träume nehmen. Aber böse Wesen gibt es nur bis zur neunten Dimension. Dabei gibt es viel mehr Dimensionen. Und alle Wesen aus allen Dimensionen höher als sieben können sich theoretisch in meine Träume einmischen.

Das Eingreifen in menschliche Träume ist vorwiegend die Aufgabe von Wesen aus der neunten Dimension, zum Beispiel der Weißen Schwesternschaft und Bruderschaft oder von uns. Höheren Wesen ist es möglich, in eure Träume einzugreifen, aber sie haben wenig Interesse daran. Sie haben andere Aufgaben.

Meine Seele macht das Gerüst für einen Traum. Wenn es sich um Träume handelt, die meine bewusste Vergangenheit betreffen, dann macht meine Seele den Traum ganz allein. Wenn es Träume sind, die meine bewusste Zukunft betreffen, dann können sich Wesen ab der siebten Dimension in dem Traum einnisten. Tatsächlich nisten sich aber nur Wesen der siebten bis neunten Dimension in meinen Träumen ein. Es ist möglich, dass sich böse und gute Wesen in meinen Träumen einnisten. Aber alle unterstützen den Plan meiner Seele. Habe ich das so richtig zusammengefasst?

Du hast es hervorragend zusammengefasst.

Wenn ich von irgendwelchen Monstern träume, könnte es demnach sein, dass sich tatsächlich böse Wesen in meine Träume eingeschlichen haben. Aber sie weisen mich dann nur auf mögliche Gefahren hin. Wenn diese Wesen nicht in meinen Traum gekommen wären, hätte mir meine Seele die Gefahr auf eine andere Art und Weise gezeigt, zum Beispiel durch ein Gefühl oder ein Symbol.

So ist es.

Ich habe gelesen, dass man in luziden Träumen, wenn man also im Traum weiß, dass man träumt, die Traumwesen befragen kann, was sie symbolisieren und dass man sich im Traum mit anderen verabreden und das ausleben kann, was man sich wünscht.

Hat das luzide Träumen nicht vielleicht auch Auswirkungen auf unsere Schöpferkraft? Wenn ich zum Beispiel im Traum viel Freude habe, erschaffe ich dann auch mehr Freude für mein reales Leben?

Das bewusste Träumen hat mehr Einfluss auf euer reales Leben, als ihr bislang ahnt. Ihr könnt Fähigkeiten im Traum erwerben, die ihr im Wachbewusstsein nutzen könnt. Ihr könnt Erkenntnisse haben, von denen ihr am Tag profitiert. Wir raten euch, das bewusste Träumen zu erlernen. Irgendwann werdet ihr keinen Unterschied mehr feststellen zwischen euren Fähigkeiten im Wachbewusstsein und denen im Traumbewusstsein. Irgendwann ist eure Seele so weit entwickelt und euer Körper in der Lage, sich selbst zu regenerieren, dass ihr weder Schlaf noch Traum benötigt. Dies wird die Zeit sein, in der ihr auch euren Körper nicht mehr ständig benötigt.

Auf diese Zeit freue ich mich schon. Ich habe mal ein Video von jemandem gesehen, der in seinen Klarträumen gelernt hat, den Wind zu bezwingen. Irgendwann konnte er es auch im Wachbewusstsein. Auf dem Video sieht man, wie er dem Laub – also dem Wind – befiehlt, wie es sich wann in welche Richtung bewegen soll. Wie ein Dirigent. Das Laub folgt den Anweisungen seiner Hände.

Ich habe auch von Sportlern gehört, die ihre Fähigkeiten in bewussten Träumen ausgebildet haben. Und Albert Einstein entdeckte die Relativitätstheorie in einem Klartraum.

Die einfachste Art, einen Klartraum zu bekommen, ist, sich am Tage öfter zu fragen, ob man wach ist oder träumt. Man kann dazu auf die Uhr gucken. Im Traum zeigen Uhren oft komische Zeiten an. Mir ist es in einem Klartraum mal passiert, dass die Zeitanzeige in meinem Auto ein rotes Herz statt einer Uhrzeit gezeigt hat. Man kann auch auf seine Hand schauen und die Finger zählen. Im Traum hat man oft eine andere Anzahl Finger als in echt. Man kann auch überlegen, wie man in die Situation gekommen ist, in der man sich gerade befindet. Im Traum gibt es oft keine Situations-Vergangenheit, die Traum-Situationen entstehen aus dem Nichts. Man kann aber auch einen Gegenstand anschauen, wegschauen und wieder hingucken. Im Traum hat sich der Gegenstand dann oft verändert oder ist verschwunden.

Wenn man solche Übungen häufiger am Tag macht, nimmt man diese Gewohnheit mit in das Traumbewusstsein. Sobald man dann im Traum bemerkt, dass man träumt, kann man alles machen, was man will. Fliegen, Reisen, mit dem Wind spielen, Fähigkeiten trainieren, die Traumfiguren nach einem Hinweis für das Leben fragen, Sex mit Wunschpersonen haben, einfach alles, *no limits.*

Können wir nicht auch eine Firewall gegen böse Traumwesen installieren?

Weißt du noch, dass wir nachts nur mit euch arbeiten, wenn eure Seele uns darum gebeten hat?

Ja, das weiß ich noch. Ihr arbeitet auf feinstofflicher Ebene nur mit uns, wenn unsere Seele vor unserer Geburt mit euch Kontakt aufgenommen hat und euch auch in diesem konkreten Leben gebeten hat, mit uns zu arbeiten.

Für eure Träume gilt das Gleiche. Sowohl wir Arcturianer als auch die Weiße Schwestern- und Bruderschaft, die Erzengel und alle anderen Wesen, die die Entwicklung eurer Seele unterstützen, wirken an euren Träumen nur dann mit, wenn eure Seele oder euer Wachbewusstsein darum gebeten hat.

Wir können eure Träume wie einen Kinofilm beobachten. Wir behandeln eure Träume genau so wie eure Gedanken. Wir schauen nur zu, wenn wir eine Einladung erhalten.

Und was ist jetzt mit der Firewall gegen böse Wesen?

Wenn ein Arcturianer, jemand von der Weißen Schwestern- und Bruderschaft oder ein Engel einen eurer Träume mitgestaltet, dann kommt kein anderes destruktives Wesen zu diesem Traum hinzu.

Es gibt Ausnahmen. Diese Träume werden dann jedoch von Wesenheiten aus höheren Ebenen beobachtet, und die bösen Wesen, um bei deiner Wortwahl zu bleiben, wissen, in welchem Rahmen sie sich bewegen dürfen. Ein Zuwiderhandeln hätte weitreichende Folgen in ihrem Seelenplan, und es kommt so gut wie nie vor.

Und was ist mit den Träumen, in denen keiner von euch »Guten« dabei ist? Oder können wir euch bitten, an jedem unserer Träume teilzunehmen, um ganz sicher zu gehen?

Es ist nicht vorgesehen, dass wir jeden eurer Träume begleiten. Wir erfüllen bestimmte Aufgaben in euren Träumen, und diese sind nicht in jedem Traum erforderlich. Es ist auch nicht weise, uns darum zu bitten, in jedem eurer Träume präsent zu sein, um euch vor bösen Wesenheiten zu schützen.

Du kannst sicher sehr leicht erraten, warum.

Ja, das ist leicht. Wenn ich etwas tue, um etwas zu vermeiden, dann erschaffe ich es umso mehr. Wenn ich mich vor bösen Wesen schützen will, lade ich sie ein, an meinen Träumen mitzuwirken. Es gibt also keine Firewall?

Es ist Teil eurer Seelenpläne, dass ihr die Anwesenheit von euch nicht wohlgesonnenen Wesenheiten wahrnehmen und akzeptieren könnt. Auch im realen Leben lernt ihr, mit Menschen umzugehen, die euch nicht wohlgesonnen sind.

Solchen wie mein Vermieter? Heute ist mir egal, ob er lebt oder nicht. Ich würde nie wieder auf so jemanden hereinfallen.

So ist es auch auf der Traumebene. Es gibt diese Wesen, und auch sie erfüllen ihre Aufgabe in eurem Seelenplan. Und wenn ihr im Wachbewusstsein die Wahl trefft, euch nur noch auf das auszurichten, was euch wirklich gefällt, wird sich diese Gewohnheit auch auf eure Träume übertragen.

Also keine Firewall. Schade. Aber immerhin: Alles verläuft nach Plan. Ist ein bewusster Traum nicht automatisch eine Firewall gegen Eindringlinge?

Du hast uns im ersten Buch erzählt, dass du bereits luzide Träume hattest. Vielleicht möchtest du uns jetzt berichten, was in diesen Träumen passiert ist?

An meinen ersten Klartraum kann ich mich besonders gut erinnern. Ich befand mich vor einem Supermarkt in meinem Heimatort, in dem ich zu der Zeit auch noch lebte, also nichts

Ungewöhnliches. Dort begegnete mir mein Chorleiter. Das kam mir ungewöhnlich vor. Mein Chorleiter wohnte in einer anderen Stadt und würde kaum in meinem kleinen Dorf einkaufen gehen. Mir kam dann der Verdacht, dass diese Situation ein Traum sein könnte. Ich habe dem Chorleiter zugerufen: »Hallo Josef, sag mal, bist du echt, oder träumen wir gerade?« Ich weiß nicht mehr wörtlich, was er geantwortet hat, aber er hat mir zu verstehen gegeben, dass ich träume. Ich bin dann ganz nervös geworden. Zwar hatte ich schon häufig geübt, den Unterschied zwischen Traum und Wirklichkeit zu erkennen, aber ich hatte mir nie Gedanken darüber gemacht, was ich in einem Traum verändern oder erleben wollte.

Ich hatte die Idee, dass ich mir ein Auto erschaffen könnte. Schwupps, saß ich in einem Auto. Dann habe ich meinen Chorleiter eingeladen, sich zu mir zu setzen. Schwupps, saß er schon auf dem Beifahrersitz. Danach wollte ich mit dem Auto fliegen. Der Wagen hob tatsächlich von der Straße ab, und wir schwebten mit dem Auto über den Baumwipfeln. Ich war so dermaßen aufgeregt, ich dachte die ganze Zeit nur: »Oh mein Gott, ich träume. Ich träume, und ich fliege, und ich weiß das alles. Ich kann bestimmen, was passiert. Oh mein Gott, oh mein Gott.« Ich war wohl zu aufgeregt, denn ich bin dann unmittelbar aufgewacht.

Konntest du in dem Traum unterscheiden, ob wir oder andere Wesenheiten in Form des Autos, des Chorleiters, der Bäume, der Straße oder des Supermarktes in Erscheinung getreten sind?

Nein. Ich war schon froh, dass ich überhaupt erkannt hatte, dass ich träume.

Tatsächlich ist es so, dass ihr trainieren könnt, mit eurem Wachbewusstsein auf die Traumebene vorzudringen. Es ist euch jedoch nicht möglich, zu erkennen, wie das, was euch im Traum begegnet, Zugang zu dem Traum gefunden hat.

Könnte sich eine Wesenheit, die mir nicht wohl gesonnen ist, weigern, mit mir im Auto zu fliegen?

Du Liebe, diese Wesenheiten führen ihre eigene Regie. Sie erschaffen ihren Teil deines Traumes genauso, wie du es tust. Es könnte sein, dass eine solche Wesenheit sich weigern würde, in der Gestalt, in der sie erscheint, mit dir zu fliegen. Ebenso können sich aber auch Figuren, die dir wohlgesonnen sind, weigern, mit dir zu fliegen. Du könntest dann diese Traumfigur fragen, warum sie nicht in dein Auto steigen oder worauf sie dich hinweisen möchte. Wenn ihr die Antworten versteht, könnt ihr auf dieser Ebene bereits einige Lektionen im Wachbewusstsein abkürzen.

Also am besten, wir lernen luzides Träumen.

Und wenn ihr es nicht lernt, ist es auch nicht schlimm. Ihr bestimmt, wie ihr euch entwickelt und was ihr lernen möchtet.

Träume – konkret

- Deine Träume dienen der Entwicklung deiner Seele.
- Deine Träume verankern das, was du im Wachbewusstsein erlebt hast.
- Träume bereiten dich auf neue Entwicklungsschritte vor.
- Du kannst Fähigkeiten im Traum erwerben, die du in deinem Wachbewusstsein nutzen kannst.
- Es könnte hilfreich sein, luzides Träumen zu erlernen.

Vertrauen

Können sich die bösen Wesen aus meinen Träumen auch in mein Wachbewusstsein schleichen?

Nur wenn ihr Löcher im Vertrauen habt. Wenn ihr nicht im Vertrauen in das seid, was ihr wünscht, könnt ihr Ereignisse und Personen anziehen, die euch nicht gefallen. Das gilt für euer Wachbewusstsein und auch für euer Traumbewusstsein.

Wie meint ihr das? Was sind Löcher im Vertrauen?

Wenn ihr im Vertrauen seid, dass alles, was ihr erlebt, richtig und gut ist, dann seid ihr stark. Ihr habt dann eine Art Firewall im Bewusstsein, so dass sich kein Fremdwesen in euren Erfahrungen einnisten kann. Sorgen, Ängste und Zweifel hingegen sind die genannten Löcher im Vertrauen.

Mir hat mal jemand gesagt, dass Zuversicht und Vertrauen die höchsten spirituellen Eigenschaften sind, die ein Mensch haben kann. Wenn ich im Vertrauen bin, schaffe ich keine Löcher. Und deshalb kann sich dann auch kein Fremdwesen in meinem Wachbewusstsein einnisten.

Das hast du schön erklärt.

In meinem Umfeld gibt es jemanden, der böse Geister sieht, sich von ihnen verfolgt fühlt und der Meinung ist, dass die Welt schlecht und er das Opfer ist. Er hat bereits alles verloren, was man überhaupt verlieren kann. Seine Frau, seine Freunde, seine Wohnung, seinen Job, das Sorgerecht für sein Kind.

Könnt ihr mir etwas Schlaues dazu sagen?

Nun ja, kann du dir mit deinem bisherigen Wissen nicht selbst etwas Schlaues dazu sagen?

Im Wachbewusstsein haben böse Geister nur Zugriff auf unser Leben, wenn wir Löcher im Vertrauen, also Sorgen, Ängste oder Zweifel haben. Folglich hat dieser Mensch wohl einfach zu viele Zweifel und Sorgen. Aber wie kann man von einem Leben voller Sorgen zu einem Leben voller Vertrauen finden? Was können wir tun, um unsere Sorgen zu verringern und unser Vertrauen zu stärken?

Weißt du noch, wie du deinen roten Mini erschaffen hast?

Das fragt ihr mich andauernd. Natürlich weiß ich das noch. Ich habe mir ein Bild von so einem Mini an meinen Kühlschrank gehängt und auf mein Handy geladen. Ich habe also stets auf das Mini-Foto geschaut. Dann habe ich allen erzählt, dass ich bald einen roten Mini fahre, und danach kam er ganz einfach zu mir.

Wir haben dann unterschieden zwischen Wünschen mit und ohne Gegenspieler. Also, den Mini wollte ich einfach nur haben, ich wollte nicht von einem anderen Auto wegkommen. Bei Sorgen und Ängsten ist das anders. Wir wollen *weg* von den Sorgen und *hin* zum Vertrauen.

Wenn ich gegen Sorgen, Ängste und Zweifel ankämpfe, erschaffe ich Situationen, die mich noch mehr ängstigen und zweifeln lassen.

Übertragen auf diesen Menschen bedeutet das, dass er am Anfang vielleicht einfach nur ein paar normale Sorgen und Ängste hatte und dann ganz intensiv versucht hat, diese Zweifel, Sorgen und Umstände zu bekämpfen. Und weil er durch seine Sorgen Löcher im Vertrauen hatte, konnten sich Wesenheiten einnisten, die ihm dann eine Horror-Realität erschufen.

Ihr habt gesagt, eine Möglichkeit, den Teufelskreis zwischen Erschaffen und Erleben zu durchbrechen, sei Gleichgültigkeit. Aber ich bin mir nicht sicher, ob man jemandem, der sich gerade aktiv von bösen Geistern bedroht fühlt, raten kann, diese Wesen einfach zu ignorieren. Als weitere Lösung hatten wir herausgefunden, dass man auch einfach so tun kann als ob. Dieser Mensch könnte einfach so tun, als wäre er voll im Vertrauen, er könnte so tun, als liefe alles gut. Aber ich glaube, das ist eine zu große Aufgabe für ihn. Die Differenz zwischen zu viel Sorgen und voll im Vertrauen ist einfach zu groß.

Ihr habt gesagt, dass wir alles, was wir nicht mehr bewerten, in die Schwingung der Liebe hüllen und dass alles, was nicht mehr bewertet wird, heilen kann. Das würde ja bedeuten, dass, wenn dieser Mensch es schaffen könnte, seine Sorgen nicht mehr zu bewerten, sondern annehmen könnte, dass sie nicht mehr da sind, er eine reale Chance hätte, dass sie mit der Zeit verschwinden.

Die einzige Möglichkeit, die ihr auf eurer Ebene habt, Wesen zu vertreiben, die euch nicht wohlgesonnen sind, ist, nicht gegen eure Sorgen und Ängste anzukämpfen. Es ist auch die einzige Möglichkeit, euer Vertrauen und eure Zuversicht zu stärken.

Wir wissen, dass diese Lernaufgabe nicht leicht für euch ist. Aber wir wissen, dass ihr es schafft.

Jeder?

Jeder! Die meisten von euch haben viele Leben dafür benötigt. Einigen von euch gelingt es bereits in bestimmten Lebensbereichen. In anderen Lebensbereichen lernt ihr aber noch und macht weiter eure Erfahrungen. Doch ihr seid nun alle in der Lage, vollkommenes Vertrauen zu fühlen und zu sein.

Dieser Mensch könnte die Geister vertreiben, indem er seine Ängste einfach so annimmt, wie sie sind. Wenn er einfach akzeptiert, dass er diese Ängste, Sorgen und Lebensumstände hat und sie nicht mehr bekämpft. Und dann seinen Fokus auf das richtet, was er will, stimmt's?

Wir gratulieren dir. Du hast es erfasst!

Danke.

Glaubt an das, was noch nicht materialisiert, aber bereits in eurer Vorstellung vorhanden ist. Wenn ihr Vertrauen in euren Glauben setzt, werdet ihr erschaffen, an was ihr glaubt.

Wenn ihr nicht sicher seid, woran ihr tatsächlich glaubt, so betrachtet euer Leben. Das, woran ihr glaubt, ist in eurem Leben manifestiert. Ihr müsst keine Innenschau betreiben, um zu erkennen, an was ihr glaubt. Schaut auf euer Leben und begreift, dass es genau das ist, woran ihr glaubt.

Versucht nicht, eure Glaubensmuster herauszuarbeiten oder aus dem Verborgenen zu holen. Damit nährt ihr den Gedanken, dass es etwas gibt, was in euch verborgen ist und sich eurem Einfluss entzieht. Betrachtet euer Leben, und wenn euch nicht gefällt, was ihr seht, trefft eine neue Wahl. Vertraut darauf, dass jede neue Wahl euer Leben verändern wird. Handelt, denkt und sprecht so, als wäre eure Wahl bereits verwirklicht. Glaubt daran. Euer Glaube ist das Sonnenlicht und der Regen, der euren Wunsch zum Wachsen bringt.

Wenn ihr Mohrrüben-Samen in die Erde sät, schaut ihr auch nicht jeden Tag nach, ob die Möhre schon fertig ist. Ihr wisst, wenn die Pflanze ausreichend Wasser und Sonne bekommt, könnt ihr eines Tages die Möhre ernten.

Glaube und Vertrauen sind Sonne und Wasser für meine Wünsche. Mein Wunsch ist der Samen. Wenn ich ausreichend vertraue, kann ich eine Möhre ernten. Die Möhren sind meine Wünsche. Okay. Verstanden.

Aber wie kann ich denn am Einfachsten meinen Glauben ändern?

Euer Glaube resultiert aus euren Gedanken.

Gedanken ändern klingt einfacher, als den Glauben zu ändern. Wie kann ich denn prüfen, ob ich wirklich schon glaube oder ob ich vielleicht doch noch im Zweifel bin?

Wenn ihr an die Erfüllung eurer Wünsche denkt und euch dabei gut fühlt, seid ihr im Vertrauen. Wenn ihr euch bei dem Gedanken an euren Wunsch schlecht fühlt, zeigt euch dieses Gefühl, dass ihr im Zweifel, im Mangel oder in der Angst seid.

Und der Glaube allein hilft schon, alle Ängste und Zweifel zu vertreiben?

Eure Mediziner machen Experimente mit Placebo-Medikamenten. Sie verabreichen den Patienten Medizin, die lediglich aus Traubenzucker besteht. Solange die Patienten glauben, es sei ein echtes Medikament, zeigt der Traubenzucker bei den Meisten eine heilende Wirkung. Ihr Glaube an die Wirkung vollbringt die Heilung.

Man könnte also rein theoretisch auch daran glauben, dass rote Gummibärchen heilende Wirkung haben?

Wenn ihr daran glauben könnt, werden euch auch rote Gummibärchen helfen.

Dafür sind wir schon zu erwachsen. Aber so funktioniert sicher die Arbeit der Medizinmänner in Afrika.

Es ist immer euer Glaube, der entscheidet, ob euch etwas hilft oder nicht. Wenn ihr glaubt, dass selbst die beste Medizin der Welt euch nicht helfen kann, so wird sie euch nicht helfen. Wenn ihr glaubt, Kräuter helfen euch besser als pharmazeutische Erzeugnisse, werden euch die Kräuter helfen. Wenn ihr Naturheilverfahren für Humbug haltet, werden euch diese Methoden nicht heilen können. Mit eurem Glauben entscheidet ihr, was euch hilft.

Ich persönlich glaube ja, dass schwarzer Assam-Tee mit Zitrone und Honig gegen alles hilft. Liebeskummer, schlechte Laune, schlechte Haut, Bauchweh, Schnupfen, Grippe, Erschöpfung. Leider glaube ich auch, dass schwarzer Tee gelbe Zähne und Schlaflosigkeit verursacht. Wie kann ich das ändern? Ich möchte gerne glauben, dass schwarzer Tee weiße Zähne macht und mein Schlaf unabhängig von meinen Getränken tief und fest ist.

Du weißt bereits, wie du deinen Glauben ändern kannst.

Indem ich meine Gedanken verändere. Aber wie kann man denken, dass schwarzer Tee weiße Zähne und guten Schlaf verursacht, wenn einem jeder das Gegenteil erzählt?

Hast du schon einmal etwas erschaffen, obwohl alle anderen dir erzählt haben, dass es nicht möglich ist?

Ich habe mal eine Lizenz bekommen, so eine Art Abschlusszeugnis für die erfolgreiche Teilnahme. Der Seminarleiter hatte von Anfang an gesagt, dass es nicht möglich ist, nach der Mindestanzahl der Seminare die Lizenz zu bekommen. Ich dachte mir, dass die Seminare eigentlich teuer genug sind und dass es doch möglich sein muss, die Lizenz schon unmittelbar nach der Mindestanzahl der Kurse zu bekommen. Das erzählte ich auch ein paar anderen Teilnehmern. Am Ende des letzten Pflichtlehrgangs erhielten drei von hundert Teilnehmern wider Erwarten die Lizenz. Ich und zwei Kollegen, denen ich davon erzählt hatte, dass dies möglich sein muss.

Wie hast du in dieser Situation deinen Glauben geändert?

Ich musste ihn ja nicht ändern. Ich habe mich einfach von Anfang an geweigert, zu glauben, was man mir gesagt hat. Bei dem schwarzen Tee glaube ich daran. Ich habe ja gelblichere

Zähne, wenn ich viel davon trinke, und ich kann wirklich nachts nicht gut einschlafen, wenn ich tagsüber viel Tee getrunken habe. Das ist mir Beweis genug.

Du hast auch schon mal einen Glauben geändert und danach andere Erfahrungen gemacht.

Ihr meint die Neurodermitis. Da habe ich einfach entschieden, dass ich keine Neurodermitis mehr habe. Egal, welche Ursachen angeblich dafür verantwortlich sind. Ihr meint, ich muss nur entscheiden, weiße Zähne und einen gesunden Schlaf zu haben? Total unabhängig von dem Gedanken an Tee?

So meinen wir es.

Verstehe. Noch kann ich das nicht. Der Glaube an die Wirkung von schwarzem Tee ist einfach zu groß. Zum Glück wirkt er ja auch tatsächlich gegen Liebeskummer, schlechte Laune, Schnupfen und Grippe. Mein Glaube an die Wirkung des Tees begann, als ich einen Film sah, in dem folgender Satz fiel: »In einer schwierigen Situation trinken wir Engländer zunächst einmal eine Tasse Tee.«

Jedes Mal, wenn ihr etwas vermeiden möchtet, richtet ihr eure Aufmerksamkeit darauf und erschafft es damit erneut.

Wenn ich mich vor gelben Zähnen schützen möchte, erschaffe ich gelbe Zähne. Das bedeutet, wenn ich schwarzen Tee trinke und glaube, dass ich davon gelbe Zähne bekomme, bekomme ich gelbe Zähne. Und wenn ich schwarzen Tee meide, weil ich mich vor gelben Zähnen schützen will, bekomme ich dennoch gelbe Zähne. Dann bekomme ich ja auf jeden Fall gelbe Zähne, solange ich sie vermeiden möchte. Dann ist es auch vollkommen egal, ob ich schwarzen Tee trinke.

Ich kann nur von gelben Zähnen wegkommen, wenn meine Gedanken von gelben Zähnen wegkommen. Ich muss die Gedanken an gelbe Zähne durch Gedanken an weiße Zähne ersetzen. Dann bekomme ich entweder von alleine weiße Zähne, oder ein Wissenschaftler findet heraus, dass schwarzer Tee weiße Zähne verursacht, und ich kann an seine Studie glauben oder werde zu etwas geführt, was weiße Zähne macht, oder mir schmeckt plötzlich schwarzer Tee nicht mehr ... was allerdings die schlimmste Variante wäre.

Gelbe Zähne stehen für all das, was ich vermeiden will. Gut ist, wenn ich mich frage, was ich stattdessen will. Dann richte ich meine Aufmerksamkeit auf das, was ich will. An das, was ich denke, werde ich glauben. Und was ich glaube, erschaffe ich.

Prima.

Wieso fällt es uns so schwer, ins Vertrauen zu kommen?

Ihr seid auf der Erde, um das, was eure Seele bereits weiß, in Erfahrung zu bringen. Eure Seele weiß, dass ihr Licht und Liebe seid. Um zu wissen, was Licht und Liebe bedeutet, hat sich eure Seele entschieden, das Gegenteil von Licht und Liebe kennen zu lernen.

Ihr habt für eure Inkarnation Eltern und Umstände gewählt, die euch entsprechend der Entwicklung eurer Seele ein ideales Erfahrungsfeld bieten. Ihr habt Eltern gewählt, die ebenfalls nicht wussten, was Licht in Gegenwart von Dunkelheit und Abwesenheit von Liebe bedeutet. So habt ihr die Welt eurer Kindheit mit den Glaubenssätzen eurer Eltern auf das gesamte Universum übertragen. Öffnet euch dafür, dass nun andere Gesetze für euch gelten.

Als Kind wollte ich ein Klavier haben. Meine Eltern – also mein gesamtes Universum – haben gesagt, dass ein Klavier zu teuer ist. Damit war entschieden, dass es kein Klavier für mich gibt. Ich habe das Nein meiner Eltern akzeptiert. Und nun dürfen wir lernen, dass es kein Nein gibt, dass wir alles haben können, was wir uns wünschen? Wir brauchen nur offen für neue Gesetze und bereit zu sein, alte Glaubenssätze loszulassen? Das ist doch echt der Hammer!

Es ist ganz einfach: Wenn ihr daran glaubt, arm zu sein, könnt ihr nicht die Erfahrung machen, reich zu sein. Wenn ihr daran glaubt, krank zu sein, könnt ihr nicht die Erfahrung machen, gesund zu sein. Wenn ihr daran glaubt, hässlich zu sein, könnt ihr nicht die Erfahrung machen, schön zu sein.

Ein Freund hatte sich einmal in einer Ferienanlage mit vielen anderen Urlaubern eingebucht. Jeden Tag wurden dort Wertsachen gestohlen. Die Gäste mieteten Safes, trugen ihr Bargeld am Körper, und dennoch verschwanden täglich Kameras, Handys, Schmuck und Geld. Dann traf mein Freund eine Frau, der das alles ganz egal war. Sie ließ ihr Geld und Handy offen im Zimmer herumliegen. Sie erklärte ihm, dass sie kein Thema mit Geld hätte, dass ihr noch nie jemand etwas geklaut hätte und dass das auch hier nicht geschehen würde. Obwohl sich die Diebstähle in der Anlage fortsetzten, wurde dieser Frau kein einziger Cent gestohlen.

Ich war auch mal bei einem Bekannten, der ein Kartenspiel auf seinem Computer spielte. Er erklärte mir die Regeln, ich fing an zu spielen und gewann die ersten fünf Spiele. Dann fragte er mich, wie ich das gemacht hätte. Ich schaute ihn staunend an und fragte: »Was?« – »Na, dass du jedes Spiel gewinnst.« – »Man kann nicht jedes Spiel gewinnen?« – »Nein. Es ist so eingestellt, dass man nur jedes vierte oder fünfte Spiel gewinnen kann.« – »Oh.« Danach habe ich nie wieder fünf Spiele hintereinander gewonnen. Ich glaubte daran, dass man jedes Spiel gewinnen kann, und gewann jedes Spiel. Als ich daran glaubte, dass man nur jedes vierte oder fünfte Spiel gewinnen kann, machte ich die Erfahrung, dass ich nur jedes vierte oder fünfte Spiel gewann.

Alles, was ihr denken könnt, ist möglich. Das, woran ihr glaubt, zieht ihr in euer Leben. Wenn ihr zweifelt oder Angst habt, nährt ihr den Glauben daran, dass es nicht möglich ist. Euer Zweifel ist euer Glaube an das, was ihr nicht wünscht.

Manchmal kann ich mir nicht vorstellen, wie das gehen soll. Wenn ich mir ein Haus wünsche und es nicht selbst baue oder kaufe, kann ich mir kaum vorstellen, dass ich ein Haus bekomme. Wo soll das denn herkommen?

Wünschst du dir denn ein Haus?

Nein. Um Gottes Willen. Das war nur ein Beispiel. Ich habe bei meinen Eltern gesehen, dass man eigentlich der Sklave seines Hauses ist. Andauernd muss man es renovieren, putzen und den Garten pflegen. Ein Haus kostet Zeit und Geld. Ich will auf gar keinen Fall ein Haus.

Sag das nicht zu laut.

Oh. Also, ich richte meinen Fokus auf eine schöne Dachgeschosswohnung.

Ihr müsst nicht wissen, wie die Dinge zu euch kommen. Auch das gehört zum Vertrauen. Kümmert euch nicht darum, wie sich eure Wünsche erfüllen. Seid einfach im Glauben daran, dass sie sich erfüllen. Folgt euren Impulsen und vertraut.

Wenn ich den Impuls habe, das Haus selbst zu bauen, sollte ich damit anfangen, aber wenn ich diesen Impuls nicht habe, sollte ich es sein lassen, ja?

So meinen wir es. Vielleicht bekommst du den Impuls, an einen bestimmten Ort zu gehen oder eine bestimmte Zeitschrift zu kaufen. Folgt euren Impulsen und seid vorbereitet.

Könntest du ein Haus bauen?

Ganz und gar nicht. Ich musste zwar bei einem Anbau an unserem Haus mithelfen, aber ich verfüge nur über die Fähigkeiten eines guten Handlangers. Niemals könnte ich ein Haus selbst bauen. Kein Statiker der Welt würde das jemals abnehmen. Um mir ein Haus zu erschaffen, müsste ich wirklich ins

Vertrauen gehen ... oder noch häufiger herumerzählen, dass ich auf gar keinen Fall ein Haus haben möchte.

Aber ich verstehe. In unserer alten Welt konnte nur ein Haus bekommen, wer es finanzieren oder bauen konnte. Nun kann sich jeder ein Haus erschaffen, selbst wenn er zwei linke Hände und ein leeres Bankkonto hat. Es zählen allein der Glaube und die Aufmerksamkeit.

Mir gefallen die neuen Gesetze. Sie sind chancengleich und grenzenlos.

Kümmert euch nicht darum, wie euer Wunsch in Erfüllung geht. Kümmert euch nur um euren Wunsch.

Auch bei der Traumfigur? Muss man sich da nicht um Sport oder Ernährung kümmern?

Achtet auf eure Impulse. Vielleicht seid ihr von einer Sportart fasziniert, dann probiert sie aus. Vielleicht fällt euch ein Ernährungsbuch in die Hand. Tut so, als hättet ihr euren Traumkörper bereits, freut euch, wenn ihr einen Menschen mit einem schönen Körper seht.

Erstaunlich. Egal, über welches Thema wir reden. Es läuft immer alles auf das Gleiche hinaus. Alles ist möglich, der Glaube entscheidet. Aufmerksamkeit und Fokus ausrichten. So tun als ob und auf Impulse achten.

Als ich mich früher schon einmal mit Zielen beschäftigt habe, hieß es, dass ein Ziel selbst erfüllbar, realistisch und präzise formuliert sein muss. Ziele sollten egoistisch sein.

Ein Ziel ist euer Bedürfnis, etwas Bestimmtes zu erreichen, eine Leistung zu erbringen.

Ach, tatsächlich? So wie »Nächstes Mal laufe ich die 400 Meter in 50 Sekunden«?

Ziele sind von euch selbst zu erreichen. Sie müssen selbst erfüllbar und realistisch sein, sonst könntet ihr sie nicht erlangen.

Ihr habt gelernt, dass ihr Ziele erreichen könnt. Ihr wisst, was ihr dafür tun müsst. Um eine Strecke in kürzerer Zeit zu laufen, müsst ihr trainieren. Um eine realistische Gehaltserhöhung zu bekommen, müsst ihr euch bei der Arbeit entsprechend verhalten oder eine bestimmte Anzahl von Jahren dort tätig sein. Um zehn Kilo abzunehmen, müsst ihr euch bewegen oder eure Ernährung verändern. Ihr habt gelernt, dass ihr Ziele erreichen könnt, wenn ihr euch an bestimmte Verhaltensweisen haltet.

Aber das ist doch nicht schlimm. Oder?

Ziele zu erreichen stärkt euren Glauben daran, dass sie erreichbar sind. Wir sagen euch aber, dass es nicht notwendig ist, hart dafür zu arbeiten. Ihr werdet immer häufiger die Erfahrung machen, dass sich eure Wünsche auf angenehme Art erfüllen werden.

Moment. Wenn ich in einer Firma Karriere machen will, muss ich den Gesetzen der Firma folgen.

Und warum möchtest du in der Firma Karriere machen?

Das will ich ja gar nicht. Es war nur wieder ein Beispiel. Aber ich würde es wahrscheinlich wollen, um viel Geld zu verdienen, um Anerkennung zu bekommen, damit meine Familie stolz auf mich wäre, um Macht zu haben oder gewisse Freiheiten, um mich in dem betreffenden Unternehmen unverzichtbar zu machen und so meine Arbeitsstelle zu sichern, um in meiner Nachbarschaft oder meiner Verwandtschaft erwünscht zu sein, um im Golfclub dazuzugehören, um meine Attraktivität und so die Chance auf Sex zu erhöhen, oder um in einer sicheren Gegend wohnen zu können.

Hinter vielen eurer Ziele stecken andere Motive. Könntest du den Wunsch nach Anerkennung nicht auch anders erreichen? Könntest du dein Bedürfnis nach Freiheit nicht auch anders befriedigen? Könntest du nicht anders zu Sex kommen?

Bestimmt. Ich wollte mal eine Prüfung bestehen, und als ich sie bestanden, aber niemand davon erfahren hatte, war ich tief unglücklich. Mir fiel auf, dass ich eigentlich gar nicht die Prüfung bestehen wollte, sondern dass es mir nur um die Anerkennung gegangen war, die ich mir vom Bestehen dieser Prüfung erhofft hatte. Anerkennung hätte ich sicherlich auch anders bekommen können.

Beobachtet, was euch beim Erreichen eurer Ziele am meisten freut. Freut ihr euch, wenn ihr von anderen dafür gelobt werdet? Freut ihr euch darüber, dass ihr ein besseres Körpergefühl habt? Wollt ihr Sicherheit erreichen? Macht? Freiheit? Sex? Wollt ihr erwünscht sein? Findet den Wunsch hinter eurem Wunsch.

Warum eigentlich?

Es könnte sein, dass euch das Leben dann leichter fällt. Es könnte sein, dass euch die Erfüllungen eurer Wünsche schneller zufallen. Wenn sich eure Wünsche schneller erfüllen, stärkt das euren Glauben an die Erfüllung eurer Wünsche, und wenn euer Glaube daran wächst, werden sich eure Wünsche noch schneller, noch schöner und noch häufiger erfüllen.[21]

Das sagen nicht alle. Im Buddhismus heißt es, dass man seine Wünsche aufgeben soll.

Ihr habt eine Vorliebe für Religionen, die nicht eure eigenen sind.

Wir glauben eben, je älter und je weiter eine Religion räumlich von uns entfernt ist, desto besser ist sie.

Um in die Schöpferkraft zu kommen, ist es notwendig, dass ihr Wünsche habt. Wünsche sind euer Antrieb, die Gesetze der Schöpfung zu erlernen.

---

21 Siehe Übung 23: Wunsch hinter dem Wunsch.

Stimmt irgendwie. Wenn ich mir nichts wünsche, ist mir schließlich auch egal, wie ich das bekommen kann, was ich mir nicht wünsche.

Je präziser ihr euch etwas wünscht, desto leichter könnt ihr es euch erschaffen.

Ein roter Mini mit weißem Dach ist einfacher zu erschaffen als einfach nur irgendein Auto. Weil ich kein konkretes Bild habe, wenn ich an ein beliebiges Auto denke. Weltfrieden und gutes Wetter sind schwerer zu erschaffen als nette Nachbarn und Sonnenschein.

Ich kenne eine erfolgreiche Geschäftsfrau, die sich jedes Jahr vorgestellt hat, wie viel sie im nächsten Jahr monatlich verdienen will. Sie hat bei eintausend D-Mark angefangen und sich ganz langsam, Jahr für Jahr, an höhere Summen herangetraut. Gerade so viel, dass sie noch daran glauben konnte. Sie sagt: »Wer tausend hat, kann nicht an eine Million glauben. Aber wer tausend hat, kann an zweitausend glauben.«

Beim Sport im Park begegnete ich einmal einem 75-jährigen Rentner. Als junger Mann war er Profi-Boxer. 1977 hatte er einen Auto-Unfall und war danach querschnittsgelähmt. Als Boxer hatte er gelernt, dass ein Körper zu mehr fähig ist, als man ihm zutraut. Durch Vorstellungskraft und konsequentes Training konnte er dreizehn Monate nach dem Unfall wieder arbeiten. Er sagte: »Mein Wille, mich wieder bewegen zu können, war so stark, dass ich mich geweigert habe, auf die Ärzte zu hören.«

Vor einem Jahr hatte er einen Rückfall in die Lähmung. Ich habe versäumt, zu fragen, ob er an seinem Glauben etwas geändert hatte. Doch auch dieses Mal hörte er nicht auf die Diagnose der Ärzte. Er fühlte seinen idealen Körper und glaubte ganz fest an seine Gesundung. Im nächsten Jahr nimmt er an den deutschen Meisterschaften teil. In welcher Disziplin und Schadensklasse habe ich vergessen zu fragen.

Alles, was ein Mensch schafft, kann ebenso von allen Menschen geschafft werden.

Theoretisch könnte jeder Querschnittsgelähmte wieder laufen, und theoretisch könnte ich auch diese sportlichen Kunststücke vollbringen, die man manchmal auf Videos bei Facebook sieht.

Euer Glaube bestimmt, was ihr könnt.

Wie ist das denn, wenn man ausgebremst wird? Manchmal ist man auf einem so guten Weg und dann – *Wämm!* – passiert etwas, und alles fällt wie ein Kartenhaus in sich zusammen.

Wenn eure Entwicklung stoppt, wenn eure Wünsche sich nicht erfüllen, wenn etwas geschieht, was nicht mit euren Wünschen in Übereinstimmung steht, dann fragt euch als Erstes, ob euer Wunsch wirklich noch euer Wunsch ist. Fragt euch, ob euer Wunsch wahrlich noch euer Herzenswunsch ist. Wollt ihr wirklich, was ihr euch wünscht? Seid ihr auch bereit, die Konsequenzen zu tragen?

Welche Konsequenzen?

Wenn du einen zweisitzigen Sportwagen haben willst, aber Kinder hast, die du zur Schule bringen musst, wünschst du dir wahrscheinlich nicht, dass du deine Kinder nicht mehr zur Schule fahren kannst. Wenn du dir eine Wohnung auf dem Mars wünscht, kann es sein, dass dir der Weg zur Arbeit etwas zu lang wäre. Bist du bereit, für eine feste Partnerschaft deine Freiheiten aufzugeben? Kannst du es ertragen, deine Kinder seltener zu sehen, wenn du dich scheiden lässt?

Und was macht man da?

Was könntest du in so einer Situation machen?

Ich könnte überlegen, welche Konsequenzen mein Wunsch mit sich bringt, und dann abwägen, ob ich bereit bin, die Konsequenzen zu tragen. Wenn ja, dann kann ich meinen Wunsch weiterhin erschaffen. Und wenn nein, dann muss ich meinen

Wunsch umformulieren. Wenn ich zwei gegensätzliche Wünsche habe, muss die Erfüllung zwangsläufig stoppen.

Wenn ihr ausgebremst werdet, überprüft weiterhin, ob ihr diesen Weg noch mit Freude geht.

Wie meint ihr das?

Wenn du dir ein Haus wünschst, ein Bautrupp bereits daran arbeitet und dir die Bank dann mitteilt, dass sie die Finanzierung zurückziehen möchte, frage dich, ob du dein Haus noch mit Freude erschaffst. Freust du dich morgens beim Aufwachen auf das Entstehen des Hauses, oder bist du bereits von den Sorgen um das Geld eingenommen oder darum, ob die Maurer auch fertig werden, bevor der Fliesenleger kommt? Wenn du nicht mit Freude erschaffst, wirst du nichts anziehen, was dir Freude bereitet, und das bedeutet, dass ihr ausgebremst werden könnt. Auch hier raten wir euch: Vertraut. Bleibt in einem guten Gefühl. Erfreut euch an euren Wünschen.

Wie finde ich denn meine Herzenswünsche? Wir sind daran gewöhnt, unsere Wünsche den Möglichkeiten anzupassen. Wie bekommen wir wieder Zugang zu unseren wahren Herzenswünschen?

Achtet darauf, was ihr ersinnt, wenn ihr euch Tagträumen hingebt. Achtet darauf, was euch neidisch macht. Achtet darauf, was ihr an anderen Menschen bewundert. Erinnert euch, was ihr als Kind wolltet, und überprüft, ob es euch heute noch glücklich machen würde.

Wie kann ich das denn überprüfen? Wie kann ich prüfen, ob es mich heute glücklich machen würde, Klavier zu spielen?

Na rate mal.

Ich müsste einfach mal Klavier spielen? Aber ich habe keinen Platz in der Wohnung, und die Nachbarn würden sich belästigt fühlen, und ich kann doch gar nicht spielen und ...

Du weißt, dass wir über Herzenswünsche reden?

Ach so, für Herzenswünsche sind Nachbarn und Platzfragen ja völlig egal. Es geht nur darum, ob meine Seele tanzt, wenn ich Klavier spiele. Und dafür muss ich es verdammt noch mal eben ausprobieren.

Achte auf deine Worte.

Ups, tut mir leid. Wenn ich das verdamme, erschaffe ich ja etwas Verdammtes. Ich korrigiere: Dafür muss ich es zur Freude eben erst einmal ausprobieren.

Für manche Wünsche braucht man gar kein Vertrauen. Man muss es einfach nur machen.

Nun hast du es.

Jippie! Aber eine Frage habe ich dennoch: Wie ist es, wenn ich etwas Gegenständliches loswerden will?

Was möchtest du denn loswerden?

Schnecken.

Schnecken?

Ja. Schnecken. In meinem Garten gibt es unzählige Schnecken. Manchmal wandern sie sogar an der Hauswand hoch. Es gibt Schnecken mit Schneckenhaus, die sind einigermaßen in Ordnung. Aber dann gibt es auch noch Nacktschnecken, und die finde ich extrem ekelig. Neulich war sogar eine in mein Schlafzimmer gerobbt. Ich hatte das Fenster halb aufgelassen, und als ich zurückkam, kroch sie mir entgegen. Ich will die Schnecken unbedingt aus meinem Garten und generell vom Haus weg haben. Wie kann ich das machen?

Kannst du dir vielleicht einen Teil der Antwort selbst herleiten?

Ich darf sie nicht bekämpfen, denn mit dieser Aufmerksamkeit würde ich sie weiterhin manifestieren. Als ich anfing, mich über sie aufzuregen, habe ich sie erst einmal weggeschmissen. Später dachte ich, dass das ja auch irgendwie Lebewesen sind, dass sie zwar verschwinden sollen, aber dass es dafür eine bessere Lösung geben muss. Tja, leider haben sie sich nach dem Wegschmeißen vermehrt.

Ich *könnte* sie ignorieren. Aber wenn sie ständig da sind, schaffe ich es nicht, sie zu ignorieren.

In einem Buch las ich mal etwas über einen Schneckenflüsterer. Er verbindet sich mit der Schneckenseele und bittet darum, dass sie in anderen Gärten leben. Ein anderes Buch wusste von einem Maulwurf-Besprecher zu berichten. Dieser verband sich im Geist mit den Maulwürfen und sagte ihnen, dass sie erst im Herbst zurückkommen dürften. Beide hatten Erfolg mit ihrer Methode.

Ich *will* aber nicht mit den Schnecken reden. Ich will die einfach nur *weg* haben. Könnt ihr mir nicht einen anderen Tipp geben?

Weißt du noch, welche Lösung du für den Menschen gefunden hast, der so viele Sorgen und Ängste hatte?

Er soll nicht mehr bewerten und er soll akzeptieren, dass die Sorgen eben da sind. Meint ihr, Schnecken und Sorgen kann man auf die gleiche Weise loswerden? Meint ihr, ich soll mich nicht mehr über die Viecher aufregen, sondern einfach akzeptieren, dass sie da sind? Verschwinden die dann wirklich?

Alles, was ihr nicht mehr bewertet und was keine Aufmerksamkeit mehr von euch bekommt, kann sich auflösen.

Auch eklige Nacktschnecken?

Alles.

Ich hatte gehofft, dass es für Ekelschnecken eine bessere Lösung gibt. Ich weiß nämlich nicht, ob ich es schaffe, sie nicht mehr zu bewerten. Einen roten Mini zu erschaffen ist viel leichter, als ekelige Nacktschnecken wegzuerschaffen.

Wie ist das eigentlich mit aussterbenden Tieren? Bei manchen Tieren ist es mir total egal, ob sie aussterben. Angeblich sind fünfzig Prozent aller Amphibien vom Aussterben bedroht. Denen weine ich keine Träne nach.

Du Liebe. Wenn sich die Energie der Erde ändert, wird es auch eine Veränderung in der Tier- und Pflanzenwelt geben. Das ist ein natürlicher Prozess. Es gibt Tiere, die unter der grobstofflichen Energie der dritten Dimension gut leben können. Die feinstoffliche neue Energie ist für diese Spezies jedoch keine ideale Lebensbedingung.

Könnt ihr mir ein Beispiel nennen? Ist die neue Energie zufällig für Nacktschnecken ungünstig?

Wie du die Schnecken aus deinem Garten verbannst, weißt du ja nun. Generell werden sie euch noch eine Weile erhalten bleiben. Aber es gibt einen Trost: Am Ende der fünften Dimension wird es keine Schnecken mehr geben.

Juhuhh. In 27.000 Jahren ist mein Garten schneckenfrei. Habt ihr noch andere Beispiele?

Auch die Tierwelt eures schönen Planeten wird sich immer mehr der Harmonie der neuen Schwingung anpassen.

Heißt das, dass Raubtiere entweder zahm werden oder aussterben? Meint ihr das?

Alle Arten, die andere Arten vernichten oder gegen sie kämpfen, werden nach und nach verschwinden. So, wie ihr Menschen keine Kriege mehr führen werdet und die Seelen, die diese Erfahrung noch benötigen, nicht mehr auf der Erde inkarnieren, so werden auch die Kampftiere nach und nach verschwinden. Erhalten bleiben werden euch die Tiere, die sich von Pflanzen ernähren. Später, in noch höheren Dimensionen, werden auch diese Tiere verschwinden.

Keine Katzen mehr?

W*ir sprechen hier über einen Zeitraum von über 27.000 Jahren.*

Ach ja, stimmt. Werden die Menschen dann auch aufhören, Tiere zu schlachten und Fleisch zu essen?

A*m Ende der fünften Dimension wird kein Mensch mehr Fleisch essen. Pflanzen zu essen werdet ihr in höheren Dimensionen aufgeben. Wenn ihr in der neunten Dimension seid, so wie wir, werdet ihr überhaupt nicht mehr essen.*

Gut, dass das alles noch ein bisschen dauert.

Vertrauen – Konkret

- Kämpfe nicht gegen deine Sorgen und Ängste an.
- Richte deinen Fokus auf das, was dir gefällt.
- Wenn dir dein Leben nicht gefällt, treffe eine andere Wahl.
- Handle, denke und spreche so, als hättest du deine neue Wahl bereits verwirklicht.
- Deine Gedanken formen deinen Glauben. Dein Glaube erschafft deine Realität. Wenn du eine andere Realität erleben möchtest, ändere deine Gedanken.
- Denke an die Erfüllung deiner Wünsche und fühle dich gut dabei.
- Es geschieht das, woran du glaubst.
- Versuche nicht, aktiv etwas zu vermeiden. Wenn du etwas vermeiden möchtest, denke nicht daran.
- Du kannst alles haben, was du dir wünschst.
- Alles, was du denken kannst, kannst du erschaffen. Alles, was du glaubst, wird geschehen.
- Zweifel ist dein Glaube an das, was du nicht wünschst.
- Kümmere dich nicht darum, wie sich dein Wunsch erfüllt.

- Folge deinen Impulsen.
- Sei vorbereitet.
- Für deine Wunscherfüllung zählen nur dein Glaube und deine Aufmerksamkeit.
- Tue so, als hätten sich deine Wünsche bereits verwirklicht.
- Es ist nicht nötig, hart zu arbeiten.
- Präzisiere deine Wünsche.
- Dein Glaube bestimmt, was du kannst.
- Sind deine Wünsche deine Herzenswünsche?
- Bist du bereit, die Konsequenzen deines Wunsches zu tragen?
- Gehst du den Weg der Wunscherfüllung mit Freude?
- Achte auf die Wünsche in deinen Tagträumen.
- Achte darauf, was du an anderen Menschen bewunderst.
- Erinnere dich, was du dir als Kind gewünscht hast. Überprüfe, ob es dich heute auch noch glücklich machen könnte.
- Alles, was du nicht bewertest, kann sich auflösen.

Bewusstsein

Ihr habt mir im ersten Buch gesagt, dass ihr nicht mehr oder kaum noch träumt. Bedeutet das, dass euer Unterbewusstsein mit eurem Wachbewusstsein übereinstimmt?

Das hast du gut kombiniert. Wir haben EIN Bewusstsein. Es ist nicht mehr in ein Unter- und ein Wachbewusstsein unterteilt. Alles, was bei euch noch im Unterbewusstsein abgespeichert ist, wird euch in höheren Ebenen bewusst sein. Es gibt nur ein Bewusstsein.

Nun ja, ihr braucht euer Bewusstsein ja auch nicht in wissend und unwissend zu unterteilen. Ihr versteht alles, was passiert, und könnt sehr gut damit umgehen. Aber wir benötigen eben ein Unterbewusstsein, weil uns manches im Wachbewusstsein überfordern könnte. Das Unterbewusstsein ist unser Schutz.

Andererseits ... Je weiter wir unser Bewusstsein entwickeln, desto mehr können wir im Wachbewusstsein verarbeiten und desto weniger benötigen wir ein Unterbewusstsein.

Das Bewusstsein ist unendlich. Mit eurem Gehirn könnt ihr das Bewusstsein empfangen. Ihr empfangt aber nur einen Teil des gesamten Bewusstseins, das im Universum existiert, und nennt es euer Bewusstsein. Dein Bewusstsein ist deine Bereitschaft, Teile dieses universellen Bewusstseins zu empfangen.

Euer Gehirn produziert kein eigenes Bewusstsein, es entscheidet lediglich, welchen Aspekten des allumfassenden Bewusstseins es sich öffnet. Da euer Gehirn nun einmal endlich ist, ist auch die Möglichkeit zu empfangen endlich.

Euer Gedächtnis liegt nicht in eurem Gehirn, sondern außerhalb, wie ihr bereits wisst. Das Gehirn jedoch empfängt das Bewusstsein. Wenn euer Gehirn stirbt, stoppt der Empfang des Bewusstseins, obwohl das Bewusstsein noch immer besteht.

Ihr meint, wie wenn ich jetzt meinen Laptop abschalte, und das Internet bleibt weiter bestehen?

So kannst du es dir vorstellen.

Und das Unterbewusstsein ist dann vergleichbar mit irgendwelchen abgespeicherten Dateien und Programmen, die ich gerade nicht geöffnet habe, die aber dennoch wirken?

Das ist ein guter Vergleich. Ihr benötigt Schlaf, um all das, was ihr in eurem Unterbewusstsein abspeichert, zu verarbeiten. Wir benötigen keinen Schlaf mehr, weil unser Wachbewusstsein mit unserem Unterbewusstsein übereinstimmt.

Eine befreundete Hypnose-Therapeutin hat mir mal gesagt: »Das Unterbewusstsein ist Chef im Ring, da kann man bewusst so viel wissen, wie man will.« Das erklärt vermutlich, warum man immer wieder dieselben Erfahrungen macht. Man kann sich darüber beschweren, aber es nutzt nichts. Man muss das ändern, was im Unterbewusstsein gespeichert ist.

Wir alle erleben unerwünschte Wiederholungen von Ereignissen oder Umständen. Da haben sich Muster verselbständigt, und wahrscheinlich hat ständig das Unterbewusstsein das Sagen. Niemandem gefällt es, wenn er wiederholt von seinen Partnern verlassen wird oder immer wieder die gleiche Misere im Beruf erlebt, in der Familie oder finanziell. Natürlich ist uns klar, dass da unterbewusste Muster am Werk sind, aber solange wir keinen Zugang zu unserem Unterbewusstsein haben ...

Gibt es denn nichts, was wir tun können, um unser Unterbewusstsein so zu beeinflussen, dass wir nur noch Erlebnisse haben, die uns erfreuen?

Euer Unterbewusstsein ist geprägt und euer Zugang dazu eingeschränkt. Allerdings ist euer Unterbewusstsein nicht in der Lage, erfundene Umstände von realen zu unterscheiden.

Kann ich dafür ein Beispiel haben?

Wenn ihr einen Film anschaut, habt ihr echte Gefühle. Ein Film kann euch traurig stimmen oder zum Lachen bringen. Obwohl ihr wisst, dass die Geschichte auf der Leinwand erfunden ist. Ebenso könnt ihr euer Leben, eure Erlebnisse, eure Vergangenheit und eure Zukunft erfinden. Ihr werdet reale Gefühle dazu haben, und eure Gefühle erschaffen eure Realität.

Unser Unterbewusstsein nimmt dann also nach und nach an, was wir uns erträumen? Es nimmt an, was wir erfinden, was wir fühlen – auch wenn wir nur so tun als ob?

Auf diese Weise wird euer Wach- und euer Unterbewusstsein immer identischer. Wenn ihr Meister der Schöpfung seid, wenn euer Unterbewusstsein mit eurem Wachbewusstsein übereinstimmt, benötigt ihr keinen Schlaf mehr.

Einige von euch fangen bereits an, mit bewussten Träumen zu experimentieren. Ihr seid euch dann bewusst, wenn ihr träumt, und könnt Einfluss auf die Handlung im Traum nehmen. Es wird noch mehr Möglichkeiten für euch geben, das Wachbewusstsein an das Unterbewusstsein anzunähern.

In vielen Artikeln steht, dass die Trennung von Bewusstsein und Materie eine Illusion ist. Was bedeutet das?

Je größer euer Bewusstsein ist, desto stärker wird euer Einfluss auf die Materie. Ihr braucht dann nur noch an einen Gegenstand zu denken, und er wird sich vor euren Augen manifestieren.

Desgleichen erlebt ihr in euren Klarträumen, dass ihr Materie durch Gedankenkraft verändern könnt. Euer Unterbewusstsein kann auch hier nicht unterscheiden, ob ihr diese Fähigkeit nur in einem bewussten Traum oder auch mit eurem Wachbewusstsein habt, und so baut ihr nach und nach sämtliche Fähigkeiten aus, die notwendig sind, Gegenstände zu materialisieren oder zu entmaterialisieren, euch zu teleportieren, bipolar zu sein, euch unsichtbar zu machen und noch vieles mehr.

Ich bin total begeistert. Ich will das alles lernen. Ist doch enorm sinnvoll, das Klarträumen zu erlernen. Am liebsten würde ich heute schon fliegen können und teleportieren. Ich möchte die Zeit anhalten und in die Vergangenheit reisen. Ich will Gegenstände erschaffen und verschwinden lassen. Ich will unter Wasser atmen können. Ich will ...

Kann eigentlich jemand, der nicht bei Bewusstsein ist, Gefühle haben?

Peter lag fröhlich im Koma. Dein Laptop erfüllte alle Aufgaben korrekt und war stolz darauf.

Haha. Okay, wohl eher nicht. Aber wenn unsere Gefühle unsere Realität erschaffen und man ohne Bewusstsein keine Gefühle hat, dann bedeutet das doch, dass man ohne Bewusstsein nicht schöpferisch sein kann.

Also wenn man sich bewusstlos getrunken hat, wenn man im Koma liegt, während der Tiefschlafphasen, in denen wir ja nicht träumen, können wir auch nicht erschaffen. Das bedeutet, um zu erschaffen, muss man bewusst sein. Wer ein Meister der Schöpfung werden will, benötigt keine Phasen ohne Bewusstsein, benötigt also keine Tiefschlafphasen.

Wenn ich Gedanken lese oder an einen anderen sende, dann reicht mein Bewusstsein in das Bewusstsein der anderen Person hinein, nicht wahr? Und wenn ich mit der Akasha-Chronik verbunden bin oder ein kollektives Gedächtnis wie die Aborigines habe, dann reicht mein Bewusstsein noch weiter. Und wenn ich irgendwann erfasse, was im Weltall los ist, sogar noch ein Stückchen weiter. Und so fort. Je mehr Zugang ich habe, desto mehr Bewusstsein habe ich oder lasse ich zu, ja?

Das hast du gut erfasst.

Ich habe mal gelesen, dass man Ratten die Hirnregion für Erinnerung herausbrannte. Sie verloren zwar ein paar motorische Fähigkeiten, aber sie konnten sich noch an erlernte Fähigkeiten erinnern. Das bedeutet ja, dass das Gedächtnis nicht im Gehirn verankert ist. Das Gehirn scheint wirklich dazu da zu sein, Bewusstsein zu empfangen.

Aber Menschen, die Nahtoderfahrungen machten, haben bei nicht mehr vorhandener Gehirntätigkeit bewusste Erfahrungen gemacht. Sie sahen sich zum Beispiel auf dem Operationstisch oder an der Unfallstelle.

Das Gehirn empfängt das Bewusstsein, sagt ihr. Und wenn das Gehirn aus ist, gibt es das Bewusstsein dennoch. Unser Unterbewusstsein wird sich immer mehr an unser Wachbewusstsein angleichen. Folglich werden wir Materie beeinflussen können, und unsere Schöpferkraft wird zunehmen.

Bedeutet das, dass wir irgendwann kein Gehirn mehr benötigen?

Du weißt, dass wir nicht immer körperlich erscheinen. Glaubst du, dass unser Bewusstsein verschwindet, wenn wir körperlos sind?

Ich glaube, dass euer Bewusstsein immer gleich ist, ganz gleich, ob ihr mir körperlich erscheint, ob ihr geistig hier seid oder ob ihr irgendeine andere Erscheinungsform annehmt. Es wäre ja verrückt anzunehmen, dass ihr nur bewusst seid, wenn ich euch sehen kann.

Auch wir können also körperlos sein und dennoch ein Gedächtnis haben. Nur ist es im Moment so, dass wir nachts teilweise bewusstlos sind. Das brauchen wir irgendwann nicht mehr zu sein. Wir benötigen dann weder Schlaf noch einen Körper. Ich glaube, ich verstehe. Danke.

Es war uns eine Freude!

Bewusstsein – konkret

- Es gibt nur ein Bewusstsein.
- Das Bewusstsein ist unendlich.
- Dein Bewusstsein ist deine Bereitschaft, Teile des universellen Bewusstseins zu empfangen.
- Dein Gehirn produziert kein Bewusstsein. Es entscheidet, welchen Aspekten des allumfassenden Bewusstseins es sich öffnet. Dein Gehirn ist endlich. Daher ist deine Möglichkeit, Bewusstsein zu empfangen, ebenfalls endlich.
- Dein Gedächtnis ist außerhalb deines Gehirns.
- Dein Unterbewusstsein ist nicht in der Lage, Realität und Erfundenes zu unterscheiden.
- Je größer dein Bewusstsein ist, desto leichter kannst du Materie beeinflussen.

Dimensionen

Was erwartet uns denn eigentlich genau in der fünften Dimension? Es hieß ja, dass wir seit 2012 in der fünften Dimension sind, und viele haben einen großen Knall oder die Errettung von all ihren Problemen erwartet. Ein Bekannter von mir ist sehr enttäuscht, dass er immer noch die gleichen Probleme hat und kein Segen vom Himmel gefallen ist.

Es wurde euch nicht versprochen, dass ein Segen vom Himmel fällt, der all eure Probleme löst. Der Segen, der vom Himmel fiel, war kein helfender Engel, der all eure Angelegenheiten ordnet und regelt. Der Segen, der euch erreicht hat, sind die Möglichkeiten, die euch nun zur Verfügung stehen.

Die grundlegende Änderung gegenüber der dritten Dimension ist, dass die Zeit zwischen euren Gedanken und Gefühlen zur Materialisierung stetig kürzer wird.

Dann ist es ja für Leute wie meinen Bekannten noch schlimmer geworden. Er fühlte sich vor 2012 als Opfer und hoffte, dass mit dem Dimensionswechsel Rettung kommt. Und da er sich noch immer als Opfer fühlt und die Erschaffungszeit von Gedanke und Gefühl zur Manifestation verkürzt ist, bringt er jetzt noch mehr Situationen hervor, in denen er sich wie ein Opfer fühlt. Seine einzige Chance besteht darin, eine neue Wahl zu treffen. Er muss vom Opfermodus in den Schöpfermodus wechseln.

Es gibt also gar keine kosmischen Helfer, die unsere Probleme lösen? Die Hilfe, die wir bekommen, ist die kürzere Erschaffungszeit?

Ihr werdet das Gesetz der Manifestation als unumstößlich erleben. Ihr werdet dieses Gesetz akzeptieren, weil es eure unmittelbare Erfahrung sein wird. Ihr werdet euch selbst dazu erziehen, nur noch das zu denken, zu fühlen und zu sagen, was ihr erleben möchtet. Ihr werdet die Informationen, die von außen auf euch einströmen, filtern und eure Aufmerksamkeit nur noch auf das richten, was mit euren Wünschen übereinstimmt.

Also Nachrichten über Krieg ausschalten und Friede-Freude-Eierkuchen-Filme gucken.

Eure Befürchtungen, eure Ängste, aber auch eure Freuden und Glücksgefühle werden sich zunehmend schneller manifestieren. Dieser Ablauf wird sich so sehr beschleunigen, dass ihr gar nicht anders könnt, als das Gesetz zu akzeptieren und danach zu handeln.

Ich habe gelesen, dass der Unterschied zwischen den Dimensionen die Wellenlänge ist. Ähnlich wie bei einem Radio entscheidet die Wellenlänge, welchen Sender oder welche Dimension man empfängt und sendet. Wenn man die Wellenlänge seines Bewusstseins ändern würde, und damit einhergehend die Wellenlänge aller Körpermuster, würde man folglich aus dieser Welt verschwinden und in *der* Dimension auftauchen, auf deren Frequenz man sich eingestellt hat.

Das ist der Grund, warum sich verschiedene Ereignisse zur selben Zeit am selben Ort ereignen können. Sie finden in unterschiedlichen Dimensionen statt, die in den anderen Dimension nicht wahrgenommen werden können.

Während ich hier am Schreibtisch sitze, seid ihr also vielleicht auch hier und spielt gerade Ping Pong. Ich nehme euch nur deshalb nicht wahr, weil mein Bewusstsein in einem anderen Wellenbereich liegt.

Wir spielen nicht Ping Pong. Aber wir sind da, ja.

Haha. Wäre auch zu komisch gewesen. Hier ist gar nicht genug Platz für Ping Pong.

Glaubst du, dein Tisch oder deine Stühle würden uns daran hindern, Ping Pong zu spielen?

Nun ja, ihr würdet in eurer Dimension meinen Tisch wohl überhaupt nicht benötigen. Freundlich, wie ihr seid, würdet ihr ihn für mich in meiner kleinen Dimension einfach noch stehen lassen, damit ich nicht völlig verrückt werde.

Wenn ihr Gegenstände zum Verschwinden bringt, wird dabei keine Masse oder Energie zerstört. Die Gegenstände verschwinden lediglich in eine andere Dimension.

Und wenn ich mit euch kommuniziere, verschwinden meine Worte – Gedanken – in eine andere Dimension – zu euch –, und keiner außer mir kann sie hören. Ist ja der Hammer!

Wenn ich meine Gedanken schon in eine höhere Dimension senden kann, kann ich vielleicht auch bald Gegenstände verschwinden lassen oder herbeizaubern? Oder sende ich meine Gedanken gar nicht in eine höhere Dimension? Seid ihr in meiner Dimension, wenn wir uns unterhalten?

Ohne unser Einschwingen auf deine Dimension würdest du mit uns nicht kommunizieren können.

Ich benötige also ein abwärtskompatibles Gegenüber. Vielleicht gibt es ja auch abwärtskompatible Gegenstände, die sich leichter manifestieren lassen. So was wie Geld wäre dann völlig überflüssig. Bräuchten wir nicht mehr. Weil dann eines Tages jeder alles manifestieren kann.

Aber irgendwann wird das sicher langweilig. Es ist ja keine Herausforderung mehr, wenn jeder alles erschaffen kann.

Ihr liebt Herausforderungen. Ihr habt Spiele erfunden, bei denen ihr verschiedene Level erreichen müsst. Elektronische Spiele. Wenn ihr das höchste Level erreicht habt, ist das Spiel zu Ende. Es macht euch dann keinen Spaß mehr.

Ebenso wird es euch mit euren körperlichen Erfahrungen ergehen. Wenn ihr alle Gesetze der fünften Dimension beherrscht, macht es euch keinen Spaß mehr, euch fehlt die Herausforderung. Und so werdet ihr am Ende entscheiden, dass ihr keinen Körper mehr braucht. Ihr wollt dann neue Aufgaben in einer neuen Dimension.

Aber erst mal will ich all diese wunderbaren Fähigkeiten erwerben. Wir leben schließlich in einer Dimension, die Zauberei Wirklichkeit werden lässt. Was für ein Geschenk!

Dimensionen – konkret

- Die Zeit zwischen Gedanke, Gefühl und Materialisierung wird immer kürzer.
- Pass auf, was du denkst, fühlst und sagst. Es könnte in Erfüllung gehen.

Das Gesetz der Resonanz

Wie läuft das denn nun eigentlich genau mit dem Gesetz der Resonanz? Also, dass Gleiches Gleiches anzieht und das irgendwie ein Mitschwingvorgang ist, weiß inzwischen ja wohl jeder. Aber steckt noch mehr dahinter?

Ihr könnt euch das Gesetz der Resonanz so vorstellen wie das Prinzip von Angebot und Nachfrage.

Es werden nur Güter und Dienstleistungen bereitgestellt, wenn auch jemand bereit ist, diese zu erwerben?

Wenn ihr eure Aufmerksamkeit auf Trauer richtet, werden euch Erfahrungen bereitgestellt, die euch traurig stimmen. Wenn ihr euren Fokus auf Fröhlichkeit ausrichtet, werden euch Ereignisse bereitgestellt, die euch fröhlich stimmen.

Nun ja, also in der Marktwirtschaft hat jedes Gut und jede Dienstleistung einen Preis. Jedes Gut ist in der Regel knapp und nicht in unbegrenzter Menge vorhanden. Der Preis bestimmt den Wert des Gutes. Wenn der Preis zu hoch ist, sinkt die Nachfrage. Außer bei Luxusgütern, da kann ein steigender Preis die Nachfrage erhöhen, weil Luxusgüter auch Statussymbole sind.

Und so ist das mit der Resonanz auch?

Eure volkswirtschaftlichen Gesetze haben euch gelehrt, an den Mangel zu glauben. Ihr glaubt, dass Güter knapp und begrenzt sein können und dass manche Wünsche dadurch schwer erfüllbar sind.

Sind sie es nicht?

Wir sagen euch: Das Angebot entspricht genau eurer Nachfrage.

Wenn eintausend Leute zeitgleich eine Erstausgabe von Goethes *Faust* erschaffen würden, dann hätte jeder dieser tausend Menschen tatsächlich eine Erstausgabe von Goethes *Faust*?

Ja.

Verrückt.

Du vergisst, dass ihr mit eurer Schöpferkraft in der Lage seid, die Vergangenheit zu verändern.

Verrückt, ich sag's ja.

Dann gibt es also keine »schwierigen« Wünsche? Dann können wir eigentlich alles mit Leichtigkeit erschaffen?

Ob ein Wunsch groß oder klein, schwer oder leicht erfüllbar ist, liegt einzig und allein an eurer Bewertung. Wenn ihr glaubt, dass ein Gut knapp, schwer zu bekommen und noch schwerer zu behalten ist, werdet ihr genau das erleben. Entweder wird sich euer Wunsch nicht erfüllen oder ihr könnt ihn nicht dauerhaft an euch binden.

So geht es den meisten Menschen wohl mit Geld. Geld ist knapp, und immer wieder verschwindet es.

Wie gewonnen, so zerronnen.

Wir raten euch, eure Sprichwörter zu überprüfen. Sagt nichts, was ihr nicht auch erleben möchtet.

Oh weh. Da fällt mir eine Menge ein:

Zeit ist Geld.

Glück im Spiel, Pech in der Liebe.
Wir sind arm wie die Kirchenmäuse.
Geld regiert die Welt.
Geld verdirbt den Charakter.
Das Recht ist da, wo das meiste Geld ist.
Bei Geld hört die Freundschaft auf.

Wir raten euch, diese Sprüche niemals mehr zu verwenden. Erfindet neue Sätze, die euren Wünschen entsprechen.

Komisch, dazu fällt mir gar kein Sprichwort ein. Kein Wunder, dass so viele an Geldmangel leiden, wenn wir nur solche Sprüche kennen. Ich erfinde hier mal ein paar neue Sprüche:

Geld ist im Überfluss vorhanden. Für jeden.
Geld prägt den Charakter.
Wir sind reich wie die Könige.
Wie gewonnen, so vermehrt.
Glück im Spiel, Glück in der Liebe.

»Glück im Spiel, Glück in der Liebe« entspricht dem Gesetz der Resonanz. Ein glückliches Gefühl in einem Lebensbereich zieht auch ein glückliches Gefühl in einem anderen Lebensbereich an.

Es ist nicht schwerer, einen Haufen Geld als einen Haufen Schulden zu erschaffen. Es ist sogar eine größere Fähigkeit, Minus-Geld zu erschaffen. Dazu gehört schon eine enorme Kompetenz.

Das bedeutet, wir können mühelos erschaffen. Aber wir erschaffen bisher nicht das, was wir uns wünschen.

Ich weiß noch, als ein Professoren-Sohn in der Grundschule eine Rechenaufgabe mit »minus eins« beantwortete. Der Lehrer meinte, dass wir noch nicht so weit sind, er aber eigentlich Recht habe. Ich dachte damals: »Die Menschen sind verrückt, wenn sie so etwas machen. Minus eins gibt es nicht. Kann es gar nicht geben.«

Rein mathematisch verstehe ich es inzwischen natürlich. Wir lehren unsere Kinder, dass es Mangel gibt. Sogar einen mathematisch nachweisbaren Mangel. Damit erschaffen wir den Gedanken an Mangel und Schulden. Aber was ist die Lösung? Wir können den Mathelehrern ja nicht verbieten, alles, was unter null ist, aus ihrem Unterricht zu eliminieren. Wenn Peter Sonja fünf Äpfel geben muss, aber nur vier hat, hat er eben einen Apfel Schulden.

Glaubt an den Überfluss. Wenn Peter fünf Äpfel benötigt, kann er mit Leichtigkeit zehn und noch mehr Äpfel erschaffen. Sonja wird nicht länger auf einen Apfel von Peter warten, weil sie weiß, dass sie jederzeit so viele Äpfel erschaffen kann, wie sie will. Sie könnte sogar ganze Apfelbäume und Apfelplantagen erschaffen, sie könnte Apfelsaft, Apfelmus und Apfelkuchen erschaffen.

Fangt an, an die Fülle glauben. Glaubt daran, dass ihr die Schöpferkraft besitzt, absolute Fülle zu erschaffen. Ihr seid die Schöpfer. Ihr könnt erschaffen, was und so viel ihr wollt.

Friede, Freude, Apfelkuchen. Buaahaha.

Es ist wichtig, dass ihr eure Macht, eure Schöpferkraft erkennt. Euer Leben ist nicht das Ergebnis eines Zufalls, und ihr seid nicht das Opfer der Machenschaften anderer. IHR SEID DER SCHÖPFER. Das Leben passiert euch nicht einfach. Euer Leben reagiert auf eure Gedanken und auf euren Glauben. Alles, was ihr in eurem Inneren besitzt, werdet ihr auch im Außen besitzen. Euer Leben ist der Spiegel dessen, was ihr glaubt und worauf ihr eure Aufmerksamkeit richtet. Versteht, dass IHR der Schöpfer eures Lebens seid, und nutzt eure Fähigkeiten.

Euer Glaube an Gott ist euer Glaube an eure eigenen göttlichen Fähigkeiten. Nicht jemand außerhalb von euch lässt zu, dass es Hunger, Not, Kriminalität, Hass und Verzweiflung gibt. Ihr erschafft diese Dinge gemeinsam.

Na, wenn's denn so einfach wäre! Wenn ich keinen Fernseher mehr habe und nur noch heilig denke, aber gleichzeitig ein paar Milliarden andere Menschen an Hunger, Not und Elend denken, dann kann ich das doch nicht einfach so zum Verschwinden bringen.

Wenn ihr eure Schöpferkraft voll ausschöpft, könntet ihr selbst das.

So wie Jesus oder Moses? Einfach mal das Meer teilen oder Berge versetzen?

Ihr würdet das können, wenn euer Glaube stark genug wäre.

Bei siebeneinhalb Milliarden Menschen auf der Erde gäbe das ein heilloses Durcheinander. Der eine erschafft einen grünen Mond, der andere lässt ihn wieder verschwinden, und der dritte manifestiert sich glatt einen rosa funkelnden Mond mit Leuchtraketen.

Jeder würde seine Welt so wahrnehmen, wie er sie erschaffen hat. So, wie ihr es jetzt auch tut.

Ich habe mal gehört, dass ein Indianer, dem ein Foto von einer Stadt mit Hochhäusern gezeigt wurde, die Gebäude auf dem Foto nicht sehen konnte, weil es in seiner Erfahrung keine Hochhäuser gab.

Das ist ein schönes Beispiel. Ihr könnt nur wahrnehmen, was ihr für möglich haltet und woran ihr glaubt. Also ändert das, woran ihr glaubt, und ihr ändert euer Leben.

Womöglich gibt es bereits einen leuchtenden Mond mit Leuchtraketen, und nur der eine Mensch, der ihn erschaffen hat, kann ihn sehen. Alle anderen würden diesen Menschen für verrückt erklären.

Vielleicht ist er ja auch schon Insasse einer Irrenanstalt. Dabei war er der Erste, der an die Existenz eines leuchtenden Mondes mit Leuchtraketen glaubte und dazu noch die Fähigkeit besaß, diesen auch zu erschaffen. Ist das auf Arcturus so? Hat dort jeder seinen Bereich mit Mentalkraft so erschaffen, wie es ihm gefällt? Könnte ich mir gut vorstellen. Der eine hat Berge, der andere Seen erschaffen, und Insekten gibt es nicht, weil sie niemand erschaffen hat.

Diese Möglichkeit steht auch euch zur Verfügung. Übt mit den Wünschen eures Alltags. Steigert eure Fähigkeiten und erschafft nach und nach immer mehr von dem, was ihr euch für euer Leben und euren Planeten wünscht.

Es geht darum, dass ihr erkennt, dass IHR der Schöpfer seid. Übernehmt die Verantwortung für eure Schöpfungen. Eure Welt wird sich nicht verändern, wenn ihr euch nicht verändert. Übernehmt die Verantwortung für eure Schöpfungen. Ihr seid keine Opfer. Ihr seid die Schöpfer. Wenn ihr dies akzeptiert, seid ihr in der Lage, eure Schöpfungen zu ändern.

Ihr könnt nicht in Lethargie oder Unwissenheit verharren und darauf hoffen, dass jemand oder etwas euch errettet. Der einzige Mensch, der euch und euer Leben retten kann, seid ihr selbst. Nehmt euer Leben in die Hand. Lernt die Gesetzte der Schöpferkraft und erschafft euer Leben nach euren Wünschen.

Die Energie, die euch umgibt, wird zunehmend feinstofflicher. Das ist das große Geschenk an euch. Je feinstofflicher die Energien sind, die euch umgeben, desto leichter könnt ihr durch eure Gedanken und Gefühle erschaffen.

Wenn ihr pure Lebensfreude empfindet, kann nichts in euer Leben kommen, was dieser Freude nicht entspricht.

Mir scheint, die beste Lebensversicherung ist es, sich gut zu fühlen. Je besser ich mich fühle, desto besser ist mein Leben abgesichert. Das gefällt mir.

Natürlich, so lassen sich auch Glücks- und Pechsträhnen erklären! Wenn es gut läuft, fühle ich mich gut und ziehe noch mehr Gutes an. Wenn man genau hinschaut, sieht man es überall. In Amerika gibt's ein Ehepaar, das drei Mal hintereinander im Lotto gewonnen hat. Und es gibt diesen Mann, der mit einem Rubbellos viel Geld gewonnen hat. Als er das Gewinnen für eine Zeitung nachstellen sollte, hat er ein Auto gewonnen. Er war wohl wieder in Resonanz gegangen mit dem Gefühl zu gewinnen und hat direkt den nächsten Gewinn angezogen.

Es gibt eine hawaiianische Methode, die sich Ho'oponopono nennt. Das ist ein traditionelles Verfahren zur Vergebung. Man vergibt sich dabei auch selbst. Und das hat in einer psychiatrischen Klinik mal jemand gemacht. Er hat alle Akten der Patienten einer Station gelesen und sich bei jeder Akte gefragt, was sein eigener Anteil an dieser Erkrankung ist. Er hat sich gefragt: »Womit habe ich das erschaffen?« Er hat einen eigenen Anteil an dieser Erkrankung gesucht! Er wollte wissen, warum es so etwas in einer Welt, in der er lebt, überhaupt gibt! Na, und er hat seinen eigenen Schöpfungsanteil daran gefunden und sich selbst vergeben. Innerhalb kürzester Zeit wurde die Station geschlossen, weil bis auf zwei Ausnahmen alle Patienten als geheilt entlassen werden konnten.

Ich habe vor ein paar Jahren mit Freunden Ho'oponopono geübt. Wir trafen uns regelmäßig zum »Hoppen«. Dabei aktiviert man die Liebe in seinem Herzen. Weil wir es gründlich machen wollten, haben wir nicht nur unsere eigenen Anliegen, sondern auch die Anliegen der anderen mitgehoppt.

Eine Freundin wollte hoppen, dass es in ihrem Umfeld Menschen gibt, die »einfach nur dumm« sind. Auch in meinem Umfeld gab es seit Kurzem jemanden, der »einfach nur dumm« war. Ich hatte nämlich eine neue Mitarbeiterin, die sich entgegen dem guten Eindruck beim Vorstellungsgespräch wirklich sehr dumm anstellte. Ich erkannte meinen eigenen Anteil daran, ich verzieh mir und fuhr nach Hause. Das war an einem Dienstagabend. Und wisst ihr was? Am Mittwochmorgen kündigte die Mitarbeiterin.

Leider hatte ich so schnell nicht für Ersatz gesorgt, und eine dumme Mitarbeiterin wäre mir noch lieber als gar keine Mitarbeiterin gewesen. Aber gehoppt war gehoppt. Wenn der eigene Schöpferanteil erkannt und akzeptiert ist, verschwindet das Symptom. Die Ursache liegt in uns selbst. Das habe ich durch das Hoppen verstanden.[22]

Bislang habt ihr für alles, was euch in eurer Welt nicht gefällt, die Verantwortung abgegeben. Jemand anderes sollte schuld daran sein. Ihr habt euch als Opfer der Umstände, als Leidtragende der Machenschaften anderer gesehen. Weil ihr nicht verantwortlich sein wolltet für das Elend auf der Welt, habt ihr entschieden, dass es nicht eure eigene Schöpfung sein kann.

Und doch ist es so. Jedes Mal, wenn ihr über einen anderen urteilt, erschafft ihr genau das, was ihr verurteilt. Geht ihr in Resonanz mit der Not anderer, werdet ihr noch mehr Not auf der Welt erschaffen. Je nachdem, wie stark ihr mit dieser Not in Resonanz geht, erschafft ihr Not auch für euer eigenes Leben.

Wenn ihr anderen Menschen helfen wollt, so stellt euch vor, wie sie fröhlich sind, wie sie gesund sind, wie sich ihre Wünsche erfüllen. Dadurch erleichtert ihr es nicht nur den anderen, damit in Resonanz zu gehen, sondern ihr zieht so auch automatisch Freude und Gesundheit in euer eigenes Leben. Alles, was ihr einem anderen wünscht, alles, was ihr über einen anderen sagt, alles, was ihr in Bezug zu einem anderen fühlt, erschafft ihr für euch selbst.

Aber wenn ein Freund in Not ist, ist es doch angemessen, ihm sein Mitgefühl zu zeigen.

---

22 Hoppen, das ist das hawaiianische Vergebungsritual Ho'oponopono nach Bärbel und Manfred Mohr. Gerade in der heutigen, so herausfordernden Zeit sehnen sich viele Menschen nach innerem Frieden, Ruhe und Ausgeglichenheit. Im AMRA Verlag sind zwei Bücher von Manfred Mohr erschienen, in denen er das Hoppen für den Alltag entdeckt: *Vergeben Versöhnen Verzeihen*, zu dem die Huna-Heilerin Jeanne Ruland ein Vorwort beitrug, und *Jetzt trage ich dir nichts mehr nach* mit einem Vorwort von Jana Haas. Letzteres Buch ist ein kompletter Monatskurs zur Befreiung von belastenden Emotionen, ein Kapitel für jeden Tag.

Ihr seid es gewohnt, Mitgefühl als Mitleid auszudrücken. Dadurch manifestiert ihr nicht nur das Leid des anderen, sondern begebt euch selbst in ein leidendes Gefühl. Ihr wollt eure Freundschaft dadurch zum Ausdruck bringen, dass ihr mit dem Leid des Anderen mitschwingt. Aber wem ist damit geholfen, wenn ihr beide in der Schwingung des Leids seid? Beide werdet ihr weitere Ereignisse anziehen, die euch weiter leiden lassen.

Wenn ihr mit einem stabilen frohen Gemüt zu einem leidenden Freund geht, wird sich euer Freund an eure stabile Energie anpassen, und schon bald wird er den Fokus auch wieder auf die Freuden in seinem eigenen Leben richten.

Das klingt ein Bisschen nach Verdrängung.

Und ist es nicht ebenso Verdrängung, die schönen Seiten des Lebens zu ignorieren? Wenn neun von zehn Angelegenheiten in eurem Leben Anlass zur Freude bieten, konzentriert ihr euch auf das Einzige, was keinen Anlass zur Freude bietet.

Damit erschafft ihr, dass nach kurzer Zeit nur noch acht oder sieben von zehn Umständen Anlass zur Freude bieten. So erschafft ihr eine Pechsträhne, wie ihr es nennt.

Lernt, euer Mitgefühl durch Mitfreude auszudrücken. Freut euch mit euren Freunden über deren Freuden und erschafft so Freude für euer eigenes Leben. Seid stabil in guter Schwingung, wenn ihr zu einem leidenden Freund geht. So gebt ihr ihm Gelegenheit, sich an eure Schwingung anzupassen.

Manche wollen das aber gar nicht.

Diese Menschen werden den Prozess erst später durchlaufen. Jede Seele wählt ihren eigenen Zeitpunkt für Erfahrungen.

Wenn man etwas erlebt, was einem nicht gefällt, hat man schlechte Gefühle. Schlechte Gefühle erschaffen aber noch mehr von dem, was einem nicht gefällt. Versteht ihr, was ich meine? Das ist doch ein Teufelskreis.

Und was wäre das Gegenteil?

Na, das wäre dann wohl eine Glücksspirale. Man erlebt etwas Schönes, hat dazu schöne Gefühle, und automatisch zieht man noch mehr Schönes an.

Seid euch darüber bewusst, dass ihr in jeder Sekunde erschafft. Jedes Gefühl, jeder Gedanke, jedes Wort erschafft. Seid bewusst, was ihr aussendet. Vielleicht seht ihr keinen Zusammenhang, wenn ihr morgens den Nachbarn anmeckert, weil er den Müll falsch entsorgt hat, und abends einen kleinen Unfall erleidet. Vielleicht ist euch die Wechselbeziehung nicht klar, wenn ihr am Montag einem Kind einen Luftballon schenkt und am Samstag eine kleine Summe in der Lotterie gewinnt. Womöglich erkennt ihr keine Wechselwirkung, wenn ihr im Januar über das schlechte Wetter lamentiert und euer Sommerurlaub verregnet ist. Es gibt immer einen Zusammenhang.

Achtet auf alles, was ihr sagt, schreibt, lest, hört, denkt. Kontrolliert eure Gedanken. Je klarer ihr seid, desto schneller erreicht ihr die Kontrolle über eure Schöpfungen. Habt keinen Zweifel. Wisst, dass ihr es könnt. Ihr seid Schöpfer. In jeder Sekunde eures Daseins.

Das war deutlich.

Wir möchten, dass ihr es versteht. Die Gesetze der Schöpferkraft sind unumstößlich und wirken unmittelbar. Wir möchten, dass ihr es versteht und danach handelt. Dennoch steht es euch natürlich frei, unsere Hinweise zu ignorieren.

Aber dann wird es hässlich, stimmt's? Das kommt mir irgendwie so vor wie bei konsequenten Eltern. Man muss einfach deren Gesetze akzeptieren, weil die Konsequenzen bekannt und eindeutig sind.

Meine Eltern waren in meiner Erziehung sehr konsequent. Ich konnte auch nie meinen Vater gegen meine Mutter ausspielen. Die Gesetze waren klar und ebenso die Konsequenzen bei

Missachtung der Regeln. Es gab niemals eine Ausnahme. Selbst, wenn manche Regeln mir unsinnig erschienen, waren die Auswirkungen bei Missachtung transparent und wurden nachhaltig durchgezogen. Wir reden hier jetzt nicht von Prügelstrafen oder so. Aber ich wusste, wenn ich samstags mein Zimmer nicht aufräumte, durfte ich erst wieder draußen spielen, wenn es aufgeräumt war.

Über die Gesetze der Schöpfung kann man ebenso wenig verhandeln. Es ist zwar irgendwie blöd, dass jeder Gedanke Schöpferkraft hat, aber solange wir die Gesetze ignorieren, kommen wir halt nicht nach »draußen«.

Und draußen ist es viel schöner!

Ich habe zwei Freunde, die Programmierer sind ... oder jedenfalls irgendwas mit Computern machen. Sie haben mir schon mehrmals erzählt, dass es einen Zusammenhang gibt zwischem dem Benutzer und seinem Computer. Einer sagte mal wörtlich zu mir: »Wenn der Mensch nen Hau hat, hat der Computer auch nen Hau. Wenn der Klient denkt: ›Doofer Computer, der funktioniert eh nicht‹, kann er ihn vier Mal hintereinander hochfahren, und der Computer wird nicht funktionieren. Wenn ich dann komme, setze ich mich davor, fahre den Computer hoch und denke: ›Das ist ein Computer, der muss funktionieren‹, dann fährt er auch hoch und das Problem ist gelöst.«

Ich war einmal mit meiner Freundin am See. Ein paar Jungen spielten dort Fußball. Sie erzählte mir, dass sie an einem anderen Tag an einem anderen See von einem Ball getroffen worden war. Keine Minute, nachdem sie mir das erzählt hatte, schoss einer der Jungen den Ball genau an ihren Kopf. Er entschuldigte sich, holte den Ball zurück, und sie meinte, wie schlimm sie das fände. Es dauerte keine zwei Minuten, bis erneut ein Ball an ihren Kopf flog. Dann fing sie an zu lachen. Ihr wurde bewusst, dass sie das selbst erschaffen hatte. Wir wechselten das Thema, und der Ball flog kein einziges Mal mehr in unsere Richtung.

Radiosender strahlen eine bestimmte Frequenz aus. Um einen bestimmten Sender zu empfangen, muss man das Radio auf die gleiche Frequenz einstellen. Die Information wird also von der Frequenz huckepack genommen. Sender und Empfänger müssen auf der gleichen Frequenz sein.

Wenn ich als Empfänger auf Glück eingestellt bin, dann empfange ich auch nur Dinge, die auf der Frequenz von Glück liegen. Also glückliche Partnerschaft, glückliche Arbeitsstelle, glückliches Wasauchimmer. Damit habe ich noch nicht entschieden, was genau ich anziehe. Aber wenn ich glücklich bin, kann ich nur das anziehen, was glücklich macht.

Achtet zuallererst auf eure Gefühle. Das ist die Frequenz. Damit geht ihr sicher, dass ihr immer nur das anzieht, was mit euren gewünschten Gefühlen in Resonanz steht. Dann richtet eure Aufmerksamkeit auf das, was ihr im Detail erleben wollt.

Ach so. Einfaches Prinzip. Hauptsache glücklich und für Extrawünsche den Fokus beachten. Kann ich mir merken.

Um eure Frequenz einzustellen, könnt ihr euch an etwas Schönes aus der Vergangenheit erinnern, ihr könnt euch etwas Schönes in der Zukunft vorstellen, ihr könnt euch Filme anschauen, die in euch die entsprechenden Gefühle verursachen. Nutzt alle Möglichkeiten, um eure Gefühle auf die gewünschte Frequenz zu bringen.

Wenn ihr dann in der gewünschten Frequenz seid, fangt an, bestimmte Details zu erschaffen. Dazu glaubt ihr ganz einfach, dass eure Lebensumstände genauso reagieren wie die meisten Menschen. Wenn ihr zu einem Menschen sagt: »Ich mag dich nicht mehr, bitte verschwinde aus meinem Leben«, so wird dieser Mensch wahrscheinlich früher oder später aus eurem Leben verschwinden.

Aber wenn ich sage: »Hey, ihr Schulden, ich mag euch nicht mehr. Bitte verschwindet aus meinem Leben«, werden sie doch wahrscheinlich bleiben.

Es geht ja auch nicht darum, Dinge oder Menschen loszuwerden, sondern darum, in Resonanz mit dem zu kommen, was ihr haben möchtet. Alles, dem ihr eure Aufmerksamkeit schenkt, wird von euch erschaffen. Mit jedem Gedanken an etwas verlängert ihr dessen Existenz. Wenn ihr eure Aufmerksamkeit ändert, verschwinden die Dinge, die ihr nicht wollt, ganz von selbst. Wenn ihr damit beschäftigt seid, Dinge oder Umstände loszuwerden, werdet ihr deren Existenz weiterhin erschaffen.

Ich habe in meinem Schlafzimmer selten Motten. Eines Tages sah ich in einem Geschäft einen Anti-Motten-Duft. Ich roch daran und verliebte mich ein Bisschen in dieses Lavendel-Aroma. Also kaufte ich das Fläschchen und versprühte die Essenz großzügig in meinem Schlafzimmer.

Es dauerte keine halbe Stunde, da waren bereits mehr als zehn Motten im Raum. Mit jeder Minute wurden es mehr. Ich schloss die Fenster, tötete alle Motten, die ich erwischen konnte, und schlief beleidigt bei geschlossenen Fenstern ein. Ich hatte Motten nie zuvor Aufmerksamkeit geschenkt, da sie ja so gut wie nie zugegen waren. Mit dem Lavendel-Flakon hatte ich meine ganze Aufmerksamkeit auf Motten gerichtet. Und so konnten sie hereinkommen. Das Fläschchen steht seitdem verschlossen im Schrank.

Eine Freundin war einmal bei einer Partnerbörse angemeldet. In ihrem Vorstellungstext stand folgender Satz: »Solange du kein Skorpion bist, ist alles in Ordnung.« Die Zuschriften, die sie bekam, begannen fast alle so: »Leider bin ich Skorpion, aber ...«

Und ich habe mal gelesen, dass die Hardcore-Feministinnen im Umfeld von Alice Schwarzer, die so vehement gegen Männer waren, fast ausschließlich Söhne und keine Töchter zur Welt gebracht haben.

Wenn ihr GEGEN etwas seid, erschafft ihr es. Wendet eure Aufmerksamkeit davon ab. Fragt euch, was ihr stattdessen wollt, WOFÜR ihr seid, was ihr erleben möchtet, und schenkt eure Aufmerk-

samkeit nur noch den Umständen, die ihr erschaffen wollt. Wenn ihr gegen etwas seid, fangt ihr an zu kämpfen. Und je härter ihr kämpft, desto stärker wird das, wogegen ihr kämpft.

Wenn ihr Angst habt, von eurem Partner verlassen zu werden, wird er euch wahrscheinlich eines Tages verlassen. Wenn er dazu verpflichtet ist, bei euch zu bleiben, so wird er euch innerlich verlassen. Wenn ihr möchtet, dass euer Partner bei euch bleibt, dann richtet eure Aufmerksamkeit auf eine schöne erfüllte Partnerschaft. Menschen reagieren auf eure Schwingung. Das Gesetz der Resonanz ist ein Mitschwingvorgang.

Denkt nicht darüber nach, warum die Umstände, die euch nicht gefallen, so sind, wie sie sind. Es ist euch nicht dienlich. Wenn ihr Gründe sucht und darüber nachdenkt, dass ihr die falschen Eltern hattet, dass euch damals schon der Lehrer ungerecht behandelt hat, dass ihr nie eine Chance bekommen habt, dass ihr einfach Pech hattet, richtet ihr eure Energie auf genau solche Erlebnisse und erschafft damit weitere Erfahrungen in dieser Frequenz.

Wenn ihr euer Leben ändern wollt, müsst ihr eure Frequenz ändern. Schwingt euch ein auf die Erlebnisse, die ihr haben wollt.

Meine Freundin hat mal gesagt: »Wenn ich ein glückliches Paar sehe, werde ich traurig. Sie erinnern mich daran, dass ich ein einsamer Single bin.«

Damit bleibt sie in der Energie eines einsamen Singles. Wenn sie jedoch denkt: »Oh, schau, ein glückliches Paar. Wie schön sie miteinander umgehen. Sie zeigen mir meine neue Beziehung. Genau so glücklich bin ich. Ich schwinge mich auf ihre Frequenz ein«, so öffnet sie sich für ihre eigene glückliche Partnerschaft.

Habt ein schönes Gefühl für das, was ihr euch wünscht. Wenn ihr dick seid, abnehmen wollt und einen schlanken Menschen seht, dann freut euch über diesen schönen Körper. Lasst keinen Gedanken an Selbstzweifel oder Unvollkommenheit zu. Freut euch darüber, dass das Leben euch einen schönen Körper zeigt. Mit eurem guten Gefühl dazu erschafft ihr euren eigenen schönen Körper.

Wenn ein anderer das Auto fährt, das ihr euch so sehnlich wünscht, habt ein schönes Gefühl dazu. Freut euch darüber. Wenn ihr denkt, dass es euch niemals gelingen wird, so ein Auto zu besitzen, schiebt ihr die Erfüllung dieses Wunsches von euch fort.

Neid und Missgunst entfernen euch von euren Wünschen. Mitfreude und Gönnen ziehen Erfüllung an.

Verstanden. Ich ziehe also genau das an, was ich fühle. Wenn ich über Leute lästere, ziehe ich wahrscheinlich nicht viel Gutes an. Sehe ich in Menschen das Schöne, ziehe ich das Schöne an. Wenn ich einen Millionär sehe und denke: »Der hat doch bestimmt illegale Sachen am Laufen, der Verbrecher«, ziehe ich nichts Schönes an. Wenn ich aber denke: »Schau, wie schön, ein Mensch, der sich schöne Häuser und Urlaube leisten kann«, schwinge ich mich auf eine Frequenz ein, die auch mir schöne Erlebnisse beschert.

Was ist denn mit Askese? Fasten, Meditieren, dem Weltlichen entsagen? Dabei richtet man keine Aufmerksamkeit, auf das, was man nicht haben will. Aber man richtet auch keine Aufmerksamkeit auf das, was man haben will. Man tut so, als ob man eigentlich nichts wünscht oder benötigt.

Askese macht euch unabhängig von dem, was ihr nicht erleben wollt. Ihr richtet darauf keine Aufmerksamkeit, also erschafft ihr es auch nicht. Doch wir sagen euch, dass ihr auf der Erde seid, um in eure Schöpferkraft zu kommen. Spielt damit, erlernt die Gesetze der Manifestation, habt Spaß und Freude. Sucht euch aus, was ihr erleben wollt, und erschafft es. Erfüllt euch eure Wünsche.

Jetzt komme ich mir gerade vor wie ein Kleinkind, dem ein bunter Haufen Bauklötze vor die Füße geworfen wird, und jemand sagt: »Hier, damit kannst du alles bauen, was du willst. Aber du musst lernen, dass es Schwerkraft und andere statische Gesetze gibt. Am Anfang fallen vielleicht ein paar Stapel wieder um, aber am Ende wirst du ganze Landschaften errichten können. Und wenn dir etwas nicht gefällt, kannst du es wieder niederreißen und etwas Neues bauen. Fang einfach an.«

Wenn man einem Kind sagt, es soll einen Turm bauen, aber es sei extrem wichtig, dass der Bau exakt nach Bauplan verläuft und der Turm termingerecht fertig wird, hat kein Kind der Welt Spaß daran.

Ich glaube, ihr wollt uns sagen, dass wir einfach anfangen sollen. Wir sollen Wünsche haben, und dann merken wir es schon, wenn ein paar Klötze wieder umfallen und man manchmal den Bauplan ändern muss.

Wir versprechen euch, dass ihr in der Lage seid, alles zu erschaffen, woran ihr denken könnt. Schwingt euch darauf ein, tut das Erforderliche und glaubt felsenfest daran. Eure Gefühle sind die Kraft, die Ereignisse anziehen. Durch eure Gefühle seid ihr in Resonanz mit allen Ereignissen gleicher Frequenz. Jeder Zweifel, jede Sorge, jede Grübelei entfernt euch von eurem Ziel. Werft alle Zweifel über Bord. Schwingt euch ein auf das Leben, das ihr euch wünscht – und erhaltet dieses Leben.

Das bedeutet nicht, dass ihr für eure Wünsche nichts tun müsst. Tut das Notwendige im Glauben an die Erfüllung.

Wir müssen die Klötzchen also schon in die Hand nehmen, wenn wir einen Turm errichten wollen. Aber mit Freude. Ich glaube, das wird von manchen Wünschern oder Bestellern beim Universum falsch verstanden. Manche glauben, dass sie nichts zu tun brauchen für die Erfüllung ihrer Wünsche.

Wenn ihr in schlechter Stimmung seid, ist es besser, eure Aktivitäten einzustellen und nichts zu unternehmen. Wenn ihr in unharmonischer Schwingung Taten verrichtet, werden sie nicht die gewünschten Ergebnisse bringen. Werdet ruhig, besinnt euch.

Fragt euch, wie ihr euch stattdessen fühlen wollt. Schwingt euch ein auf das Gefühl, das ihr erleben wollt. Erinnert euch an Situationen, in denen ihr euch gut gefühlt habt, tut so als ob, lächelt.

Und tut erst dann, was nötig ist, um euren Wunsch zu verwirklichen. Tut und entscheidet nichts, wenn ihr euch schlecht fühlt. Verharrt auch nicht in diesem Gefühl. Sorgt dafür, dass ihr euch gut fühlt. Das Wichtigste in der Schöpferkraft ist, dass ihr euch gut fühlt.

Verstanden. Erstmal für ein gutes Gefühl sorgen. Und dann entscheiden, was man will. Doch bevor man irgendetwas macht, muss man auf jeden Fall ein gutes Gefühl haben. Das bedeutet, dass ich öfter Gute-Laune-Musik hören werde, häufiger leckere Dinge esse, in der Sonne liege und lustige Filme gucke.

Beobachtet euch. Notiert euch, wann ihr glücklich seid und was euch glücklich macht. Vielleicht ist es ein Spaziergang oder das Streicheln einer Katze. Möglicherweise seid ihr glücklich, wenn ihr Kinder beim Spielen beobachtet oder wenn ihr schöne Musik hört. Beobachtet eure Gefühle. Bemerkt, was euch glücklich macht, und macht es häufig. So erschafft ihr noch mehr davon.[23]

Kann ich denn einen anderen Menschen ändern? Könnte Berta sich zum Beispiel darauf einschwingen, dass Peter ganz doll in sie verliebt ist?

Ihr könnt euch auf erfüllte Liebe einschwingen. Ihr könnt euch auch vorstellen, mit einem bestimmten Menschen glücklich zu sein. Wenn ihr jedoch einem anderen Menschen keine Wahl lasst, seid ihr nicht in der Schwingung der Liebe. Ihr könnt euch Liebe mit dieser Person vorstellen. Ihr seid dann in der Schwingung der Liebe. Möglicherweise entscheidet dieser Mensch sich, eine Beziehung mit euch einzugehen. Möglicherweise schwingt er aber auch auf einer anderen Frequenz, und eine glückliche Partnerschaft wäre mit dieser Person gar nicht möglich. Dann wird ein anderer Mensch kommen, der auf dieser Frequenz ist. Wenn du in der Liebe bist, ziehst du Liebe an.

---

23 Siehe Übung 1: Was macht mich glücklich?

Und über jemanden zu bestimmen, wen er lieben soll, ist wohl keine Liebe. Ich würde ja auch nicht einfach irgendwen lieben wollen, nur weil derjenige sich das so vorstellt. Meinen freien Willen will ich behalten. Aber wenn jemand die gleiche Liebesschwingung aussendet wie ich und wir uns auch noch gegenseitig gefallen, das wäre schon klasse.

Wenn ihr jemandem die Freiheit nehmt, selbst zu entscheiden, seid ihr in Resonanz damit, dass Freiheit eingeschränkt ist.

Dadurch, dass ich jemanden dazu bringen will, mich zu mögen, könnte ich also erschaffen, dass ich im Gefängnis lande oder weniger Geld habe, weil dadurch meine Freiheit eingeschränkt wird. Herrje. Man muss ja wirklich total aufpassen, was man so macht und wünscht und denkt.

Denn wenn ihr den Menschen ihre Verfehlungen vergebt, so wird euch euer himmlischer Vater auch vergeben. Wenn ihr aber den Menschen nicht vergebt, so wird euch euer Vater eure Verfehlungen auch nicht vergeben.

– Matthäus 6, 14-15 –

Alles nun, was ihr wollt, dass euch die Leute tun sollen, das tut ihnen auch! Das ist das Gesetz und die Propheten.

– Matthäus 7, 12 –

Das Gesetz der Resonanz – konkret

- Das Angebot entspricht deiner Aufmerksamkeit.
- Deine Bewertung entscheidet, ob ein Wunsch schwer oder leicht erfüllbar ist.
- Nutze nur Sprichworte, die deinen Wünschen entsprechen. Oder erfinde neue.
- Ein gutes Gefühl in einem Lebensbereich zieht ein gutes Gefühl in anderen Lebensbereichen an.
- Du bist der Schöpfer.
- Du kannst erschaffen, was du willst.
- Du kannst soviel erschaffen, wie du willst.
- Der einzige Mensch, der dich und dein Leben retten oder ändern kann, bist du.
- Wenn du pure Lebensfreude bist, kannst du nichts erschaffen, was dieser Freude nicht entspricht.
- Deine beste Lebensversicherung ist, dich gut zu fühlen.
- Wenn du einem anderen Menschen helfen möchtest, stelle ihn dir gesund und glücklich vor.
- Alles, was du über einen anderen denkst, sagst und fühlst, erschaffst du für dich selbst.

- Du erschaffst immer. In jeder Sekunde.
- Jedes Gefühl, jeder Gedanke und jedes Wort erschafft.
- Kontrolliere deine Gedanken, Gefühle und Worte.
- Achte zuerst auf ein gutes Gefühl. Dann richte deine Aufmerksamkeit auf das, was du willst.
- Erinnere dich an etwas Schönes aus der Vergangenheit.
- Stelle dir etwas Schönes in der Zukunft vor.
- Schaue dir Filme an, die dir ein gutes Gefühl machen.
- Höre Musik, die dir gute Stimmung macht.
- Wenn du deine Aufmerksamkeit auf das lenkst, was du dir wünschst, verschwinden die Dinge, die du nicht willst, automatisch.
- Wenn du gegen etwas bist, frage dich, was du stattdessen willst.
- Denke nicht darüber nach, warum etwas so ist, wie es ist.
- Habe Spaß und Freude.
- Wenn du in schlechter Stimmung bist, stelle deine Aktivitäten ein, bis du wieder ein gutes Gefühl hast.
- Entscheide nur, wenn du in einem guten Gefühl bist.

Gedanke / Wort / Tat

Ich habe echt immer mehr Respekt vor dem, was man sagt und denkt, weil ich immer häufiger genau das erlebe, worauf ich meine Aufmerksamkeit richte.

Ich habe mit meiner Freundin Drehbücher gemacht. Das bedeutet, wir haben uns jeden Abend am Telefon erzählt, wie der Tag war und wie der nächste Tag sein wird. Wir haben es aber so erzählt, wie wir uns gewünscht hätten, wie der Tag war, und nicht, wie er wirklich war. Den Folgetag haben wir dann so beschrieben, wie wir uns wünschten, dass er verlaufen würde. Dabei haben wir so getan, als wären wir ganz fest davon überzeugt, dass es wirklich so passiert.

Zu Beginn hatten wir mit dieser Methode keine Erfolge. Uns fiel lediglich auf, dass wir gute Laune hatten, wenn wir Drehbücher machten. Zunächst hielt die gute Laune nur so lange an, wie wir gedreht haben. Mit der Zeit hatten wir manchmal am nächsten Morgen noch gute Laune. Irgendwann ist uns aufgefallen, dass, wenn wir jeden Abend gedreht haben, unsere gute Laune fast immer bis zum nächsten Drehbuch anhielt.

Als sich die ersten Drehbücher verwirklichten, gerieten wir fast in Euphorie. Wir haben die Drehbücher immer mehr auf unsere Herzenswünsche abgestimmt, weil wir nach und nach bemerkt haben, dass wir vieles von dem, was wir gedreht hatten, in Wirklichkeit gar nicht haben oder erleben wollten. Inzwischen werden wir mit unseren Drehbüchern immer authentischer und freuen uns immer mehr über die vielen kleinen Wunder, die uns jeden Tag passieren. Manchmal sogar noch viel mehr und viel besser, als wir es gedreht haben.[24]

Kannst du einen Unterschied feststellen zu den Zeiten, in denen du noch nicht so glücklich mit deiner Schöpferkraft warst?

Zuvor hatte ich wohl die gleiche Schöpferkraft. Aber jedes Mal, wenn ich erzählt habe, was alles gerade nicht gut läuft, habe ich damit auch ein Drehbuch gemacht. Nur eben eines, das ich gar nicht erleben wollte.

Wir haben uns mittlerweile angewöhnt, dass wir über Dinge, die wir nicht mehr erleben wollen, nicht mehr reden. Am Anfang fiel uns das sehr schwer. Wir wollten ja einander mitteilen, was an dem Tag alles schief gelaufen war. Wir dachten, das macht man so, als gute Freundin. Aber es war uns irgendwann klar, dass wir damit ein schlechtes Drehbuch machen. Also haben wir für alles, was uns nicht gefällt, ein Synonym verwendet, so dass die andere wusste, dass nicht alles optimal lief, aber wir trotzdem kein schlechtes Drehbuch machen mussten.

Kannst du uns das näher erläutern?

Wenn ich früher bei der Arbeit Probleme mit dem Drucker, einem Programm oder einem Kunden hatte, habe ich das meiner Freundin in allen Einzelheiten erzählt. Heute sage ich nur noch unser Synonym für »Scheiße«.

Was ist das für ein Wort?

Wir sagen einfach »Maschinenraum«, haha.

Maschinenraum?

---

24 Lesetipp: Lynn Grabhorn, *Aufwachen, dein Leben wartet. Die erstaunliche Macht der Gefühle*. Goldmann Verlag, München 2004; im Folgejahr erschien auch das gleichnamige Hörbuch.

Ja. An dem Tag, als wir unsere ersten Drehbücher gemacht haben, waren wir abends auf einer Feier, und jemand hinter uns ging an sein Handy und meldete sich mit »Maschinenraum«. Wir hatten damals beide einen Lachanfall und mussten immer wieder daran denken. Als wir dann einen Sammelbegriff für alles, was schlecht läuft, gesucht haben, ist uns halt »Maschinenraum« eingefallen. Wir fanden das super, weil Maschinenraum nicht negativ belegt ist und wir manchmal sogar lachen müssen, wenn eine von uns sagt »Der Tag heute war echt Maschinenraum«.

Am Anfang gelang es uns noch nicht besonders gut, die Maschinenraum-Erlebnisse *nicht* zu erzählen. Wir haben sie uns dann meistens trotzdem erzählt, aber verkürzt. Als wir nur noch das Wort Maschinenraum gesagt haben, ohne die Situationen zu schildern, die uns nicht gefielen, bemerkten wir, dass wir auch weniger Maschinenraum erlebten. Aber dennoch gab es täglich Maschinenraum. Als wir erkannten, dass wir auch mit diesem einzigen Wort weiterhin Maschinenraum-Erlebnisse erschaffen, ließen wir auch dieses Wort fallen. Wir schenken unschönen Erlebnissen jetzt einfach keine Aufmerksamkeit mehr. Es fiel uns sehr schwer, diese Erlebnisse gar nicht mehr mitzuteilen. Aber wir schaffen es inzwischen. Wir erzählen uns nur das, was schön war.

Wir freuen uns mit euch. Keine Aufmerksamkeit darauf zu richten ist die beste Methode, etwas nicht erneut erleben zu müssen.

Eine andere Freundin war schwanger, und wenn sie über die bevorstehende Geburt sprach, sagte sie stets: »Alles, nur kein Kaiserschnitt.« Weil der Geburtstermin bereits einige Tage überschritten war, wurde die Geburt von einer Hebamme mit natürlichen Mitteln eingeleitet. Dies zeigte keinerlei Wirkung, so dass die Geburt nun zusätzlich mit vom Arzt verordneten Medikamenten eingeleitet wurde. Auch diese Maßnahme zeigte keinerlei Erfolg. Am Ende wurde ihre Tochter durch einen Kaiserschnitt zur Welt gebracht.

Ein Freund von mir sagte immer: »Ich will nie heiraten. Ich will niemals eine Frau, die dick ist, und ich will nie mit einer Frau zusammen sein, die ich nicht liebe.« Inzwischen ist er mit einer dicken Frau verheiratet, die er nicht liebt.

Als ich mal eine unangenehme Situation erlebte, wollte ich das Ganze kleiner machen, als es war, quasi verniedlichen, und sagte deshalb: »Ach, das ist ja nicht mal ein blaues Auge. Das sind ja höchstens zwei kleine Veilchen.« Am nächsten Tag war ich im Schwimmbad und trainierte mit einer neuen Chlorbrille. Sie saß äußerst bequem und saugte sich gut an der Haut fest. Am Abend hatte ich zwei kleine Veilchen-Augen. Die Brille hatte sich zu doll festgesaugt und kleine Blutergüsse verursacht.

Eine Bekannte versprach, sich bei mir zu melden. Ich zweifelte ihr Vorhaben an und sagte zu meiner Freundin: »Eher melden sich Karsten, Tobias und André an einem Tag, als dass Carina sich überhaupt jemals meldet.« Die Namen habe ich jetzt natürlich geändert, aber diese drei Männer meldeten sich tatsächlich alle eine Woche später am gleichen Tag. Zuvor hatte ich von ihnen Monate und Jahre nichts mehr gehört. Carina hat sich bis heute nicht bei mir gemeldet.

Einmal sagte ich in einem Drehbuch: »Heute Abend habe ich eine Verabredung.« Es rief auch wirklich ein Mann an, der sich noch für den gleichen Abend mit mir verabredete. Leider sagte er kurz vorher ab. Eine Verabredung hatte ich, ein Treffen nicht.

Ein anderes Treffen sagte ich mit der Begründung ab: »Ich habe eine Wurzelzahnbehandlung.« Am nächsten Tag plagten mich Zahnschmerzen, und ich musste tatsächlich an einer Zahnwurzel behandelt werden.

Erfolge hatten wir mit den Drehbüchern natürlich auch. Wenn wir gesagt haben, dass bei der Arbeit alles gut läuft, dass ein bestimmter Termin erfolgreich ist, dass das Treffen mit jemandem Spaß macht, dass eine bestimmte Rechnung zeitig bezahlt wird, dass das Pferd, das Auto, der Schrank, die Jacke in unser Leben kommen, haben wir das fast immer genau so in unser Leben gezogen.

Aber ich reagiere auch auf die Drehbücher anderer. Als ich nach über einem Jahr wieder einmal zu meiner Kosmetikerin ging und nach einem Termin fragte, begrüßte sie mich mit den Worten: »Ach, Frau Pante, wir haben gestern erst über Sie gesprochen.«

Wir haben viel gelernt mit den Drehbüchern. Wir haben gelernt, dass wir am besten in der Gegenwart formulieren. Also nicht »Ich war im Urlaub« oder »Ich werde in den Urlaub fahren«, sondern: »Ich bin im Urlaub.« Um den Urlaub wirklich zu erleben, haben wir gelernt, dass es am besten ist, in der Gegenwart zu formulieren.

Dann haben wir gelernt, dass, wenn wir »Ich will viel Geld« sagen, auch genau diesen Zustand manifestieren. Wir wollen Geld. Wenn wir jedoch sagen: »Ich habe viel Geld«, erschaffen wir den Umstand, dass wir viel Geld haben.

Wir haben uns auch zunutze gemacht, dass das Universum *nicht, kein* und *nie* nicht versteht. Wenn ich sage, dass ich nicht mehr pleite sein will, lege ich meine Aufmerksamkeit auf pleite sein. Wir haben uns deshalb angewöhnt, die Sätze positiv zu formulieren. Wobei wir auch gemerkt haben, dass das Unterbewusstsein es durchaus versteht, wenn man sagt, dass man keine Schmerzen hat. Es kommt auf das Gefühl an, mit dem man das sagt. Aber um auf Nummer Sicher zu gehen, lassen wir das mit den Verneinungen.

Manche Leute nutzen ja auch Affirmationen, um zu bekommen, was sie wollen. Sie wiederholen immer wieder bestimmte Sätze und beabsichtigen damit, dass die Worte ins Unterbewusstsein gehen und sich so verwirklichen.

Wenn ihr Affirmationen benutzt, dabei jedoch in einem Gefühl des Mangels seid, erschafft ihr den Mangel. Wenn ihr das Gefühl habt, ihr müsst Affirmationen aufsagen, damit euer Leid beendet wird, erhaltet ihr den Zustand von Leid.

Manchmal kommt es einem ja auch wie Selbstverarschung vor. Da steht man vorm Spiegel und sagt: »Ich bin schön. Ich bin reich.« Und dabei denkt man: »Stimmt ja gar nicht.«

Es kommt darauf an, welches Gefühl ihr mit euren Worten erzeugt.

Ach so. Man muss ein gutes Gefühl dabei haben, wenn man Affirmationen verwendet?

Achtet bei euren Worten stets auf euer Gefühl.

Wie macht man das am besten?

Findet etwas, was euch gefällt, und sagt es.

Ihr meint etwas wie: »Ich habe schöne Bauchmuskeln. Ich habe schöne Augen. Ich habe ein wundervolles Auto.« Das kann ich mit gutem Gefühl sagen, weil es stimmt.

Ja, so meinen wir es. Ihr müsst glauben, was ihr sagt, damit ihr das Gefühl hervorbringt, dass euch gefällt. Eure Worte erschaffen nämlich Gefühle, und eure Gefühle erschaffen eure Realität.

Verstehe. Und irgendwann, wenn man genug gefunden hat, was man an sich schön findet und warum man reich ist, kann man auch sagen: »Ich bin reich. Ich bin schön.« Dann glaubt man es auch, und es erzeugt ein gutes Gefühl. Und ein gutes Gefühl erschafft eine gute Realität.

Genau so ist es.

Und wenn ich in einem guten Gefühl bin, kann ich auch etwas behaupten, was noch nicht in Erscheinung getreten ist, denn wenn ich es in einem guten Gefühl sage, erschaffe ich es. Affirmationen nutzen nur etwas, wenn ich dabei in einem guten Gefühl bin und von dem, was ich sage, überzeugt bin.

Es gibt so viele Selbsthilfe-Bücher, und oft habe ich beim Lesen ein schlechtes Gefühl. Das bedeutet ja, wenn ein Ratgeber einem ein schlechtes Gefühl bereitet, sollte man ihn am besten gleich wegwerfen, oder?

Es gibt keinen Grund, an einem schlechten Gefühl festzuhalten. Es ist jedoch auch möglich, dass ihr ein schlechtes Gefühl habt, weil ihr eine unbequeme Wahrheit erfahrt.

Ihr meint, dass ich in meiner Komfortzone bleiben will und deshalb die Ratschläge lieber ignoriere?

Beobachtet eure Gefühle genau. Lernt zu unterscheiden, ob euer schlechtes Gefühl auf schierer Bequemlichkeit beruht oder einer intuitiven Warnung entspringt.

Puh. Das könnte schwierig sein. Wie soll ich denn unterscheiden, ob das schlechte Gefühl beim Gedanken an Sport aus einer Bequemlichkeit oder einer intuitiven Warnung heraus kommt? Könnte ja sein, dass ich mir beim Sport den Knöchel verstauchen würde. Könnte aber auch einfach sein, dass das Gefühl nur mein innerer Schweinehund ist.

Beobachtet eure Gefühle. Je häufiger ihr darauf achtet, desto eindeutiger könnt ihr sie unterscheiden. Der Unterschied wird euch bald so klar sein wie jetzt der Unterschied zwischen einem guten und einem schlechten Gefühl.

Dann ist es wohl so wie beim Schnee. Wenn es bei uns schneit, sehen wir Schnee. Wenn ein Eskimo Schnee sieht, hat er fünf verschiedene Bezeichnungen für Schnee, je nachdem, wie der Schnee beschaffen ist. Also ein schlechtes Gefühl ist Schnee. Und irgendwann werden wir zu Eskimos und können jede Art von schlechtem Gefühl unterscheiden. Wir erkennen, ob es Angst, Warnung oder innerer Schweinehund ist.

Aber wenn ich so tue, als wären meine Wünsche bereits erfüllt, brauche ich keine Affirmationen mehr. Oder?

Wenn ihr so tut, als wärt ihr bereits im Zustand der Erfüllung, ist es nicht mehr nötig, Affirmationen aufzusagen.

Ihr seid dann bereits mit eurem Gefühl am Ziel und müsst nichts Weiteres mehr unternehmen.

Verstehe. Auf Worte achten ist wichtig. Aber die Königsdisziplin ist, sich sofort so zu fühlen, als wären die gewünschten Umstände bereits eingetroffen. Das ist die Nummero Securo.

Eure Schöpfung unterliegt einem permanenten Prozess. Ihr erschafft eure Umstände mit euren Gedanken, mit euren Worten, mit euren Taten und mit euren Gefühlen. Achtet auf eure Gedanken, auf eure Worte und auf eure Taten. Die größte Macht habt ihr jedoch über eure Gefühle. Eure Gefühle erschaffen eure Realität.

Habt ihr ein schlechtes Gefühl in Bezug auf Geldangelegenheiten, werdet ihr damit keine angenehmen Umstände erschaffen können. Fühlt ihr euch rundum geliebt und in der Schwingung der Liebe, werdet ihr damit keine unangenehmen Umstände erschaffen können.

Ihr könnt eure Gedanken, Worte und Taten einsetzen, um ein gutes Gefühl zu erzeugen. Eure Gefühle resultieren nämlich aus euren Gedanken. Alle eure Bewertungen sind nichts weiter als Gedanken. Ihr verleiht euren Gedanken mehr Ausdruck durch eure Worte und schließlich durch eure Taten. Eure Gefühle resultieren aus euren Gedanken, Worten und Taten. Wenn eure Gedanken, Worte und Taten klar und übereinstimmend mit eurer gewünschten Realität sind, ist es nicht notwendig, durch »So tun als ob« ein Gefühl zu erzeugen, denn aus reinen Gedanken, Worten und Taten entstehen immer angenehme Gefühle.

Wenn ihr eure Gedanken, Worte und Taten noch nicht so steuern könnt, wie ihr euch das wünscht, dann tut so, als lebtet ihr bereits in der Erfüllung. So werdet ihr automatisch denken, sagen und tun, was eurem Wunschzustand entspricht. Ihr erschafft so das Gefühl, das den von euch gewünschten Umstand Realität werden lässt.

Wie kann ich feststellen, ob ich klar denke und fühle?

Schaut euch euer Leben an. Läuft alles so, wie ihr es euch wünscht? Wenn ja, dann stimmen eure Gedanken, Worte und Taten mit eurer Wunschvorstellung überein. Wenn euer Leben nicht euren Wünschen entspricht, entsprechen eure Gedanken, Worte, Taten und Gefühle nicht euren Wünschen. Dann seid ihr nicht klar.

Wenn ihr wissen wollt, was ihr über Geld, Liebe oder Gesundheit denkt, schaut euch an, was ihr erlebt. Eure Umstände werden von euch erschaffen. Ihr wollt andere Umstände? Dann lernt anders zu denken, anders zu reden, anders zu handeln, anders zu fühlen und eure Aufmerksamkeit anders auszurichten.

Eigentlich ganz logisch.

Wenn ihr Zweifel habt, so macht euch klar, dass Zweifel auch nur Gedanken sind. Ihr könnt eure Gedanken verändern. Mit euren Zweifeln erschafft ihr stets ein Gefühl, das euch nicht zur Erfüllung eurer Wünsche führt. Ersetzt eure Zweifel deshalb durch Gedanken der Erfüllung.

Wenn euch jemand fragt, wie es euch geht, erzählt ihm nicht eure Leidensgeschichte. Nutzt diese Frage als Gelegenheit, das zu erzählen, was ihr euch wünscht. Tut so, als sei es bereits verwirklicht.

Also weder: »Schlecht, ich habe Sommergrippe«, noch: »Ich wünschte, ich hätte Geld, um zu verreisen«, sondern eher: »Prima. Gerade bekam ich eine Einladung zu einer Party« oder »Sehr gut, heute Abend bin ich doch tatsächlich bei Freunden zum Essen eingeladen«.

Aber man will ja seine Freunde nicht belügen. Wenn es nicht stimmt, würde ich also nicht behaupten: »Toll, ich fahre morgen für fünf Wochen nach Sri Lanka.« Ich könnte allerdings antworten: »Es geht mir gut. Gerade habe ich Urlaubskataloge durchgeschmökert, und ich habe jetzt richtig Lust, eine dieser Reisen zu buchen.«

Mein Steuerberater hat mal zu mir gesagt: »Jammern tun sie alle.« Ich fragte ihn, ob denn auch diejenigen jammern, bei denen es richtig gut läuft. Er antwortete: »Nein, die müssen nicht jammern.« Wahrscheinlich läuft es gut bei ihnen, *weil* sie nicht jammern.

Ihr werdet lernen, dass ihr nicht nur für eure Taten verantwortlich seid. Ebenso seid ihr verantwortlich für eure Gedanken, eure Worte und eure Gefühle.

Klar, ist schon in mir eingebrannt. Ich bin selbst verantwortlich für die Umstände, die ich erlebe. Wenn ich immer gesund esse, aber meine Gefühle und Gedanken um Krankheit kreisen, bin ich keine unschuldige Heilige, der das Schicksal böse mitspielt, sondern einfach ein Mensch, der mit seinen Gefühlen und Gedanken das erschaffen hat, worauf er seine Aufmerksamkeit richtete. Niemand ist ein Opfer, höchstens das Opfer seiner eigenen Schöpfung.

Wenn ihr etwas tun wollt, aber ein schlechtes Gefühl habt, so ändert zunächst euer Gefühl. Wenn ihr aus einem unangenehmen Gefühl heraus handelt, wird eure Tat keine angenehmen Folgen haben. Wenn ihr etwas sagen wollt, aber ein schlechtes Gefühl habt, dann ändert zunächst euer Gefühl. Wenn ihr mit einem unangenehmen Gefühl sprecht, werden eure Worte keine angenehmen Folgen haben.

Wenn ihr eure Gedanken ändert, verändern sich auch eure Worte, Taten und Gefühle. Wenn ihr eure Worte ändert, beeinflusst ihr eure Gedanken, Taten und Gefühle. Wenn ihr eure Taten ändert, passen sich eure Gedanken, Worte und Gefühle an. Wenn ihr eure Gefühle ändert, ändern sich auch eure Gedanke, Worte und Taten.

Die stärkste Schöpferkraft jedoch haben eure Gefühle und eure Aufmerksamkeit.

Ihr habt euer Leben lang gelernt, dass die einzige Möglichkeit, Umstände zu ändern, in der Tat liegt. Ihr seid so sehr auf euer Handeln ausgerichtet, dass ihr Mühe und Erschöpfung erlebt. Ihr arbeitet hart und viel. Ihr seid darauf trainiert, euch auf das zu konzentrieren, was nicht in Ordnung ist, und diesen Zustand durch harte Arbeit auszugleichen. Eure Aufmerksamkeit ist dabei permanent auf das gerichtet, was ihr nicht wünscht. Ihr arbeitet hart, damit ihr nicht arbeitslos werdet. Ihr müht euch ab, damit ihr nicht mehr so dick seid. Die meisten eurer Handlungen vollbringt ihr mit Widerwillen.

Stimmt irgendwie. Wir haben unsere Aufmerksamkeit auf das gerichtet, was wir nicht wollen, nehmen dafür bis zur Erschöpfung Aufwand in Kauf und erwarten dann, dass sich unser Zustand ändern soll.

Das kann ja gar nicht klappen. Wir müssen uns also erst um unser Gefühl und unsere Aufmerksamkeit kümmern und sollten anschließend handeln.

Als Erstes existiert der Gedanke. Alles, was in eurer Welt existiert, war zunächst als Gedanke vorhanden. Ihr habt die Erfahrung gemacht, dass aus euren Gedanken Worte und Taten werden.

Wenn die Energie der Gedanken stark ist, könnt ihr sozusagen aus dem Nichts Materie erschaffen. Worte und Taten sind dann nicht länger notwendig. Wenn eine ganze Gesellschaft Angst vor etwas hat, beispielsweise einer Wirtschaftskrise, ist die Energie dieses Gefühls so stark, dass kein Tun erforderlich ist, um etwa eine Wirtschaftskrise zu erschaffen. Eure kollektive Schöpferkraft ist mächtig. Aber auch einzelne von euch haben eine so starke Schöpferkraft, dass sie aus dem Nichts Materie erschaffen können.

Jesus und Sai Baba. Sie hatten nur klare Gedanken und kannten keinen Zweifel. Sie wussten, dass sie Materie erschaffen können, und haben es auch gemacht. Vielleicht ist es ganz gut, dass das noch nicht alle Menschen können. Das gäbe ein gewaltiges Chaos. Jeder würde irgendetwas materialisieren, und der Nächste würde es dann wieder zum Verschwinden bringen oder in irgendetwas anderes verwandeln.

Eure reinsten Gedanken widersprechen nicht den reinsten Gedanken eurer Mitmenschen. So werdet ihr erschaffen, und wir versprechen euch, es wird angenehm für alle sein.

Bedingungsloses Grundeinkommen, Weltfrieden, saubere Wälder, gesundes Essen. Vermutlich stimmt das, was ihr sagt. Wenn weder aus Angst noch aus Zweifel heraus erschaffen wird, sondern echte Herzenswünsche verwirklicht werden, dann sind die Schöpfungen sicher auch für andere entweder schön oder unerheblich.

Und ach, äh … Was ist denn eigentlich mit Gebeten? Das sind ja auch Worte.

Eure Gelehrten unterscheiden zwischen Bittgebeten und Dankgebeten. Kannst du dir vielleicht vorstellen, welche Art von Gebet die besten Resultate erzielt?

Wenn ich für etwas dankbar bin, erschaffe ich noch mehr davon. Wenn ich um etwas bitte, bekunde ich, dass ich im Mangel bin. Ganz klar: Dankgebete haben die besten Resultate. Egal, ob ich mich an Gott, Allah, das Universum oder Wenauchimmer richte. Die Energie von Dankbarkeit erschafft noch mehr von dem, wofür ich dankbar bin.

ALLE Gebete werden erhört. Doch wenn ihr darum betet, dass Gott euch helfen soll, weil es euch schlecht geht, lautet euer Gebet: »Lieber Gott, es geht mir schlecht.« Wenn es euch weiterhin schlecht geht, wisst ihr, dass euer Gebet erhört wurde. Wenn ihr betet: »Lieber Gott, Danke für meine Arbeitsstelle«, aber in dem Gefühl seid: »Ich hasse meine Arbeitsstelle, ich mache das nur, damit ich einigermaßen über die Runden komme«, betet ihr: »Lieber Gott, meine Arbeitsstelle macht mir kein gutes Gefühl. Bitte erlöse mich davon.«

Es wird auch nicht über euch gerichtet. Gott, um bei diesem Wort zu bleiben, überlegt nicht: »Mal sehen, Marlies war letzten Monat drei Mal in der Kirche, ich glaube, ich erfülle ihr ihren Wunsch« oder

»Marlies hat zu wenig Geld in den Klingelbeutel geworfen, ich kann ihr beim besten Willen ihren Wunsch nicht erfüllen«.

Wenn ihr um Hilfe, Unterstützung oder Schutz betet, betet ihr: »Lieber Gott, ich schaffe es alleine nicht. Ich bin nicht stark genug.« Ihr werdet erleben, dass ihr es nicht schafft und nicht stark genug seid. Eure Gebete werden erhört.

Wenn ihr Gott, einen Engel oder das Universum anruft, bekundet ihr, dass ihr glaubt, sie seien nicht immer gegenwärtig. Ihr tut so, als ob alles, was ihr sagt, nicht erhört wird. Nur wenn ihr zuvor Gott anruft, werden eure Worte und Gefühle wahrgenommen. Das ist ein Trugschluss. Ihr seid immer in der Schöpferkraft. Nicht der Gott oder das Universum auf der anderen Seite erfüllt euch eure Wünsche. Einzig mit euren Worten, Gefühlen und Taten erschafft ihr eure Wirklichkeit. IHR seid der Schöpfer. Ihr betet immer. Jedes Wort, jeder Gedanke, jedes Gefühl ist ein Gebet.

Oft fangt ihr an zu beten, wenn ihr in Not geraten seid, wenn ihr glaubt, dass ihr euch selbst nicht mehr helfen könnt. Ihr bittet Gott, die Sache für euch in die Hand zu nehmen. Manche von euch bieten Gott auch einen Tauschhandel an. Ihr wollt mit Gott verhandeln.

Haha, das habe ich früher auch gemacht. Ich dachte, was Martin Luther kann, kann ich auch. Luther hat gebetet, dass er, wenn er dieses starke Gewitter überlebt, Mönch wird.

Genau genommen hat er für sein Gebet die folgenden Worte gewählt: »Ich überlebe dieses starke Gewitter. Ich werde Mönch.«

Oh. Ob er das wusste? Bei einer Autopanne habe ich mal gebetet: »Lieber Gott, wenn du den Wagen einfach so wieder anspringen lässt, dann esse ich eine Woche lang nur gesundes Zeug, für das weder Tier noch Pflanze gelitten haben. Außerdem weißt du ja, dass ich jetzt diesen Termin habe, ich will den nicht verpassen. Danke.« Ich wusste damals nicht, dass ich eigentlich gebetet habe: »Lieber Gott, ich kann den Wagen nicht zum Laufen bringen. Ich esse eine Woche lang nur Zeug, für das Tier und Pflanze gelitten haben. Ich verpasse den Termin.« Und genau so ist es mir widerfahren.

Wenn ihr durchgehend in einem Gefühl der Dankbarkeit seid, betet ihr dauerhaft Dankbarkeit und festigt das, wofür ihr dankbar seid. Außerdem erschafft ihr noch mehr davon. Wer dauerhaft in der Schwingung der Dankbarkeit lebt, wird niemals Stoßgebete benötigen, weil er niemals in einer Notsituation sein wird.

Aha, das ist also wie beim Sport. Wenn ich nicht dauerhaft trainiere, bilden sich keine Muckies. Dann kommt man auf so blöde Ideen wie, zwanzig Kilo in drei Tagen abnehmen zu wollen. Besser ist, Dankbarkeitsmuckies zu trainieren, dann ist man immer in Form und braucht keine Blitzdiät, und natürlich erst recht kein Stoßgebet.

Wenn jemand unter euch Weisheit braucht, weil er wissen will, wie er nach Gottes Willen handeln soll, dann kann er Gott einfach darum bitten. Und Gott, der gerne hilft, wird ihm bestimmt antworten, ohne ihm Vorwürfe zu machen. Aber wer ihn fragt, soll auch wirklich mit seiner Antwort rechnen! Denn einer, der zweifelt, ist so aufgewühlt wie eine Meereswoge, die vom Wind getrieben und hin und her geworfen wird. Ein solcher Mensch darf nicht erwarten, etwas von Gott zu erhalten, denn er ist unbeständig und schwankt ständig hin und her.

– Jakobus 1; 5-8 –

Gedanke / Wort / Tat – konkret

- Es kommt darauf an, welches Gefühl du bei deinen Worten hast.
- Es gibt keinen Grund, an einem schlechten Gefühl festzuhalten.
- Beobachte deine Gefühle.
- Lerne zu unterscheiden, ob dein schlechtes Gefühl reiner Bequemlichkeit oder einer intuitiven Warnung entspringt.
- Achte auf deine Worte. Und noch mehr auf deine Gefühle.
- Fühle, als wäre das Gewünschte bereits Realität.
- Du erschaffst deine Umstände durch deine Gedanken, deine Worte, deine Gefühle und deine Aufmerksamkeit.
- Deine größte Schöpferkraft liegt in deinen Gefühlen.
- Deine Gefühle resultieren aus deinen Gedanken.
- Deine Bewertungen sind nur Gedanken.
- Deine Zweifel sind nur Gedanken.
- Du kannst deine Gedanken ändern.
- Handle erst, wenn du ein gutes Gefühl hast.
- Spreche erst, wenn du ein gutes Gefühl hast.
- Dankbarkeit erschafft mehr von dem, wofür du dankbar bist.

Schluss

Ich danke euch für diese ausführliche Unterstützung. Eigentlich war das ein sehr menschlicher Dialog, gar nicht so abgehoben und spooky.

Es hat uns wieder einmal Freude bereitet. Wir danken dir für deine Fragen. Nun schließen wir diesen Dialog aber und wünschen euch viel Freude mit euren neuen Erfahrungen.

Willkommen in eurer Schöpferkraft!

Habt recht vielen Dank!

Ich bin jedes Mal tief berührt, wenn so ein Dialog vorbei ist. Es war sehr schön mit euch.

Tschüss!

Dies ist ein Nachwort

Nachworte lese ich. Aber nur in Büchern, die mir gefallen. Weil ich irgendwie noch nicht will, dass es vorbei ist. Manchmal lese ich dann sogar noch das Vorwort.

Ich persönlich bin sehr glücklich mit diesem Buch. Ich wollte ein Werk schaffen, in dem ich nachschlagen kann. Denn immer wieder kommt es vor, dass ich gerade keinen Zugang zu meinem Wissen habe. In erster Linie habe ich dieses Buch also für mich selbst geschrieben. Wenn es dir gefallen hat, macht mich das noch ein Bisschen glücklicher.

Hab vielen Dank, dass du mich durch dieses Buch begleitet hast. Es ist mir eine Ehre.

So, und nun fange ich wieder an, dich zu Siezen.

Ich wünsche Ihnen viel Freude mit den Erfahrungen, die jetzt auf Sie warten. Wenn Sie mögen, lassen Sie mich daran teilhaben und schreiben Sie mir eine Email.

Darüber freue ich mich.

Mit schöpferischen Grüßen!

Marlies Pante
mali.mali@gmx.net

Übungen

Die Übungen kannst du machen, wann immer du willst. Du brauchst sie auch gar nicht zu machen.

Auf manche Übungen ist im Laufe des Buches zwei Mal hingewiesen worden. Nicht, weil sie wichtiger sind als die anderen, sondern einfach nur, weil es thematisch passt. Einige Übungen sind in den Kapiteln gar nicht erwähnt.

Suche dir einfach aus, wann oder ob du sie machst. Mache sie während der Lektüre, im Anschluss an jedes Kapitel, nachdem du das Buch beendest hast oder gar nicht.

Wenn dir die eine oder andere Übung nicht passend vorkommt, quäle dich bitte nicht dadurch. Behandle die Übungen als Bereicherung für dein Leben und wähle nur die aus, auf die du Lust hast. Nimm deine Lebensfreude und deine Gefühle als Navigation für diese Übungen.

Fühle dich frei!

Übung 1 – Was macht dich glücklich?

Liste einmal eine Woche lang auf, was du täglich machst. Jede Kleinigkeit wie Brot schneiden, Zähne putzen, ein Buch lesen oder mit der Freundin telefonieren.

Mache hinter jede Tätigkeit, bei der du dich glücklich fühlst, ein +.

Überlege dir bei jeder Tätigkeit mit einem +, warum du dich dabei glücklich fühlst. Sind es die Menschen, die damit zusammenhängen? Liegt es an dem Ort oder an der Musik im Hintergrund? Ist es der Tee, den du dabei trinkst, oder ist es die Bewegung?

Nun überlege, wie du das, was dich glücklich macht, häufiger erleben kannst. Wie kannst du diese Menschen häufiger treffen, diesen Ort öfter besuchen, diese Bewegung wiederholt genießen?

Überlege dir auch, was auf deiner Liste noch fehlt. Was möchtest du noch erleben, und wie kannst du es in dein Leben integrieren? Wofür möchtest du mehr Zeit haben, und wie kannst du das erreichen?

Natürlich musst du nach einer Woche nicht damit aufhören. Diese Liste dauerhaft zu führen birgt großes Glückspotenzial.

Übung 2 – Ausgabencheck

Liste einmal einen Monat lang auf, wofür du dein Geld ausgibst. Notiere, wie viel Geld du für Lebensmittel, Kleidung, Kosmetik, für Ausflüge und Konzertbesuche investierst.

Mache am Ende des Monats eine Zusammenfassung. Wie viel Geld hast du in einem Monat für Bücher, wie viel für Reisen, wie viel für Benzin ausgegeben? Liste alle Ausgaben auf.

Dann mache ein + hinter jede Ausgabe, die dich glücklich gemacht hat.

Überlege, ob du an deinen Ausgaben etwas ändern möchtest.

Notiere einen weiteren Monat lang deine Ausgaben. Konntest du die Anzahl der ++ erhöhen? Überlege nochmals, ob du deine Ausgaben erneut für dein Glück optimieren kannst.

Übung 3 – So tun als ob

Überlege dir einen Wunsch, den du verwirklichen möchtest.

Nun gehe in das Gefühl, das du hättest, wenn der Wunsch bereits verwirklicht wäre.

Stelle es dir ganz genau vor. Wo würdest du das Gefühl spüren? Im Bauch oder woanders? Wie wäre deine Mimik? Fühle es nach. Wie wäre dein Gang, deine Stimme? Was würdest du riechen oder schmecken? Wie würde sich dein Körper anfühlen? Fühle genau das Gefühl, das du hättest, wenn dein Wunsch bereits verwirklicht wäre.

Mache diese Übung häufig.

Mache diese Übung nach und nach zu all deinen Wünschen.

Übung 4 – Notfallübung: Lächeln

Es geht dir schlecht, deine Laune hat den Tiefpunkt erreicht. Die Umstände sind bescheiden, du hast noch nicht einmal Lust, etwas dagegen zu tun. Du möchtest dich eigentlich nur verkriechen und dich selbst bemitleiden. Das ist verständlich, das ist menschlich.

Dennoch: Zwinge dich dazu, eine Minute lang zu lächeln. Du kannst dich dazu vor einen Spiegel stellen oder da bleiben, wo du gerade bist. Stoppe die Zeit.

Du wirst erstaunt sein, wie rasch sich deine Gefühle wieder ändern.

Bist du bereit, eine Minute für dein Glück zu investieren?

Übung 5 – Erinnerungen nutzen

Kannst du dich an vergangene schöne Gefühle erinnern? Weißt du noch, wie es war, frisch verliebt zu sein? Weißt du noch, wie stolz du warst, als du den Führerschein bestanden hast? Erinnerst du dich an die Sonne auf deiner Haut im letzten Urlaub?

Nimm dir ein Blatt Papier und liste einmal alle Momente auf, in denen du so richtig glücklich warst.

Lasse die Liste ein paar Tage offen liegen. Dein Gehirn hat nun einen Suchauftrag und wird immer mehr solcher Glücksmomente finden. Ergänze all diese schönen Momente auf deiner Liste.

Trage die Liste bei dir. Immer, wenn du bemerkst, dass du nicht glücklich bist, hole sie hervor und erinnere dich an bereits erlebtes Glück.

Suche dir ein Gefühl heraus und erlebe es erneut. Wo in deinem Körper spürst du dieses Gefühl? Wie fühlt sich deine Mimik an? Wie bewegst du dich?

Gefühltes Glück ist wiederholbar. Deine Erinnerung wird automatisch Glücksgefühle im Hier und Jetzt erzeugen.

Übung 6 – Was ich mir wünsche

Nehme ein Blatt Papier und liste einmal alles auf, was du dir wünschst.

Gehe nun die Liste durch und überprüfe deine Wünsche. Steht noch etwas darauf, was du loswerden möchtest? Ändere es in etwas, was du erleben möchtest. Frage dich: Was will ich stattdessen? Ändere zum Beispiel: Ich will diesen doofen Chef loswerden, in: Ich genieße das gute Arbeitsklima.

Streiche die Worte *kein*, *nie* und *nicht* aus dieser Liste. Finde Formulierungen, die genau das beschreiben, was du dir wünschst. Also nicht: Ich möchte kein altes Auto mehr fahren, sondern: Ich habe ein neues Auto.

Konkretisiere deine Wünsche. Statt: Ich habe ein neues Auto, lieber: Ich habe einen roten Mini mit weißem Dach. Das Unterbewusstsein braucht Bilder.

Formuliere deine Wünsche in der Gegenwart. Statt: Ich werde eine Reise machen: Ich mache eine Ayurveda-Reise.

Nun hast du eine Liste mit all deinen Wünschen.

Immer, wenn dir ein weiterer Wunsch einfällt, kannst du die Liste ergänzen.

Übung 7 – Notfallübung: Gefühlsfoto

Überlege einmal, was dich spontan zum Lächeln bringen kann. Sind es Fotos von Katzenbabies? Ist es ein Bild aus dem letzten Urlaub? Der Gedanke an deine schönen Haare? Der Kuss neulich?

Mache eine Liste mit den Dingen, die dich spontan lächeln lassen, wenn du daran denkst, und finde ein passendes Foto dazu. Das Internet und die Zeitschriften sind voll von schönen Bildern. Fotografiere den Strauß Blumen, den du geschenkt bekommen hast, die Torte, die jemand für dich gebacken hat, oder die Postkarte, die dir eine Freundin gesendet hat.

Suche dir jeden Abend ein Foto für den nächsten Tag aus.

Sobald du bemerkst, dass du in einem schlechten Gefühl bist, denke sofort an das ausgewählte Foto und schaue es dir an.

Nach kurzer Zeit wirst du eine schöne Auswahl an Fotos haben, die deine Glücksgefühle unterstützten. Ein Blick oder ein

Gedanke lassen dich umgehend lächeln, und das schlechte Gefühl ist verflogen.

Lade dir die Bilder auf dein Handy oder stecke sie in dein Portemonnaie. Vielleicht hast du auch noch ganz andere Ideen.

Übung 8 – Rückschau

Stell dir vor, du bist am Ende deines langen Lebens angelangt und blickst zurück auf dein Leben. Was siehst du, wenn dein Leben ab jetzt optimal verlaufen würde?

Ergänze nun deine Wunschliste und überprüfe deine neuen Wünsche wie in Übung 6.

Übung 9 – No Limits

Was würdest du aus deinem Leben machen, wenn es keine Einschränkungen an Geld oder Zeit gäbe?

Was wolltest du als Kind und hast es bis heute nicht verwirklicht?

Welche Träume hast du bereits aufgegeben?

Notiere all diese Wünsche und Träume.

Nun überlege, welche auch heute noch dein Herz höher schlagen lassen. Setze diese Wünsche mit auf deine Wunschliste und formuliere sie so, wie in Übung 6 beschrieben.

Übung 10 – Experten befragen

Napoleon Hill, der Autor des Weltbestsellers *Denke nach und werde reich*, der auf dieses ja noch ein Buch über den Glauben folgen ließ,[25] berief jeden Abend einen imaginären Beraterstab ein. Er stellte sich vor, wie er mit Ralph Waldo Emerson, Thomas Paine, Thomas Edison, Charles Darwin, Abraham Lincoln, Luther Burbank, Henry Ford,[26] Napoleon und Andrew Carnegie zusammen an einem Tisch saß und sich beraten ließ.

Von wem könntest du dich beraten lassen? Einem Elternteil? Einem Autor? Jemandem, der deine Ziele bereits erreicht hat?

Besorge dir ein Foto von jedem deiner gewählten Berater. Setze dich an einen Tisch und stelle die Fotos vor dich hin. Stelle nun die Fragen, die du hast und höre aufmerksam innerlich zu.

Natürlich kannst du es auch ohne die Fotos machen.

Vielleicht hast du noch eine andere Idee, wie du dich auf die Ratschläge der Experten einschwingen kannst.

Übung 11 – Sei vorbereitet

Wähle einen Wunsch von deiner Wunschliste aus.

Nun notiere, was du noch erledigen kannst, damit du optimal für die Erfüllung dieses Wunsches vorbereitet bist.

Schreibe hinter jeder Notiz, wann du sie erledigst.

Fange sofort mit der Umsetzung an.

Wiederhole diese Übung so oft, bis du für all deine Wünsche optimal vorbereitet bist.

---

25 Auf Deutsch erschienen im AMRA Verlag: *Glaube an dich und werde reich*, Hanau 2021; auch als eBook erhältlich.

26 Bei AMRA liegt im Hardcover (Hanau 2021) und auch als eBook seine Autobiografie *Mein Leben und Werk* vor, die zeigt, was für ein hoch spiritueller Mensch Henry Ford war.

Natürlich musst du das nicht alles auf einmal machen. Höre auf, wenn du keine Lust mehr dazu hast, und setze es fort, sobald du wieder Lust dazu hast.

Übung 12 – So tun als ob: für Profis

Wähle einen deiner Wünsche aus.

Tue so, als sei er bereits verwirklicht.

Gehe, stehe, rede, bewege dich so, als sei dein Wunsch bereits in Erfüllung gegangen.

Was kannst du zusätzlich tun?

Möglicherweise kannst du dir Visitenkarten drucken, die aufzeigen, dass du den neuen Job bereits hast, oder du könntest beim Autohändler dein Traumauto Probefahren. Vielleicht kannt du dir eine Zusage zu einem bestimmten Job schreiben und mit der Post an dich versenden. Musst du noch etwas in deiner Wohnung verstecken oder ändern, um vollständig so zu tun, als wärest du bereits in deiner neuen Partnerschaft? Benötigst du noch ein paar T-Shirts für deinen Urlaub?

Was kannst du tun?

Tue es!

Spiele mit dieser Übung. Mache sie nach und nach für alle deine Wünsche. Sei kreativ. Tue vollkommen so, als sei der Wunsch bereits erfüllt.

Übung 13 – Alles darf sein, wie es ist

Versuche eine Stunde lang alles, was dir begegnet, so anzunehmen, wie es ist. Fühle, dass alles so sein darf, wie es ist.

Wenn dir diese Übung gelingt, mache sie an einem anderen Tag zwei Stunden lang. Dann einen halben Tag, einen ganzen. Erinnere dich immer wieder daran, dass alles so sein darf, wie es ist.

Übung 14 – Wunschblocker ausschalten

Wähle einen Wunsch aus deiner Liste.

Schreibe jetzt auf, worauf du glaubst, verzichten zu müssen, oder was für dich in Ordnung wäre, verlieren zu können, wenn dieser Wunsch sich erfüllt.

Formuliere deinen Wunsch nun um.

Beispielsweise lautet dein Wunsch: »Ich mache eine Abenteuer-Reise.«

Auf deinem Zettel steht: »Mein Partner könnte sich von mir trennen, wenn ich diese Reise machen würde.«

Formuliere deinen Wunsch um: »Ich mache eine Abenteuer-Reise und genieße meine wundervolle Partnerschaft.«

Natürlich kannst du auch zwei Wünsche daraus machen. Für die Erfüllung ist das unerheblich: »Ich mache eine Abenteuer-Reise.« – »Ich genieße meine wundervolle Partnerschaft.«

Gehe so nach und nach alle deine Wünsche durch.

Übung 15 – Wünsche präzisieren

Wähle einen Wunsch in deiner Liste aus.

Überlege, ob es wirklich das ist, was du dir wünschst. Entspricht dieser Wunsch wirklich deinem Herzenswunsch? Ist es wirklich das, bei dem deine Augen leuchten würden und dein Mund ein Lächeln zeigt?

Präzisiere deinen Wunsch. Wenn dein Wunsch lautet: »Ich habe ein Pferd«, überlege, wie dein Pferd aussehen, welche Rasse, wie groß und wie alt es sein soll. Überlege dir, welche Eigenschaften und Fähigkeiten dein Pferd haben soll. Gehe genau ins Detail. Wähle all das, was dir am besten gefällt.

Ergänze all diese Punkte zu deinem Wunsch.

Je präziser deine Wunschformulierung ist, desto glücklicher wirst du mit dessen Erfüllung sein.

Übung 16 – Gib es dir selbst

Bist du manchmal enttäuscht, weil andere deine Erwartungen nicht erfüllen? Dein Chef? Dein Partner? Deine Eltern? Deine Kinder? Deine Freunde? Deine Kollegen? Deine Nachbarn?

Nimm ein Blatt Papier und wähle eine Person aus, die sich nicht deinen Erwartungen entsprechend verhält.

Notiere, was du von dieser Person erwartest.

Mache im zweiten Schritt hinter jeder Erwartung, die von dieser Person erfüllt wird, ein Häkchen, und hinter jeder Erwartung, die diese Person nicht erfüllt, ein Minus.

Wähle nun eine Minus-Erwartung aus.

Überlege, wie du dir diese Erwartung selbst erfüllen kannst. Notiere deine Ideen.

Wähle dann die besten dieser Ideen aus und schreibe auf, welche Maßnahmen dafür erforderlich sind.

Schreibe nun hinter jede Maßnahme, wann du damit beginnst.

Beginne.

Nach und nach kannst du diese Übung mit all deinen unerfüllten Erwartungen machen.

Übung 17 – Umgeben von Erfüllung

Sieh dich mal in deinem Zuhause und in deinem Leben um. Gibt es da etwas, was zunächst nur als Wunsch vorhanden war und nun von dir als selbstverständlich betrachtet wird?

Hast du dir vielleicht einst diese Wohnung, dieses Haus gewünscht? Vielleicht den Fernseher oder Laptop? Was ist mit dem Spiegel an der Wand, dem kuscheligen Teppich, der Teekanne oder den schönen Schuhen? War dein Auto, bevor du es hattest, vielleicht auch nur ein Wunsch? Oder dein Partner? Hast du dir den Führerschein gewünscht? Deine Arbeitsstelle? Den Schulabschluss?

Sieh, welche Wünsche du mit deiner Schöpferkraft bereits zur Erfüllung gebracht hast.

Dein Leben besteht aus einer Ansammlung erfüllter Wünsche.

Übung 18 – Hier läuft es gut

Wenn wir gefragt werden, wie es uns geht, fällt uns meistens sofort das ein, was nicht so gut läuft. Es ist doch merkwürdig. Wenn es in neun von zehn Lebensbereichen gut läuft, konzentrieren wir uns auf den einen Bereich, der nicht gut läuft.

In welchen Bereichen läuft es bei dir gut?

Notiere alles, was gut in deinem Leben läuft.

Übung 19 – Modifizierte Tagesrückschau

Wenn du dich abends schlafen legst, lasse deinen Tag noch einmal vor deinem inneren Auge Revue passieren.

Stelle dir alles, was dir nicht gefallen hat, so vor, wie es gewesen wäre, wenn es deinen Wünschen nach verlaufen wäre.

Mit dieser manipulierten Vergangenheit kannst du nun einschlafen.

Dein Unterbewusstsein wird diese Bilder und Gefühle verarbeiten.

Du ziehst dann automatisch mehr von dem an, was du dir wünscht.

Übung 20 – Erlebte Wunder

Hast du nicht auch schon einmal kleine oder große Wunder erlebt? Hattest du nicht auch schon wundervolle Begegnungen und Erlebnisse?

Hat sich nicht auch in deinem Leben schon einmal etwas unerwartet zum Guten gewendet? Hast du schon mal aus heiterem Himmel ein Geschenk oder eine Vergünstigung bekommen? Hat schon einmal ein Anschlusszug auf dich gewartet, obwohl er längst hätte abfahren sollen? Schien an deinem Geburtstag nicht vielleicht unerwartet die Sonne?

Notiere all diese kleinen Wunder auf einer Liste. Es ist normal, wenn dir erst mal nicht so viele Wunder einfallen. Wir sind nicht auf die vielen kleinen Wunder fokussiert. Aber dein Gehirn hat jetzt eine Aufgabe und sucht, auch wenn du gerade nicht daran denkst, immer weiter. So werden dir immer mehr

Wunder einfallen, die sich in deinem Leben ereignet haben. Schreibe alle diese wunderbaren Ereignisse auf deine Liste.

Wir machen das, damit wir ein Gefühl dafür bekommen, dass Wunder relativ häufig und normal sind. Und wenn wir das glauben, werden wir noch mehr Wunder in unser Leben ziehen.

Übung 21 – Warum ich ein wertvoller Mensch bin

Hast du dich schon einmal selbst wertgeschätzt? Ist dir bewusst, welch ein wertvoller Mensch du bist? Oder machst du dich abhängig von der Bestätigung anderer? Benötigst du den Zuspruch anderer, um dich wertvoll zu fühlen?

Überlege einmal, welche Menschen dir wertvoll erscheinen. Schreibe ihre Namen auf eine Liste. Nun notiere, warum sie für dich wertvoll sind. Liste all ihre Eigenschaften auf. Warum sind sie für dich ein wertvoller Mensch?

Schau dir dann einmal diese Eigenschaften an. Hast du vielleicht ähnliche Eigenschaften? Oder womöglich sogar die gleichen? Mache um jede Eigenschaft, die du auch hast, einen Kringel.

Und dann überlege dir, warum du außerdem ein wertvoller Mensch sein könntest. Kannst du vielleicht gut zuhören oder bist du eine gute Begleitung, wenn einer deiner Freunde ausgehen möchte? Kannst du vielleicht Geheimnisse gut bewahren oder hast du schon mal einem Freund oder Nachbarn geholfen?

Lasse auch diese Liste einige Zeit offen liegen. Nach und nach wird dir immer mehr dazu einfallen, warum du ein wertvoller Mensch bist.

Übung 22 – Herzenswünsche

Was ist es, was dich an anderen etwas neidisch macht?

Wovon träumst du, wenn du dich Tagträumen hingibst?

Was bewunderst du an anderen Menschen? Und an wem?

Welche Träume und Wünsche hattest du als Kind? Sind diese vielleicht noch immer tief in dir verborgen, und könnten sie dich auch heute noch glücklich machen?

Was würdest du wirklich einmal gerne erleben?

Auch diese Liste schreibt sich nicht auf einmal. Lasse sie offen liegen und gebe deinem Gehirn einen Suchauftrag.

Wenn du Herzenswünsche gefunden hast, überlege, wie du sie zur Erfüllung bringen kannst.

Übung 23 – Wunsch hinter dem Wunsch

Schau dir mal einen Wunsch auf deiner Liste an. Fühle, wie es wäre, wenn er sich verwirklicht hätte. Tue so als ob. Was freut dich nun am Meisten? Fühlst du dich dann mit einem oder mehreren Menschen enger verbunden? Fühlst du dich von anderen verstanden? Genießt du ihre Anerkennung oder Zuneigung? Fühlst du dich mächtig, frei oder sicher? Oder bedeutet die Erfüllung deines Wunsches pure Lebensfreude?

Überlege, ob du diese Gefühle hinter deinem Wunsch auch anders erreichen könntest.

Du sollst jetzt nicht alle deine Wünsche aufgeben. Doch manchmal ist das, was du eigentlich erreichen möchtest, viel einfacher zu erreichen.

Übung 24 – Glaubenssätze transformieren

Fallen dir Glaubenssätze ein, die du eigentlich loswerden möchtest? Hast du die Ermahnungen deiner Eltern, Lehrer, Nachbarn präsent? Gibt es Überzeugungen, die dich an der Erfüllung deiner Herzenswünsche hindern?

Nimm dir ein Blatt Papier und ziehe einen senkrechten Strich in der Mitte des Blattes. Notiere auf der linken Seite all die Glaubenssätze, die du transformieren möchtest. (Beispielsweise: »Das steht mir nicht zu« oder »Geld verdirbt den Charakter«.)

Wenn du einige Sätze aufgeschrieben hast, schreibe auf die rechte Seite die Sätze, von denen du fortan überzeugt sein willst. (Beispielsweise: »Das steht mir zu« oder »Geld prägt den Charakter«.)

Lese dir die neuen Sätze immer wieder durch oder spreche sie vor dich hin. So wie die alten Sätze nur wiederholte Worte waren, die ihre Wirkung hatten, werden die neuen Sätze ebenso wirken. Dein Unterbewusstsein wird alles daran setzen, deine neuen Überzeugungen umzusetzen.

Auch diese Liste kannst du immer wieder ergänzen, wenn dir eine alte Überzeugung einfällt.

Marlies Pante

Geboren 1968, wuchs sie mit zwei jüngeren Geschwistern in einer ostwestfälischen Kleinstadt auf. Nach dem Abitur erlernte sie einen kaufmännischen Beruf und studierte anschließend Mathematik, Germanistik und Theologie in Paderborn. Schon während des Studiums spürte sie, dass sie einmal einen anderen Weg einschlagen würde, und verzichtete zunächst auf eine Anstellung im Lehramt. Parallel dazu führte ihre innere Stimme sie in die Spiritualität und zu einer Verbindung mit geistigen Wesen. Mit alternativen Heilmethoden beschäftigt sie sich bereits seit 1984. Sehr bald wurde ihr klar, dass sie das dadurch erlangte Wissen nicht für sich behalten durfte, sondern mit anderen Menschen teilen musste.

Bei AMRA erschienen ihre Bücher *Das Große Erwachen*, *Reine Liebe erwartet Dich!* sowie *Der Himmel auf Erden* mit gechannelten Botschaften der Arcturianer und Hathoren, geistiger Wesenheiten, die vor langer Zeit von den Arcturianern zur Unterstützung der Menschen in unser Universum geholt worden sind.